城乡规划管理基础理论研究系列
国家自然科学基金委员会青年科学基金项目(52408088)
中国博士后科学基金面上项目(2022M710834)
国家自然科学基金委员会青年科学基金项目(51908222)
华南理工大学中央高校基本业务费自然科学类面上项目(2019MS077)

荷兰城市开发流程管理
——治理·设计·可行性

Management of Urban Development Processes in the Netherlands

Governance, Design, Feasibility

［荷兰］艾格尼丝·弗兰岑（Agnes Franzen）
［荷兰］弗雷德·霍马（Fred Hobma）
［荷兰］汉斯·德·容格（Hans de Jonge）
［荷兰］杰拉德·维格曼（Gerard Wigmans）　编著
戚冬瑾　严　娟　庞晓媚　译

东南大学出版社
SOUTHEAST UNIVERSITY PRESS
南京

原　序

城市干预对城市至关重要,其涉及内城区的更新、港口和工业区转型、工业更新、新住宅区的开发、城镇历史中心的修复或城市休闲区的发展等等。这些干预措施也有不同的名称,例如城市再开发、城市重建、城市复兴和城市更新。在本书中,我们总结了"城市地区开发"这一术语下不同的干预措施。

无论是小型干预还是适度或更大范围的干预,它们都有共通之处,即从构想到实现进行全程管理。正如本书的标题所示,荷兰城市开发流程管理是关于城市开发管理的整个过程,涵盖了城市地区的整个生命周期。本书详细地阐述了荷兰城市开发的方法,其重点不在于将荷兰城市地区的开发与其他国家的实践进行比较,也不是将荷兰城市地区的开发置于国际框架内。本书的目的(主要)是通过荷兰的案例以及对荷兰城市开发已有知识和所用工具的概述,提供对当前实践的参考。

"城市地区开发"的定义

本书的主题是荷兰语中的"gebiedsontwikkeling",我们将其翻译成英语为"Urban area development"(城市地区开发)。

"Gebiedsontwikkeling"涉及广泛的活动,包括各级政府干预,从地方(城市)、区域或省级到国家甚至国际层面,以及与私人组织(如房地产开发商)的互动(近年来包括国际开发商)。政府的干预措施各不相同,从愿景和规划再到对私人组织活动的监管,自20世纪80年代以来,也越来越多地与私人组织积极合作。

"Gebied"翻译成英语可以有多种方式,包括领土、管辖范围、地区、区域、行政区或分区。因此,"gebied"的开发可以理解为以不同的规模发生。当然,"城市规划"是指对较大或较小的城镇或城市地区的开发进行规划。正如我们在本书中所提,城市规划主要属于城市规划师(也称为城市设计师)的学科,而我们认为"城市地区开发"具有不同的前提。它与特定学科无关,但涉及规划和开发一个地区所需的众多学科以及公共和私人行为。"空间规划"是一个更为通用的术语,对应于某些国家所称的"城乡规划"。

在本书中,如上所述,我们关注城镇或城市内特定地区的发展或扩张,这些地区通常具有自己的特征,尽管某些案例属于较大(区域)规模。这个规模是地方当局与房地产开发商之间签订合同的项目规模。对于这种类型的开发,我们使用"城市地区开发"一词,有时使用"地区综合开发"。后一术语指的是在"治理"层面整合不同学科以实现城市地区成功开发。

为了避免术语混淆,我们注意到在英国,"地区综合开发"的概念与荷兰的概念完全不同。在英国,综合方法是对20世纪80年代因市场主导的城市规划制度所产生的令人沮丧的社会和环境结果而作出的规范性回应。这种方法特别适用于私人开发商和投资者忽视的城市地区,例如贫困的住宅区和社区。因此,地区综合开发(在英国意义上)促进了社会交流和互动,并且赋权予之前被忽视并被排除在规划过程之外的群体。本书所使用的术语则是讨论在空间规划过程中整合学科和利益,并没有承载太多的社会因素。

以治理视角为指导原则

对术语的潜在误解表明,主题背后存在更为根本的问题。无论是在国内还是国际,这个问题是"城市地区开发"不是一个界定清晰的专业领域。关于城市地区开发没有共享知识或客观标准。此外,这个相对较新的学科与社会本身一样复杂。这是一种依赖不同学科和彼此相互作用能力的努力。就知识发展而言,城市地区开发学科是一个实验室,相当于理解和管理社会复杂现实的各方面。

城市地区开发涉及如此多学科和知识领域——每个学科都有自己相对独立的科学立场,使其不可能存在一个理论出发点。在本书中采用单一的理论框架整合各个不同主题的章节几乎是不可能的。但是,鉴于城市地区开发的管理任务,我们明确选择了治理视角作为指导原则。

应当指出,虽然治理总是涉及某个层面的管理机构,但并不严格意味着政府是管理治理的一方。政府、公民和发展方正在目睹越来越多关于城市地区开发的问题——这些问题被认为是政府的责任。然而,这些问题需要在治理方面加以解决,因为没有任何一方能够操作所有工具,推动单方面愿景或提供全方位的解决方案。各方(具有不同的利益、价值观、愿景和专业背景)的专业知识、手段和工具应整合使用(在一定期限内),以达到共同目标。本书认为,在城市地区开发的复杂任务中遇到的大多数问题都是治理问题,我们将治理视为指导该网络的框架。治理的前提是所有参与者都采取主动,并且对实施负责。这发生在一个平等的环境中:关系是水平的,不存在(地方)当局指示下面具体活动和内容的等级关系。网络之间的互动决定了整个过程的政策和实施。在治理方面,政府的传统等级角色被网络中平等伙伴的角色所取代。政府不再规定和控制对其他群体所需要完成的任务。治理框架提供了灵活性,为创造性和知识贡献留下了空间。治理是将所有参与者聚集在一起的能力,以及在不同观点之间建立有意义联系的能力。因此,参与城市地区开发的各个学科的核心业务(以及本书各章中所呈现的)是有助于整体治理的。

治理的运作方面是各种管理方法。以本书采用治理的视角作为指导方针,应对与可持续城市地区开发相关的各个学科。虽然每个学科都独立存在并且有自己的内部立场,但在城市发展的实践中,它们将相互作用——这需要管理不同学科间的合作。以城市设计师和经济学家为例,他们从各自的角度和专业出发,必须解决有关城市质量(密度、空间质量、可达性等)和财务可行性(成本、收入、参数等)的议题。

各种形式的治理(规划、管理、协调和组织)是本书的核心。在这方面,治理的工具、先决条件和潜力是首要主题。处理的问题来自不同的学科(城市社会学、城市经济学、管理学、城市规划、法律、市场研究等)。例如:在日益全球化和当前社会趋势的背景下,哪些领域能最有效地应用治理的方法?如何在地方层面实施治理?哪些立法对规划很重要?这个过程是如何组织的?如何管理空间质量?根据市场背景,有哪些转型的可能性?如何管理财务?哪些模型可用于管理流程?哪些因素会受影响,而哪些因素不会?

目标受众

本书概述了荷兰城市地区开发所涉及的学科。我们注意到,所讨论的每个学科都需要在各自的领域内进行阐述。因此,本书是对现有文献进行选择性参考,并且以介绍性方式处理每个主题。它主要是从教学的角度作为教材使用的。

为此,书中并不涉及具体的主题,但这些主题本身与城市地区的开发有关。主题的选择与荷兰代尔夫特理工大学房地产和住房系的传统保持一致,其中"管理"是共同的视角。

本书主要面向荷兰学生,次要受众可能包括希望对当前工作有一个专题性了解的荷兰从业人员,或来自国外的研究人员和学生。事实上,外国研究人员和学生通常对荷兰城市地区的开发感兴趣,因为荷兰的实践在建成质量方面已经享有国际声誉。本书将用英语为他们提供荷兰城市地区开发的全面介绍。

本书将为读者提供基本的理论信息,以及成功应对复杂开发过程所需的工具和技能。

本书旨在为读者提供城市地区开发的管理视角。但它不应被视为管理每个城市地区开发的唯一方法,因为每个项目都是与众不同的。对于每一个政体和市场情况,解决方案都必须量身定制。

篇章结构

首先,城市地区开发治理与当前的社会背景有关。当代可称为"网络社会"。在网络社会中,城市必须定位自己,并且必须评估哪些项目是可取和可行的。从逻辑上讲,前3章涵盖了这些主题。

第1章介绍了城市地区开发的一般背景、构成和参与者。每个参与者都在城市地区的开发中有着特殊的利益,并基于这些利益进行运作(或操纵)。本章讨论了管理这些不同利益的任务,并在第3章的城市背景以及第6章和第7章的更广泛的城市背景下进一步研究。

第2章讨论了网络社会的特征以及每个城市地区开发项目必须解决的相关分歧。几位作者(Castells, Harvey, Sassen)的工作为我们的讨论提供了框架。他们基于传统发展了分析全球化和网络社会的概念。他们的工作有助于了解和洞察全球经济变化在地方层级的影响,即这些变化限制了在地方层级管理进程的潜力。本章最后探讨了与城市地区开发有关的治理议题。

第3章讨论了如何实现足够的"组织能力"以落实城市综合开发愿景的问题。本章主要介绍由荷兰鹿特丹伊拉斯姆斯大学城市管理学院开发的组织能力治理模型。这种针对城市规模开发的治理模型,可以为参与者提供支持,以实现城市的共同发展愿景。发展愿景是启动城市开发项目的一种手段。本章在对两个战略项目进行比较分析的基础上描述了这种治理模型的使用。这两个项目都被认为是国家重要的项目,对阿姆斯特丹和鹿特丹的城市政策至关重要。本章还研究了这种城市治理模型的局限性:这一概念过于依赖所有相关方之间必须达成共识的假设。它预先假定参与各方的矛盾总能得到解决。然而,第6章将通过对流程管理文献(如De Bruijn和Teisman)的分析进行进一步解释:利益的分歧、矛盾和冲突是互动过程中不可分割的一部分。

第4章的焦点转移到更大的范围。根据前几章的观点,本章首先概述了良好的基础设施对于城市地区开发潜力至关重要,接着阐述了城市地区开发的"核心业务",它关注于所有复杂的特征以及各个方面应如何相互协调。因此,开发任务应识别和调整市场机会(开发意向、计划等)并将其与地区的最佳空间品质(建筑环境、公共空间、可达性等)结合起来,要使市场质量和空间质量均可行,就必须从财务和其他角度(如土地所有权、法规等)入手。本章最后详细阐述了在城市地区开发中理想的阶段划分:提案、规划、落实和维护。这四个阶段的治理可被视为在此过程中独立的管理任务,每个管理任务都有自己的特点。各阶段的阐述揭示了需要协调的任务,涉及学科知识输入、部门协调、矛盾解决、维护等。城市地区开发的阶段划分贯穿全书,通过每位作者的贡献构筑内容的框架。

第5章关于法律框架的讨论也按阶段细分。城市地区开发的许多方面都受到立法的制约,包括欧洲立法以及国家(荷兰)立法。本章介绍了如何通过环境法、规划法和私人建造法来规范城市开发。法律主题的案例包括由于噪声妨害而产生的分区、许可和公私合作伙伴关系。

第6章讨论了流程管理的原则以及它们在实现高质量结果中所起的作用。流程管理是一种治理形式,专门解决如何连接城市地区开发中所涉及的不同层面决策。流程管理是团结行动者/各方,将所有不同(学科)内容联系起来,并引导有目的的决策。这种管理类型可用于优化或指导第4章所述的空间质量、市场和资源三个方面。在接下来的三章中,这些方面都是单独阐述的。

第7章讨论了如何管理和实施空间质量的问题。该章的结构遵循最近一项深入研究中提出的科学方法,我们认为这是对城市设计文献的一种创新性贡献,之前的研究并没有把治理和管理进行结构性的考虑。从规划阶段到实现阶段,如何以可验证的方式管理空间质量,为此根据四种理想化方法进行讨论。此外,讨论揭示了空间质量的静态和动态的定义,以及两者是如何关联的。该章为设计师实现空间质量提供了实用指南。

第8章从市场的角度处理可行性问题。首先,审视市场研究在城市地区开发中的作用及其与城市地区营销的关系。其次,结合城市地区开发过程的每个阶段,审视市场研究在实现价值创造和风险管理目标方面的作用和附加值。

第9章集中讨论财务可行性。商业案例的视角构成了评估地区开发项目是否可行以及风险是否得到充分覆盖的框架。这不仅关注财务和商业可行性,还关注健全的发展战略(独特性、概念的形成、阶段性)以及相关各方应如何共同努力。

第10章介绍了一些城市地区开发的具体量化工具。定量管理工具使用了计算机的计算和可视化技术。有两种工具被引介:城市决策室和地区再开发设计优化实际投资计算(Real Investment calculator Area Redevelopment Design Optimisation,RICARDO)模型。城市决策室是一个模拟模型,它根据城市设计问题中各相关方的输入提供"共同的解决方案空间"。RICARDO提供了城市地区开发中不同城市规划概念财务影响的综合图景。这两种工具都是由代尔夫特理工大学房地产和住房系的成员开发的,它们也用于教育目的。

第11章是以一个逻辑性的结论检验城市地区开发的成功因素。虽然成功是最终目标,但事实上它是一个变量,由各方以不同方式衡量。以本书的观点,从治理的角度来看,成功是一个至关重要的变量。本章首先讨论的问题是:城市地区开发项目何时成功?我们什么时候可以说开发本身就是成功的?随后问:哪些因素决定了城市地区的成功开发?要回答这个问题,有必要描述三种类型的因素(或"成功因素等级"),这些因素可能会或不会受到所涉及的参与者的影响:背景变量、否决性标准和关键成功因素。这三种因素有助于我们理解前面章节中概述的选择、方向和方法。

致谢

本书是基于我们在代尔夫特理工大学城市地区开发领域的教学研究和经验以及我们自2002年以来作为合作伙伴参与两年期城市开发人员硕士课程的成果。其他大学的专家和组织也为这项工作做出了贡献。我们要感谢那些为这个项目做出贡献的作者,他们愿意分享在城市地区开发方面的知识、理解和经验。我们认为这些贡献对读者具有重要价值。

本书是由不同学科的作者共同撰写而成。因此,本书包括不同的科学观点,但我们不认为这是一个问题,科学观点的多样性适用于城市地区开发领域,其本身可以被称为"结合的艺术"。

代尔夫特理工大学城市地区开发团队负责整体协调。

荷兰代尔夫特理工大学建筑学院
房地产与住房系/城市地区开发团队
艾格尼丝·弗兰岑(Agnes Franzen)
弗雷德·霍马(Fred Hobma)
汉斯·德·容格(Hans de Jonge)
杰拉德·维格曼(Gerard Wigmans)
2011年6月

中文版序

十年前,英文版《荷兰城市开发流程管理——治理、设计、可行性》在荷兰出版[泰科尼出版社(Techne Press),2011]。从那时起,许多学生使用了这本书。

2011年,本书的初衷是让学生和从业者对城市开发的复杂领域进行概览。编辑们(Franzen、Hobma、De Jonge 和 Wigmans)意识到,城市开发是一个应用领域,无法从一个学科入手。从单一学科的角度来描述城市(再)开发,对城市开发的复杂领域而言是不公平的。城市开发是一种实践,需要许多学科:城市规划、经济、法律等,不胜枚举。

在本书中,我们使用管理视角将所有学科观点结合在一起。为此,它是第一本试图全面概述城市开发的书籍。

荷兰一直以其精心规划和紧凑的城市而闻名。本书解释了城市(再)开发背后的一些机制,包括流程管理和空间质量管理。

我们很高兴《荷兰城市开发流程管理——治理、设计、可行性》现已翻译成中文。这将使内容面向更广泛的读者。本版更新了法律框架一章。

翻译本书的想法来自华南理工大学戚冬瑾老师。她在代尔夫特理工大学访学期间参加了霍马(Hobma)博士的规划法课程,在国际学术合作中进行了富有成果的思想交流。正是由于戚老师的不懈努力,这本书才得以出版。

阅读非本国城市(再)开发的概念和实践,理想情况下可以引发人们对本国城市(再)开发的想法和方法的思考。基于此,我们希望中国学生和实践者能从本书的见解中受益。我们很期待荷兰城市(再)开发的概念和实践能够有助于中国的学习和借鉴。

本书编者

前　言

不久前,荷兰的规划师和建筑师来到中国,他们的想法是要教育和激励对新知充满渴求且勤奋的中国人。如今,有人可能会说,这些角色正在发生逆转。西方规划专业人士越来越多地前往中国学习和获得灵感。拥有中国经验对新一代西方规划师的简历而言是一大利好。

中国的大都市不逊色于21世纪的奇迹:耀眼的天际线,令人惊叹的建筑,活泼安全的街道,无限的休闲和消费潜力,共享的自行车,令人难以置信的城市公共交通系统,连接区域和机场的高速列车,这些都是现代性的巅峰。

那么,为什么中国的规划专业人士、设计师和城市思想家会对一本系统性揭示荷兰综合开发原则背后机制的书感兴趣呢? 荷兰80％的人都住在带花园的房子(联排住宅),这种类型在中国不常见。

当一个中国城市的市中心比荷兰20个最大城市的居民和就业人口之和更多时,当荷兰的大多数规划项目由于低密度开发带来的土地利用效率和广泛的可持续性问题,可能永远不会在中国获得许可时,荷兰人的想法对于中国的城市规划有什么意义?

但在某种程度上,中国和荷兰的规划过程和参与者的形象具有可比性。通常,政府和公共机构受市场信息引导,并通过政府投资和公私合作启动计划。然而在中国,干预的规模要大得多,实现的速度要快得多。因此,空间性和方案性的调整以及综合视角的考虑受到较少关注。

在过去的25年里,我在上海和阿姆斯特丹断断续续地生活和实践,我认为荷兰规划和城市开发方法在中国背景下的相关性并非投射在顶级项目的短期开发上,而是反映在规划的质量、城市开发中的包容性项目以及长期的社会和经济平等。

与其专注于荷兰城镇许多精致如画的品质，不如说荷兰城市景观具有典范意义的是全国范围内空间品质的连续性。书中通过用户价值、体验价值和未来价值之间的平衡，来定义空间质量。

在市中心和周边地区、城市和乡村，空间质量几乎均质。各省的自行车道、水道或社会住房项目与阿姆斯特丹的公园和滨水区具有相似的创意和意图。空间质量几乎无处不在，每个人都可以获得和享受，从而大大增加了荷兰的平等，提高人民的生活质量。

这种空间品质的重要组成部分是荷兰景观在不同年代精心打造而成。荷兰人可以参观和体验他们祖先的风景和街道。通过赋予新的用途来保护和整合历史结构和文物，并将其与更大的背景联系起来，这是荷兰规划和开发工艺的一大特点。

但正如本书所述，荷兰规划方法最显著的特点可能是项目综合多学科的方法，其中基础设施、水管理和生态问题同等重要，并在设计解决方案和项目中结合在一起。

在规划制定的早期阶段，来自地方区域和省级的公共和私营领域的行动者聚集在一起，仔细制定议程，确保所有利益相关者都有发言权。这些以共识为导向的过程是随着时间而建立的。由此产生的项目乍一看可能并不壮观，但它们形成了持久的建成环境模块，融入了生活、工作和娱乐，具有统一性的长期框架，使大多数荷兰公民受益。

包括我在内的许多荷兰规划专业人士都是受教于本书中的见解，并接受了作者的培训。我相信，仔细阅读这本书，再加上对荷兰的访问，将激励中国专业人士应对即将到来的中国挑战：减轻气候变化影响、调整城乡差距、恢复和绿化景观以及不断改善中国城市。

按照本书的意图，相互学习和交流知识将有助于更好地相互理解、更好地反思，从长远来看间接提高中国和荷兰的生活质量。

约斯特·范·登·霍克（Joost van den Hoek）
代尔夫特理工大学校友
瑛泊建筑设计公司（INBO）城市规划总监
阿姆斯特丹/上海

目 录

1 引言 ··· 1
  1.1 简介 ·· 1
  1.2 社会背景 ·· 3
  1.3 政策背景 ·· 7
  1.4 参与者 ·· 9
  1.5 管理 ·· 12
  1.6 城市地区开发 ·· 14
  参考文献 ·· 15

2 城市与社会背景 ·· 17
  2.1 简介 ·· 17
  2.2 城市与社会挑战 ·· 18
  2.3 网络社会 ·· 20
  2.4 城市 ·· 21
  2.5 地点和身份 ·· 23
  2.6 城市作为枢纽 ·· 24
  2.7 企业型的城市政治与城市政策的分裂 ······················ 26
  2.8 治理 ·· 28
  2.9 对城市地区开发的影响 ·· 30
  2.10 城市网络动态 ·· 31
  参考文献 ·· 32

3 城市开发管理 ·· 35
  3.1 简介 ·· 35
  3.2 城市管理 ·· 36

3.3　综合发展愿景 ………………………………………………………… 39
　　3.4　组织能力作为管理的概念模型 ……………………………………… 40
　　3.5　城市营销 ……………………………………………………………… 43
　　3.6　城市地区开发管理实例 ……………………………………………… 45
　　3.7　关于城市管理理论的思考 …………………………………………… 50
　　参考文献 …………………………………………………………………… 54

4　**城市地区开发** …………………………………………………………… 57
　　4.1　简介 …………………………………………………………………… 57
　　4.2　基础设施 ……………………………………………………………… 57
　　4.3　部类和层面 …………………………………………………………… 59
　　4.4　平衡的挑战 …………………………………………………………… 61
　　4.5　空间质量和市场质量 ………………………………………………… 64
　　4.6　等边三角形的优化 …………………………………………………… 65
　　4.7　阶段 …………………………………………………………………… 68
　　参考文献 …………………………………………………………………… 71

5　**法律框架** ………………………………………………………………… 73
　　5.1　简介 …………………………………………………………………… 73
　　5.2　起始阶段 ……………………………………………………………… 74
　　5.3　规划阶段 ……………………………………………………………… 84
　　5.4　建设阶段 ……………………………………………………………… 89
　　5.5　程序管理 ……………………………………………………………… 91

6　**流程管理** ………………………………………………………………… 95
　　6.1　简介 …………………………………………………………………… 95
　　6.2　城市地区开发中的委托方 …………………………………………… 95
　　6.3　线性管理、项目管理和流程管理之间的差异 ……………………… 97
　　6.4　建成环境管理 ………………………………………………………… 99
　　6.5　理论与实践 …………………………………………………………… 100
　　6.6　内容、流程和沟通 …………………………………………………… 103
　　6.7　流程管理者的职位和技能 …………………………………………… 104
　　6.8　将设计作为开发过程的载体 ………………………………………… 105

6.9	流程架构,分析模型和干预策略	107
6.10	结论	112
	参考文献	112

7 空间质量管理 … 115

7.1	简介	115
7.2	什么是空间质量?	116
7.3	设计师富有魅力的愿景	119
7.4	保障一个整体规划	121
7.5	使用目标清单	122
7.6	组合方法	124
7.7	通过良好的流程管理实现空间质量	125
7.8	管理静态和动态质量	126
7.9	在实践中管理空间质量	128
7.10	结论	129
	参考文献	131

8 市场研究和可行性研究 … 133

8.1	引言	133
8.2	市场需求的作用	134
8.3	营销一个地区和市场研究	135
8.4	城市地区开发的价值链	136
8.5	市场和市场机制	141
8.6	市场研究的目标	143
8.7	市场研究方法和技术	145
8.8	结论	151
	参考文献	152

9 金融工程 … 153

9.1	简介	153
9.2	各方的视角	153
9.3	地区发展的财务结构	155
9.4	成本和收益	156

9.5	使项目可行并优化结果	160
9.6	资本要求和回报	161
9.7	财政考虑	163
9.8	风险管理	164
9.9	开发策略	166
9.10	结论	169
	参考文献	170

10 定量城市管理手段 … 171

10.1	简介	171
10.2	决策过程理论	172
10.3	定量城市管理工具概述	175
10.4	城市决策室	177
10.5	RICARDO	182
	参考文献	187

11 成功的城市地区开发 … 189

11.1	简介	189
11.2	成功和失败因素	192
11.3	成功因素的三个层次	193
11.4	一些方法论的说明	204
11.5	结论	205
	参考文献	205

索引(原书) … 207

主编和作者简介 … 217

译后记 … 221

1 引言

简·范特·维拉特(Jan van't Verlaat)和杰拉德·维格曼(Gerard Wigmans)

1.1 简介

城市在不断变革。城市转型源于社会自身的发展(并非城市所能影响)。然而,某些形式的城市转型确实是受到主动干预的影响。例如,某些改革遭到反对、修改或鼓励。没有这种干预,转型甚至都不会发生。城市必须不断适应新的社会需求和需要。这种适应不是自动发生的过程。如果城市希望将来继续成功运作,则需要以积极的态度来预测需求,单纯以回应的方式管理城市环境是不够的。停滞通常意味着(相对)下降,主动的、激励的和发展导向的态度可以带来积极的结果。面对城市动态与日俱增,全球化以及欧盟立法和政策的影响,需要采取新的城市政策方法。这项新政策必须旨在改善生活环境:社会平衡、持久的经济增长、环境质量等都是重要问题。然而,政府不能再单方面施加这些政策,它们源于(市场)各方和城市社区之间的互动过程,目标是对功能、空间和社会议题采取综合而持久的方法。

城市开发与城市地区开发

以上对城市管理的描述表明,城市管理必然在一定范围内运作,并涉及开发过程的各个方面。在城市或区域范围内应用时,它为城市开发设定了框架。这需要概述所期望的未来城市开发的主要特征以及如何实施开发。第3章将进一步讨论城市管理以及综合开发愿景所发挥的重要作用。

城市开发通过不同地区的空间变化表现出来,这些变化相互作用,形成城市区域并塑造其功能。城市地区开发旨在发展这些特定地区,其开发过程涉及特定的管理类型。这些地区的开发通常具有很大的影响力,可以确定城市发展的一般性质。因此,明智的地区开发管理对于城市的未来至关重要。

城市地区开发还涉及地方当局和其他组织的积极干预。这个过程不仅关注空间发展,它还考虑到经济、社会和各种其他发展。例如,一个地区的经济发展可以成为解决这些地区社会问题的跳板。城市生活中日益增长的动态趋势对城市地区开发的复杂性产生了影响。

积极干预通常会导致某一地区现有情况发生变化,我们也可以称该过程为地区重建。但为了保持一致性,我们将其归类为城市地区开发。

城市地区开发的构成

一个地区的背景很大程度上决定了城市地区开发所需的干预方法。如果没有对背景的清晰认识,城市地区的开发会导致不太理想的结果,甚至注定要失败。社会变革的背景将直接影响空间发展,并对城市管理过程产生影响。经济和社会发展在城市地区开发中尤其具有影响力,需要特别关注(第1.2节)。此外,一个地区的政策背景和司法背景将对城市地区开发产生影响。最后,城市地区开发所涉及的过程也受到众多行动者(包括他们的个人利益和责任)的影响。各方参与这一过程的方式对于实现预期结果至关重要(第1.4节)。

城市地区开发的内容是关于创造空间构成,其中各种用途(住宅,商业等)可以协调共存,这些构成必须是完整统一的单元。如上所述,背景对城市地区开发的内容至关重要。社会问题对开发项目的影响尤为明显,特别是对空间的主张。然而,还必须密切关注政治、经济、生态和社会文化方面。所有这些因素的组合方式必须具有足够的空间质量和市场质量。

如果没有一致性的方向来分配资金和土地等资源,城市地区开发就无法达到预期的效果。这不仅仅是依靠财务手段、土地供应和土地政策等再开发的工具,还需要知识和技能来拟定方向,它们可以洞察干预措施带来的空间和社会后果。

所有这些都是促进城市地区开发进程的要素。该过程本身可以分为几个阶段:从启动、规划再到实现,然后是维护阶段,再而(有时是几十年后,有时会提前)是重新开发,在这个过程中反复重复。在这些阶段中,空间质量、市场质量和工具分配相互优化是至关重要的。同样重要的是各方(公共和私人)的有效合作、组织人才的存在(实现目标的必要条件),以及为项目提供支持的沟通策略。

所有这些构成如果能正确地搭配,将实现城市地区的成功开发。该搭配是一个透明的管理结构,其中过程的架构、管理方法和所有人共有的合作精神对成功不可或缺。管理过程可以通过图 1.1 汇总:

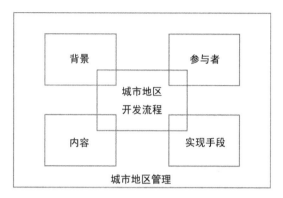

图 1.1　城市地区开发示意图

(资料来源:Van't Verlaat,2000)

总的来说,近年来城市地区开发变得越来越复杂。这不仅是因为所涉及的行动者数量和社会发展的复杂性,还因为城市地区开发的影响往往远超出其物理边界,这些影响的范围意味着越来越多的程序(官僚主义或其他原因)。此外,我们必须指出一个重要的事实,即城市地区开发越来越多地涉及现有城市地区的重建,这与农业地区转变为城市地区的传统发展相比更为复杂,这意味着对管理城市地区开发过程提出了更高的要求。

城市地区开发的内容主要取决于背景,如第 1.2 节所述。内容的形式受到所涉及的参与者和管理方法的影响,这将在后续章节中讨论。各个参与者如何处理或响应流程管理也会影响结果,他们每个人都有不同的利益和角色,这大大增加了城市地区开发的复杂性。

1.2　社会背景

社会发展

经济、社会、地理和其他与社区有关的发展对城市产生了深远的影响。这通过一系列空间动态表现出来。变化是城市的常态,并且一直如此。然而,过去三十年来,许多城市的发展速度比以往任何时候都快。此外,由于信息技术革命,最近的发展似乎具有不同的特征。

我们在本章开头指出,城市管理必须预见到发展和变化。为了预测这一点,我们必须充分了解这些潜在的发展,这有助于将其转化为城市地区开发。社会发展如何转化为空间动力学,对经济学家、社会学家、地理学家和其他专家来说是一个值得研究的主题。经济学家[如波特(Porter)、克鲁克曼(Krugman)、威廉姆森(Williamson)]、社会学家[如吉登斯(Giddens)、萨森(Sassen)、卡斯特尔(Castells)]、地理学家[如哈维(Harvey)、斯科特(Scott)、斯多普(Storper)、克拉克(Cloke)]以及规划师[如希利(Healey)]都考虑并解释了最新的空间变化,每位都持有其特定的学术观点。[①] 我们可以对此名单继续补充,他们阐述了城市现象这个历史拼图的各个部分。[②] 一些评论家对于干预城市的自然功能表达了严厉的批评[如简·雅各布斯(Jane Jacobs)[③]和汉斯·保罗·巴尔特(Hans Paul Bahrdt)]。

网络社会

社会变化的速度正在增加,由于信息技术的出现,变化的性质发生了根本上的改变。这种情况与同样迅速的全球化进程同时发生。这些因素对社会及其居住的城市运作产生了重大影响。在隐喻的术语中,人们经常谈到"网络社会"。

网络社会是指由技术网络引起的全球变化现象,影响从经济过程、金融服务和物流管理到决策制定和文化活动等一切事务。从本质上讲,它是一个主要围绕商品、人员、金钱和信息流组织的社会。由于信息技术的潜力,这些网络的范

[①] 在这方面,我们也可以参考早期的空间经济思想学家[如冯·图宁(Von Thünen)阿尔弗雷德·韦伯(Alfred Weber)、克里斯塔勒(Christaller)],经济思想学家[如史密斯(Smith)、马歇尔(Marshall)、里卡多(Ricardo)、米达尔(Myrdal)以及后来的经济地理学家,如普雷德(Pred)]和社会学思想学家[如马克斯·韦伯(Max Weber)、涂尔干(Durkheim)、滕尼斯(Tönnies)、齐美尔(Simmel)和默顿(Merton)]。他们提供了一系列有益的见解,部分见解仍适用于现代环境。

[②] 一个很好的概述可以参考:"Wetenschappelijke Raad voor het Regeringsbeleid", Stad en Land in een Nieuwe Geografie. The Hague: Sdu Uitgevers, 2002. 此外,一个有趣的空间经济概述可以参考: Lambooy, J. G. , Wever, E. , and Atzema, O. A. L. C. Ruimtelijk Economische Dynamiek. Bussum: Coutinho, 1997.

[③] 一本具有传奇色彩的书:Jacobs, J. The Death and Life of Great American Cities. London: Pelican Books, 1995.

围变得如此巨大:距离几乎无关紧要了。各种形式的网络重叠,不断变化,有时会聚合形成高度集中的网络(例如在区域层面)。

网络社会的影响可以从任何学科来考虑。例如,经济学家特别指出制造过程中的根本变化,这些变化越来越多地以公司之间和公司内部的网络为特征。这些网络现在已经遍布全球,与以前的做法有根本的不同。从该角度来看,区域集中或网络集群是合乎逻辑的结果。社会学家主要强调社会范围和社会文化结构的变化,其中包含多个行动者网络的演变,每个网络具有不同的目标。公共管理专业人员看到其专业领域正在形成网络,例如各方之间的战略联盟。

网络社会如何在空间上进行转化仍然有点模糊。从空间规划的角度来看,如果选择网络概念,即对经济或其他网络做出直接反应的空间概念,这种方法可能引发大量批评。经济、社会或其他网络不能在空间网络中逐字翻译(使物理显现)。在空间政策领域,尚未对网络社会的发展做出全面回应。

然而,从空间的角度来看,传统意义上或多或少封闭的功能单元显然已成为过去。至少在现代高度发达的社会中是这样,因为这些地方已经包含了网络。为此,我们对领域的概念发生了变化,尤其是曼努埃尔·卡斯特尔(Manuel Castells),勾勒出一幅清晰的画面,描述了由于信息技术的发展,新的空间逻辑是如何形成的,其中网络起着核心作用,"场所空间"的重要性似乎已经从属于"流动空间"(Castells,1996;2009)。因此,城市地区开发在"流动"和"场所"之间的摩擦中演变,那是因为城市地区开发的首要重点仍然是场所。但是,在一个场所,人们必须预见到有关流动的新发展(在第2章中有更详细的介绍)。

萨斯基娅·萨森(Saskia Sassen)从理论角度对此进行了分析,并指出经济全球化与特定活动集聚关键城市(称为全球城市)相一致。① 这个过程导致了一个新的城市等级,其中一些城市在全球网络中变得越来越重要,但其他城市却越来越松散。有趣的是,她的分析清楚地表明了城市的地方社会经济变化与全球经济发展之间的联系。她研究了城市中的士绅化和社会两极分化等方面。

其他社会维度

从社会经济的角度考虑城市地区开发也很重要。城市地区的经济振兴包括

---

① 她的开创性工作是:Sassen, S. The Global City: New York, London, Tokyo. Princeton: Princeton University Press, 1991. 作者随后发表了大量其他出版物,进一步阐述了她的基本前提。

引入和刺激新的增长行业，这些行业必须不断发展。激发由相互关联的知识联系在一起的区域经济活动集群是一个重要的考虑因素（Van den Berg et al.，2001），对于这些可能促进某些地区就业的行业或集群来说尤其如此。

然而，单纯的经济角度是不够的，因为城市地区的持久发展意味着也要适当关注社会、安全、生活环境质量等。城市的社会和社会经济性质对于城市地区开发同样重要（Jobse，Musterd，1994：125f）。虽然就业问题对于理解社会问题的发生具有重要意义，但城市的社会结构肯定不仅仅取决于经济发展。反过来，这种社会结构也会影响城市的经济发展。从这个角度来看，社会主题往往集中在社会两极分化的发生和城市隔离方面的空间表达（Fainstein et al.，1992）。城市地区不稳定的社会结构可能是城市地区开发的一个限制因素。在极度衰退的情况下肯定如此，成瘾问题、犯罪率加上高失业率，给地区带来了沉重的压力。由于移民家庭中这些问题集中出现，许多城市的社会问题变得更加复杂。移民的存在就此而言有时被认为是一个问题，但我们必须指出积极的方面，例如移民创业对经济发展的重要性。

这些讨论清楚地表明，经济、社会和空间发展不能彼此独立地理解，对于社会文化方面也是如此，过去二十年来，对这方面的兴趣大大增加。在一个区域内被广泛支持的文化模式（普遍接受的标准、价值观和期望）不仅可以成为区域社会功能的决定因素，它们也可以在这些地区的经济运作中发挥作用。① 由此产生的众多问题之一是，在一个地区内出现各种文化（例如移民群体）对于城市地区开发的意义何在？另一方面是一个地区的安全（和安全感）。物质上的发展可以促进社会文化的凝聚力和安全感。最后，有一个完全不同的角度去理解社会文化和经济趋势之间的相关性：具有社会责任企业家的出现。这方面对于城市地区开发很重要，例如，它可以成为开发项目的支持和手段。

人们对居住地区的观念在很大程度上也是由社会文化决定的，观念可能与实际情况有很大差异。在这种背景下，哈哲尔和赖恩多普（Hajer，Reijndorp，2001）强调了一个象征性的空间。存在一个趋势，即人们越来越觉得有必要以某

---

① 一个众所周知的例子是加利福尼亚州的硅谷，该地区不同行动者之间的文化网络（包括交流知识和创新的互利开放态度）促成了该地区的经济成功。见 Lorenz, E. H. Trust, Community, and Cooperation. Toward a theory of industrial districts. In: Storper, M. and Scott, A. J. (eds). Pathways to Industrialization and Regional Development. London/New York: Routledge, 1992.

个场所(如地方、城镇、地区等)来定位自己。这可能是由于信息技术(Information Technology,IT)发展所带来的日益同质化：地方越来越相似(Van der Loo, Van Reijen, 1997)。在建筑方面,我们也可以通过创建引人注目的地标来建立地方身份,尽管选择这样做可能有其他原因。无论如何,这种社会文化的维度也必须被视为城市地区开发运作的背景。因此,研究感知或理解身份必须被视为任务的一部分。

身份问题还涉及城市营销,旨在促进城市的正面形象,并在更广泛的意义上提升某些目标群体(如公司、居民、游客)对城市的使用,这在不同程度上取得了成功(Van't Verlaat, 2000)。城市营销起源于城市之间的竞争,因为城市用户拥有更大的流动性和选择自由。城市和区域已成为直接竞争对手。城市营销与城市管理密切相关,并成为其工具之一。

这使我们再次回到一开始讨论的城市管理。在城市背景中管理城市地区开发不仅必须考虑和预测社会发展的影响并将其转化为任务,还必须承认管理方法本身同样会受到社会发展的影响。不同于之前的任何事物,网络社会的出现对城市管理提出了新的要求,例如,这种新的管理方法由网络和过程引导。

1.3 政策背景

在进行城市地区开发时,最重要的是要认识到在行政层面制定的政策背景。这是因为城市地区不是在真空中运作,而是与各级政策机构有关。例如,城市层面的政策主要针对地区发展,但更高层次的政策,包括区域或省级、国家层面、越来越多的欧洲层面乃至全球和抽象层面,是同样相关的。

城市政策是特定地区城市开发的主要出发点。理想情况下,城市当局将为城市的未来创建一个"综合发展愿景",其中明确的优先事项涉及要采取的行动和城市内要开发的地区。这种综合发展愿景远比根据城乡规划法规制定的内容更为全面,例如所谓的结构愿景(根据荷兰空间规划法的要求,规定优先区划的结构愿景)。因为综合愿景需要考虑其他政策领域,而不仅仅是空间方面。这样的文件通常具有鼓舞人心的性质,有时具有强烈的政府导向。重要的是不要忘记预期的城市地区开发如何有助于实现城市层面的目标。

必须优先考虑在区域范围内形成这种综合发展愿景。区域内通常存在大量经济性和空间性的相互依存关系,使城市边界变得无关紧要。基于网络社会的视角,这并不意味着应该由具有明确管辖边界的区域政府组织来完成。当今城市动态的本质需要在可能的合作形式方面具有更大的灵活性。需要一种方法,使城市根据自己确定的利益领域(和/或综合发展愿景)与其他公共组织(如其他市政当局)结成不断变化的联盟,以实现某些目标。重要的是,城市不要将他们对未来的愿景限制在他们自己的市区范围内,而是要明确地融入区域(甚至超区域)背景中。

欧洲政策发挥着越来越重要的作用(在第5章中有更详细的介绍)。这方面的一个例子是关于运输危险材料的路线或基础设施附近的噪声区划政策。在某些缓冲区内建造建筑物是不允许的,这当然会对实际的城市地区开发项目造成重大限制。另一个例子是高速铁路基础设施的规划:交叉口和其他站点运行的存在与否可以对城市项目以及城市地区的开发产生决定性的影响。

各种层面的政策具有内在联系。它们不再是单一政府层级的分支,而是相对独立的行动,但也必然相互作用。更高层次的政策可以通过例如在实际城市地区开发期间获得的经验进行修正,这是积极的方法。然而,这种新方法也存在内在矛盾。从上层强加的政策指令,并不总是被较低层级毫无保留地接受,当然,原因在于有关各方的不同利益。此外,在地方层级可能经常有更好的实用知识。在最坏的情况下,城市地区开发的过程也可能陷入毫无希望的利益冲突,最终演变为政府争端或陷入僵局。

城市管理方式的变化会影响负责各级政策制定的组织之间的关系。这种关系越来越多地嵌入在政府和政策参与者的网络中,这些参与者根据自己特定组织的利益进行谈判,例如,城市与中央政府就实现广泛的城市地区开发项目进行谈判。城市与中央政府之间的这种关系远比中央政府单方面行动并规定必须由市政当局实施政策的情况复杂得多。

外部条件

最后,作为城市地区开发政策背景的一部分,还有一些外部条件值得一提。

司法条件尤其重要,因为公法和私法(民法)都有关于空间规划和土地政策的立法,这些条件涉及多种规则,如空间规划法、环境影响声明、栖息地保护、市政条例和公民投票等(见第5章)。公共部门理所应当去维护公法,因此也有责任维护公法对城市发展的影响。私法适用于私人和公共组织(私人或公共土地开发)。为了能够有效地完成城市地区开发,必须对更广泛的司法框架有一个大致的了解,从而在城市地区开发中应用更具体的土地政策工具(见第9章)。

此外,行政、技术和财务条件与城市地区开发有关。行政条件涉及城市地区开发进程的政治合法性,但也涉及对有关城市地区开发的政治支持。技术和财务方面会限制城市地区开发,因为两者提供的可能性肯定不是无限的。同时它们也是相关的,譬如技术上的杰作,实现空间的多种用途,但往往会更加昂贵。其他方面包括环境和安全也可视为城市地区开发的外部条件。

1.4 参与者

上述讨论的背景由有关行动者进一步塑造,可以区分公共部门和私营部门的参与者。此外,在城市地区开发中需要考虑当地市民和该地区的其他各方。

公共部门

首先,政府部门就特定城市地区开发所在的土地做出决策。市政当局在公法中发挥作用(制定土地利用规划、授予建筑许可等),但它也可以利用私法实现自己的土地开发(也称为积极的土地政策)。在荷兰的实践中,市政当局开发土地或建立开发公司是相当普遍的。市政当局也可以作为合作伙伴参与开发(当涉及重大的市政利益时)。除此之外,市政当局还可以作为城市地区开发的指挥者。

在市政当局内部,我们可以识别各种专业部门,如空间规划部门、市政房地产部门、经济部门、交通运输部门、公共工程部门等。每个部门的名称各不相同,但这些学科无处不在。大城市拥有内部的专业知识并自行组织服务,较小的城市经常租用这些服务,在后一种情况下,这意味着有外部顾问参与该过程。然而,对于大城市而言也是如此,例如,当需要第二种意见(如关于管制决策或私法问题)或需要专业领域的知识时(如并非每个市政当局都拥有建造地铁的专门知识)。

所有这些学科都代表着自己在城市内的利益,必须在城市地区开发过程中占有一席之地。市政参与者越多,利益就更具多样性。此外,民选政府(议员)的意见并非总与部门的意见一致,尽管政府会最后拍板。换言之,行政和官僚支持对城市地区开发非常重要。

当城市地区开发超出市政边界时,就需要多个城市参与。也有可能市政当局要求另一个(如邻近的)市政当局作为风险承担者参与其辖区内的城市地区开发。

上级当局也可以参与城市地区开发。对于具有超越本地利益的大型开发项目,这些更高层次的政府可以建立深刻影响有关城市地区开发的政策原则。此外,中央政府等上级机构可以在实际地区开发中以财政方式参与,比如提供补贴(如荷兰政府对重点项目的大量补贴)。在此情况下,他们是城市地区开发的重要参与者。如果多个部委参与其中(通常情况下是关键的城市中心项目),则会产生额外的合作负担。

一类特殊的政府机构是房地产办公室,或与政府拥有的资产有关的独立经营单位。在荷兰,例如国家资产部(Dienst Domeinen)、公共工程和水管理总局(Rijkswaterstaat)。在城市地区开发的舞台上,他们可能是胆小的参与方,有时还不够灵活。另一方面,荷兰政府建筑局(Rijksgebouwendienst)作为政府机构,它在城市地区开发方面发挥着重要而又具有推动性的作用,例如,它可能会投资一个新建筑作为某个新地区的首个投资者。已经私有化的前政府组织也是城市发展的重要组成部分,例如国家铁路公司,其中一些在私有化时被分成若干独立组织(如房地产公司和交通公司)。他们可以成为城市地区开发的重要参与者,尤其是涉及城市中心火车站的地方。在区域和地方层面,我们有时也会发现其他私有化实体,例如电力公司和公共交通公司,他们往往是城市开发中较难合作的参与者,因为它们的直接利益在于其他方面。接下来我们来看私营部门。

私营部门

在私营部门,有许多参与城市地区开发的参与者。

私营项目开发商在城市地区开发的某些过程中发挥着重要作用。他们在当前市场的背景下开展项目,承担开支和风险。他们主要投资在建筑物上,因此承担相对短期的金融风险。在开发商的世界中,我们可以识别出许多类型,包括投资者、建造商、银行,有时还有建筑师的一系列组合。开发商也倾向专注于某个领域,例如住房或零售。开发商越来越多地在城市地区开发中发挥重要作用,而不仅仅局限于建筑领域。在这种情况下，长期（几年）的金融风险是存在的。此外，最初作为建造商的公司现在越来越多地在更加综合的地区开发中发挥积极作用。

投资者是不可或缺的一方，其作为金融机构以长期投资作为首要任务，即养老金或保险基金的管理。投资时，房地产项目的实现并不是他们最关心的问题，他们对房地产的投资只是其核心业务整体框架中的一个要素，他们的目标是获得长期投资的良好回报。在投资者类别中，还有各种类型：机构投资者（如养老基金）、投资公司、投资基金等，对整个区域发展产生影响。

建造商同样在公共工程（如道路、高架桥等）中发挥作用，他们通常通过政府合同，作为私人建造方参与政府的建筑或基础设施建设。

此外，还有城市设计师和建筑师。尽管他们是为委托方建造，但他们具有长远的影响力，其设计将对地区的整体发展产生持续的影响。

此外，还有该地区的土地和建筑物的所有者。他们可以等同于该地区的用户或市民，但通常情况并非如此。业主可能居住在城市之外，甚至可能居住在该地区以外的地方。

地产代理也在城市地区开发中发挥作用，即在变现阶段作为出售建筑物的中介，以及在房地产管理阶段。地产代理可以参与城市地区开发的初始阶段，例如，在确定某个地区的市场潜力时。这样做的原因是他们拥有大量的市场知识，尽管他们很少长期主导。

在荷兰，住房协会在城市地区开发中发挥着重要作用。近年来，由于国家战略的转变（从政府转向以市场为导向的房屋建设）和特定的社会变革（日益繁荣导致建造更昂贵的房屋），企业的作用发生了巨大变化。由于企业现在必须"划出他们自己的金融独木舟"，他们实际上已成为城市地区开发的私营团体，并越来越关注更多的综合地区开发。

最后，还有最终用户，如企业和居民。他们将在开发结束后使用该区域，是城市地区开发中最重要的参与者，在实现城市地区开发所需的市场质量方面发挥着核心作用（在第4章和第8章中有更详细的介绍）。

此外，在房地产管理阶段，该地区的现有用户（如企业、居民、游客）当然是重要的参与者，他们的利益和要求必须被认真对待。这引导我们进入下一个类别。

公民和利益集团（公民社团）

一类重要的参与者是公民和其他（现在）使用者或城市开发地区的代表。这些使用者的利益往往截然不同，例如，店主希望汽车的到达方式可能与居民完全不同。在重新开发的情况下，该地区的当前使用者和未来使用者的利益之间可能存在重要差异。此外，所有者和使用者的利益也可能大相径庭。

我们还要考虑参与各方中有组织的公民社团（或志愿性的利益团体），此类组织也可以在国家层面运作（如压力集团）。环境组织最近在城市地区开发中占有一席之地，并可能导致项目长期拖延。在其他情况下，自然保护组织被纳入城市地区开发的过程。

这份涉及城市地区开发的各类参与者名单并不是决定性的。城市地区开发面临的主要挑战之一是让尽可能多的参与者参与，同时也要做出决策（在第4章和第6章有更详细的介绍）。

1.5 管理

人们已经注意到，城市地区开发进程最近变得越来越复杂。前面的讨论清楚地表明这是一个复杂的事情，这意味着管理它是一个严峻的挑战。为了辨析这一挑战，我们可以区分城市管理和流程管理。

一般而言，城市管理（在第3章中有更详细的介绍）预测了网络社会的影响。网络管理和流程导向是这种方法的核心。这与一种定向控制有关，这种定向控制不是来自一个组织，而是通过不同参与者之间的合作进行管理。这些参与者并非都为同一目标而奋斗，但他们的个人利益以这样的方式结合起来，即这些组合为所有参与者带来积极的结果。这意味着需要一种来自公共部门的方法，这种方法并不试图完全控制整个过程，不是把预先确定的政策强加给其他人，也不是假设某个先验的知识就可以定义规划的结果。在这种方法中，政府不是一个层级上优于社会其他各方的"总经理"，而是该社会的一员，并且为了使其职能的发挥具有效率和合法性，他在很大程度上仰赖其他行动者的支持。

一般而言，流程管理（在第6章中有更详细的介绍）与决策的制定方式密切相关。为此，关键是要认识到决策制定中涉及的各种特征。如何做出决策有时可能成为城市地区开发的一个制约因素，当地区开发涉及强化用途和利益的整合时，这一点变得更加重要（Teisman et al.，2001）。

公共部门和私营部门如何发挥作用是城市地区开发过程中的决定性因素，

也是其流程管理的决定性因素。当这项开发是在公共土地上进行,之后各个建筑的开发由私人参与者实现时,我们可以对整体结果进行评估(但不一定容易)。在完全私有的土地和建筑上开发,结果也相似。然而,在公私合作的情况下,它变得最复杂,其中角色的划分在每种情况下都是不同的。这些类型的合作关系越来越多,从流程管理的角度来看,这种做法很有意义。如果能够获得关于该主题的足够知识和技能,那么将可以在所有其他情况下管理城市地区开发过程。

城市地区开发中的每一种特殊情况都需要采用量身定制的方法。公私合作不存在标准公式,因为参与者的内在利益在每种情况下都不同。

管理方法

传统的项目管理不再能保证城市地区开发的顺利完成。但是,这并不意味着项目管理不再发挥作用。毕竟,有必要最终确定并完成实际工作。因此,项目管理必须成为城市地区开发中流程管理的更广泛范围的一部分,管理的重点是整合不同的利益。流程管理者认识到不同的参与者不是彼此依赖,因此必须引导他们开始合作,至少他们不会给项目带来障碍。在这个过程中,参与者实际上可以制定他们起初没有考虑的新目标。

这对流程管理者寄予很高的期望(见第6章),他们成为决策过程中的核心人物,尽管这并不一定意味着所有开发都必须通过流程管理者。参与各方都有自己的正式和非正式关系。但是,流程管理者必须对正在发生的事情有足够的同理心,并且必须控制城市地区开发过程。此外,流程管理者须具备足够的创造力来思考新的解决方案或重新启动因利益冲突、文化差异或相互不信任而崩溃的流程。这需要出色的社交和沟通技巧。

城市设计规划

地区开发过程包括各种规划,每个规划在过程中具有不同的地位和作用。在行政层面,有政策愿景和文件,旨在提供城市可持续空间规划的一致图景。在地区层面,有土地利用(或区划)规划、总体规划、设计质量标准和公共空间设计方案。在地块层面上,有建筑规划。此外,还有污水处理系统和电网等市政工程规划等。

这些规划在城市地区开发过程中所起的作用不能简单被理解为单一的、明确定义的功能。规划不仅仅是实施的工具。它们在其他层面也有明显的效用。规划似乎越来越多地在卡斯特尔（Castells，1998）所称的互动舞台上发挥作用。规划文献还提到沟通规划、交互规划和共识规划（Healey，1993，2001；Albrechts，Denayer，2001；Wigmans，2001）。规划师的设计方案可以从这个角度进行理解（Wigmans，2004：411-418）。

城市规划师、城市设计师的工具在参与者之间达成共识方面发挥着主导作用。城市设计，特别是总平面规划包括空间和功能元素，提供了未来场地可能的样子。总平面规划通常代表所有各方的基准：各方承认自己的利益在规划中转化，而规划也协调所有这些城市需求。图纸上的规划是一种使不同需求相互兼容的工具，它是通过各种尺度的图表对共识进行视觉表达（Castells，1975）。关于质量的讨论是形成共同理解和共同语言非常合适的工具，每个人都能清楚具体术语的意义（见第7章）。

城市规划，特别是总平面规划，可以有很多功能。规划可以记录在会议上做出的决定或纳入的市场需求。同时，编制规划可以成为一种工具，用于探索空间可能性，在项目中传达主题，或代表文化多样性。越来越多的规划已成为适应公共和私人利益的工具。

1.6 城市地区开发

城市地区开发发生在复杂的环境中，是一个长期过程，可能需要五到二十年甚至更长的时间。如本章所述，此类项目经常涉及相当大的利益。这些社会经济和政治利益可能会因该地区的使用者或居民而异，主要的财务利益也很重要。

开发过程可能会带来该地区的广泛变化，例如拆除旧建筑物和建造许多新建筑物，或改变道路和重新划分土地用途。这些物质性措施将改变该地区的结构，无论是邻里、市区还是整个地区。这种新的空间结构和新建的建筑将影响该地区的使用、居民和其他人的感知方式以及数十年来的经济潜力。

城市地区开发可以被描述为许多代表各自利益和主张的个体参与者与组织所从事的大量复杂过程的总和，并涉及城市之间的国际竞争，同时受到远超出该区域本身的事件的影响。

参考文献

Albrechts, L. and Denayer, W. (2001). *Communicative Planning, Emancipatory Politics and Postmodernism*. New Delhi: Sage, pp.369-384.
Castells, M. (1975). "La function sociale de la planification urbain," *Recherches sociologiques. Espace et théorie sociologie*, vol. 3, pp. 401-426.
Castells, M. (1996). *The Rise of the Network Society, The Information Age: Economy, Society and Culture*, vol. 1. Oxford: Blackwell.
Castells, M. (1998). "The education of city planners in the information age," *Berkeley Planning Journal*, vol. 12, pp. 25-31.
Castells, M. (2009). *Communication Power*. Oxford: University Press.
De Bruijn, J.A. and Ten Heuvelhof, E.F. (2008). *Management in Networks. On multi-actor decision making*. London: Routledge.
Fainstein, S.S., Gordon, I. and Harloe, M. (1992*). Divided Cities. New York and London in the contemporary world*. Oxford: Blackwell.
Hajer, M. and Reijndorp, A. (2001). *Op zoek naar nieuw publiek domein. Analyse en strategie*. Rotterdam: NAi Uitgevers.
Healey, P. (1993). *Planning Through Debate. The Communicative Turn in Planning Theory*. London: UCL Press, pp. 233-253.
Healey, P. (2001). *Towards a More Place-focused Planning System in Britain*. Aldershot: Ashgate Publishing Limited, pp. 265-286.
Jobse, R.B. and Musterd, S. (1994). *De stad in het informatietijdperk. dynamiek, problemen en potenties*. Assen: Van Gorcum.
Teisman, G.R. et al. (2001). *Besluitvorming en Ruimtelijk Procesmanagement. Studie naar eigenschappen van ruimtelijke besluitvorming die realisatie van meervoudig ruimtegebruik remmen of bevorderen*. Delft: Eburon.
Van den Berg, L., Braun, E. and Van Winden, W. (2001). "Growth Clusters in European Cities. An Integral Approach," *Urban Studies*, vol. 38, no 1.
Van der Loo, H. and Van Reijen, W. (1997). *Paradoxen van modernisering*. Bussum: Coutinho.
Van 't Verlaat, J. (2000). *Citymarketing. Ontwikkelingen en nieuwe uitdagingen*. The Hague: Elsevier.
Wigmans, G. (2001). "Contingent governance and the enabling city: the case of Rotterdam," *City*, vol. 5, no. 2, pp. 203-223.
Wigmans, G. (2004). "De rol van plannen in het proces," *Integrale gebiedsontwikkeling. Het stationsgebied 's-Hertogenbosch*. Eds. I. Bruil, F. Hobma, G-J. Peek, G.Wigmans Amsterdam: Uitgeverij SUN, pp. 411-418.

2 城市与社会背景

杰拉德·维格曼(Gerard Wigmans)

2.1 简介

过去几十年来,地区发展所处的社会条件发生了巨大变化。评估变化及其后果需要分析所谓的社会和城市的趋势变化。趋势变化是对现实产生结构性影响的一系列变化。新的定义和概念已经产生,以了解这种变化模式:流动空间、场所空间、治理、城市领域、网络城市、灵活积累、依势转向、碎片化等。这些变化共同形成了一个新的现实并且在经验意义上并不容易掌握。换言之,新现实很难与我们对现实的经验联系起来,因此难以具体地讨论。趋势变化与城市转型如何管理,与我们目前的分析相关,而此影响看似抽象且含糊不清。它需要解释。在转型过程中,社会文化、经济和金融领域在发挥作用,城市规划、公共行政、管理等学科必须适应新的环境,并探索处理此类复杂问题的新方法。

本章的理论基础是著名(城市)社会学家曼努埃尔·卡斯特尔(Manuel Castells)的研究工作,特别是他关于流动空间和地方空间之间"压力比"的研究。我们将解释他的理论,详细阐述新网络社会的特征及其对城市的影响。在当今网络动态的背景下,讨论了场所和身份,以及城市作为重要枢纽的重要性。网络动态作为一种现象,是城市政治正在关注并采取企业精神的主题之一。治理的概念在这些变化的条件下成为指导过程的新方式。最后,我们在城市地区开发过程中更加具体地讨论这一现象,并指出城市中每个地区开发过程可能面对的压力比。

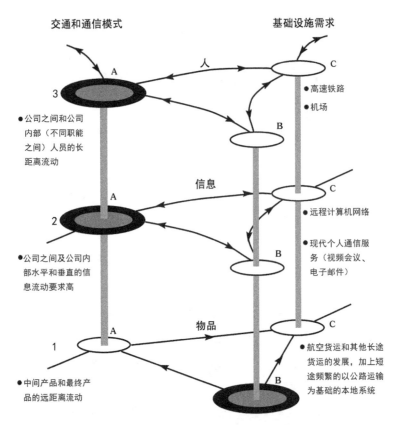

图 2.1　全球网络公司对本地基础设施的需求

(来源：Graham，Marvin，2001：312)

2.2　城市与社会挑战

卡斯特尔在其《信息时代、经济、社会和文化》(1996 年)的三卷书中表示，一项关注信息技术的技术革命，以越来越高的速度重新创造了我们存在的物质基础。这项备受推崇的工作在社会和城市理论的发展中起着关键作用。[1] 因此，它成为分析城市发展进程的合适起点。其他权威作者，如萨斯基娅·萨森

---

① 剑桥大学社会学教授安东尼·吉登斯(Anthony Giddens)在这方面指出："这是社会和经济理论的一项非常重要的工作——也许是前所未有的最重要的尝试，触及当前社会中正在发生的非凡转变。"卡斯特尔的作品(Castells,1996；1999；2009)被公认为对现代社会的普遍性分析。这是基于广泛的实证研究，大量的数据和统计数据说明了这一点，并充分反映了现有的情况。尽管受到其他人的批评和评论，但至少可以说，其分析是令人信服的。

(Sassen，1998；2000；2001)、大卫·哈维(Harvey，1989；1990)和彼得·霍尔(Hall，1992；1998)，进一步补充论述，并增加了我们对城市转型及其管理相关理论的讨论。卡斯特尔在其 2009 年的研究《沟通能力》中详细阐述并更新了其关于网络社会的论述，他解释道：信息技术革命已经形成了一个由决策和知识中心、工作区、金融服务提供商以及休闲、娱乐和文化区相互连接的全球网络。事实上，这创造了一个新的现实领域：一个有自己规律的新世界，不再与我们古老而安全的场所和地理世界(场所空间)有任何关系。这个新世界主要围绕流动(货物、人员和货币)和信息进行组织。

流动和场所

由于这些流动，空间的产生不再仅仅是物质性的场所，而是在无数的网络中由其位置和功能所定义的空间。这就是卡斯特尔所说的流动空间：全球网络空间，其特点是即时性、非正式性、无限性、开放性、匿名性、市场导向性和不可控制性。流动的空间倾向于支配或取代场所的空间，场所空间与我们共同经历的空间组织有关，它指的是一个场所的特征，如当地文化，当地历史形态以及城市性、耐久性、身份等品质。"流动空间取代了场所空间的意义。"卡斯特尔如是表达了在当前社会中这种倾向性的变化。他指的是一个特定领域的动态现在很大程度上取决于其他地方的决策，没有其他地方当局的参与，有时很难解决当地问题。正如卡斯特尔所指出的那样，除了流动空间，场所空间也在发展，在那里地方的身份被重新评估。

这导致了一个压力比。流动空间和场所空间之间的这种压力比是推动我们社会当前趋势变化的因素。城市不可避免这种情况，每个城市发展过程都要面对，每个现代城市都必须利用和预测网络经济带来的潜在机会，从而增加其对开放市场的吸引力。通过与网络(物理的、商业的和虚拟的)连接是改善可达性的另一个重要步骤。部分基于这些原因，基础设施得到改善，富有吸引力的生活环境得以开发，并且商业地点具有竞争特征。

城市面临着为城市战略性地区塑造新身份的艰巨任务，也要以可持续的方式践行，并以全新的方式丰富城市生活的体验。城市地区开发过程同时在不同尺度上运作：管理层必须意识到市政当局以外的机会，并且还能够保证地方的整体性和持久性，这只能通过努力实现新的均衡。

图 2.2　流动和场所：在上海，老房子让位给新的摩天大楼

(资料来源：路透社)

2.3　网络社会

网络社会的结构是由微电子、数字处理信息和通信技术激活的网络所建立。卡斯特尔(Castells, 2009：24)将社会结构理解为人类在生产、消费、再生产、经验和权力关系中的组织安排，并由有意义的文化沟通所支持。数字网络是全球性的，因为它们具有通过电信计算机网络在时间和空间上重新配置自身的能力。因此，基础设施基于数字网络的社会结构具有潜在的全球能力。换言之，信息和通信技术的兴起构成了组织当前社会的新基础(Castells, 1996, 2009; Scientific Council for Government Policy, 1998, 2002)。这与实时发生的结构转型有关，因为全世界的经济体在全球范围内作为一个整体发挥作用，并且是不间断的。

所有这些都导致了生产过程的急剧重组，现在的特点是公司内部和公司之间的管理，权力下放和网络形式具有更大的灵活性。全球化进程产生了一个复杂的国际相互依存系统，进一步消除了时间和空间的束缚，可以在任何地方连接。在这种背景下，一个城市的传统商业地点正在失去其意义。不同因素决定了新的业务位置：诸如城市与物理网络(交通基础设施)以及非物理网络(通信和信息网络)的连接等因素。但是，诸如城市的吸引力和魅力，以及文化供给等因素也变得越来越重要，因为这些功能能够有利于业务关系，对潜在员工有吸引力，或者很好地反映公司形象。

熟悉的社会和空间框架不得不拥抱变革。新的关系和联系正在出现，它们活跃在更大范围内。尽管我们越来越有可能在其中失去自我，但整个世界已经触手可及。在全球流动、全球力量和全球形象的世界中，对身份的追求可能已成为社会文化意义最重要的焦点。然而，这种身份是越来越多元的身份，因为个人承担越来越多的不同角色，这取决于他们在任何特定时刻运作的网络。

世界各地的经济体已经相互依赖，因此在经济、国家和社会之间的关系中引入了新的尺度(Sassen, 2000)。科学家将这种新关系称为网络社会。在网络社会中，物理空间的邻近性几乎失去了它的意义：这是指社会、经济和文化关系的连结不受物质性联系的约束。网络社会是一个社会，其社会、经济和文化结构不再由某个空间的共同使用决定，而是由个体参与者(公司、个人或组织)与其他地方的人和活动建立联系。这对地方城市规划政策的概念基础产生了广泛的影响。诸如土地或领土之类的熟悉分类正在失去其重要性，并且"场所概念"正在出现，过去人们通常用这个词来指代空间分配或土地使用(Harvey, 1990)。许多城市正在寻找自己新的角色，正是因为传统的地方限制和环境已失去意义，城市最终处于相互竞争以吸引不受地点约束的活动和所谓的自由行业(Wigmans, 2008b；2008c)。霍尔(Hall, 1992：11)说，这种新的自由允许一个城市通过开展甚至是全新的活动来重塑自己的形象。虽然这可能导致不同的竞争格局，但并不完全清楚城市的机会或危险究竟在哪里。

哈维说(Harvey, 1990)，这种不确定性、表面化和不可捉摸性引起了一种反应，它可以被描述为寻求构建一个身份并强调自己的场所、地点或城市的独特品质。新的柔韧经济(pliakle economy)几乎不关心限制，这就引出了如何在这个无限的世界范围内对场所的个性负责。除了塑造个性和正面形象的营销议题外，它还为地区开发过程带来了新的挑战(Chen, Wigmans, 2006a；2006b)。

2.4 城市

在这些变化的条件下，很难将新型城市概念化为明确定义的物理空间单元。重新定义当前城市的尝试说明了该问题，"城市场域""边缘城市"和"网络城市"等定义指的是一个新的现实，但似乎难以真正触及这一新现实的实质。城市之间的关系和活动变得越来越重要，活动超越了固定形式的限制。事实上，这座城市正在由内往外翻。这意味着,不仅仅是定义一个城市如何构成的问题,这个困境也触及城市政治,因为那是基于一个明确界定的领域或一个市政当局行使权力的有限空间区域。哈维指出问题的本质是城市(市政府)作为一个行政和法律界定的统一领域,作为一个法律、行政和实体单位,与城市政治分裂之间存在日益明显的摩擦。城市政治必须关注区域和国家范围内的决策,关注外部市场和群体,这些外部市场和群体不一定与城市有历史联系。哈维还指出,这些与过去几年城市所显露的社会动态相关,城市作为一个可辨别的空间区域,其每一个定义都变得问题重重。"一方面,我们见证城市社会空间更加碎片化,分裂为邻里、社区和众多街角社会;另一方面,远程办公和快速交通使城市的一些概念——比如围墙紧闭的物理范围,或者严丝合缝组织起来的管辖范围——变得毫无意义。"(Harvey,1989:6)

同时,城市场域(urban field)的概念已经扎根。它是空间规划中熟悉的新术语之一,描述该概念的潜在含义各异。本质而言,该术语意味着集合城市和城市群作为规划的核心概念已经过时,城市中心和周边地区已经失去了传统意义。城市场域的概念实际上并没有解释任何事情,它只是描述了一种新的情况,其中存在一种无定形的城市化形式,不那么集中,较少规划。它指的是城市变得更加分散,城市中心只是众多中心之一,从而产生一个更加分散的环境并提供多种穿越其中的交通选择。

城市动态越来越多地发生在城市的边缘或者那些对新业务具有吸引力且易于(通过基础设施)到达的地区。然而,随后的物质性转变仅构成当前城市状态的可见部分。对于网络城市而言,建筑环境(或城市的历史性增长)并不明确;在很大程度上,它是一个无形的城市。网络城市也是一个无形功能和社会关系的网络。今天,个人生活方式、社区或公司几乎不受领土或某个空间的约束。网络的使用使得城市生活方式不再局限于城市的物质环境,并且由于人们不再受某个地区的限制,地点(场所空间)确实再次成为设计一个人的生活方式或身份的重要手段。

作为一个明确定义的实体城市已不复存在。通常与城市相关的城市性(urbanity)[①]作为一种空间表现形式将被重新分析,必须关注社会、经济和文化成分。因为如果"城市"仅代表建筑密度,那么"城市化"(urbanism)代表了社会文

---

① 城市性指作为一种生活方式的城市化状态,如城市社会学学科(如芝加哥学派)所述,在当代社会,不再仅限于物质上的城市化。

化关系、人际关系和随之而来的不安全感。由此产生的问题是,城市化是否仍然可以与城市相伴出现。在这种背景下,决策者和城市规划师的传统工具在多大程度上是足够的?

2.5　地点和身份

在某些方面,知识和技术的全球传播导致了统一和同质化。然而,在一个越来越相似的世界中,强调差异,确定一个场所具体、独特和特殊的问题已变得更重要(Van der Loo, Van Reijen,1997:50)。如果由于信息技术、分配和组织领域的发展,时间和空间变得更加相对,那么场所的重要性将会增加。作为对世界范围内全球化和统一性的一种制衡,区域和地方城市意识得到了复兴。同样在建筑方面,本土和古典形式正在复兴,与过去的复杂技术和功能模型形成鲜明对比。这是为了在建筑与当地生活之间建立另一种积极的联系。另一方面,通常具有商标风格或形象的国外著名建筑师,越来越多地参与到荷兰项目中,这也可以被认为是为项目注入独特的质量和特性(例如具有地标性质的建筑)。我们可以发现越来越需要设计一个熟悉的生活环境来抵消这种全球媒体文化的大规模统一和枯燥(Van der Loo, Van Reijen,1997:51)。哈维(Harvey,1990:271)指出:"空间的缩小使全球各地的社会彼此竞争,这意味着地方化的竞争策略,大家高度认识到场所的特殊性有助于提高竞争优势。"

图 2.3　金茂大厦,上海

(资料来源:Chen, 2005)

图 2.4　Gazprom 大厦设计图,圣彼得堡

(资料来源:RMJM Architects, 2010)

这种趋势的后果是地方化的竞争战略,并且提高了人们对场所特殊性的认识。在此背景下,城市中各个地点的"场所身份"变得更加重要。在日益同质化但日益分散的世界中,强调了城市的独特品质。虽然一方面,场所服从于市场经济的超地方动态,场所的历史特征面临压力;但另一方面,具有新形象和身份的场所不断被创造出来(Wigmans,2008a)。

2.6　城市作为枢纽

过去几年进行的重要基础设施工程主要受国际经济的推动。新的基础设施工程破坏了紧凑型城市规划所关注的城市中心。在荷兰,这可以通过一系列基

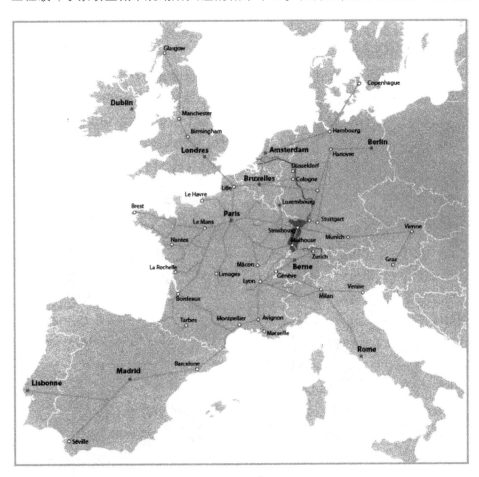

图 2.5　欧洲高速铁路线

(资料来源:Alsace,2010)

础设施网络来说明,例如兰斯塔德铁路、21号铁路、阿姆斯特丹的南北地铁线路、贝蒂沃线路、高速铁路(High Speed Line,HSL)等。自由选址的公司出现在新的分离式的中心,不再与现有城市关联,而是与基础设施交通相关联。因此,经济活动主要发生在城市之间,更具体而言,发生在这些城市的周边地区。结果,城市越来越像枢纽或转乘中心。在建设基础设施方面,人们的注意力已经转移到"一个外围连接系统,在没有城市中心参与的情况下,直接连接枢纽和城市区域的建筑集聚区。为此,机场、配送中心以及位于城市中心以外的办事处或设施的集中区成为关注焦点"(Kreukels,1997:14)。基础设施正在成为网络城市的载体。在此背景下,网络城市的基本组成部分不是物理空间概念的基础设施,而是一种文化概念的流动性,构成了时间与空间之间,城市功能与其形态之间的联系(Reijndorp,Nio,1997)。

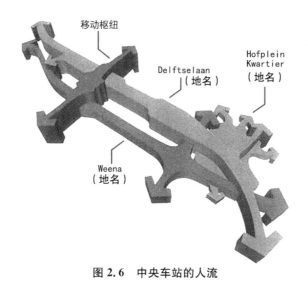

图 2.6 中央车站的人流

(资料来源:Alsop Architects with Combined Design Team, Rotterdam-London,2001)

铁路的特征是能够在不同地点之间架起时间和空间的联系,特别是高速列车线路。火车站附近的发展计划改变了荷兰的空间布局,改变了城市的竞争地位。战略目的驱动这些需要大量投资的决策,战略举措不限于这些领域,但空间政策必须首先预测这些新的基础设施形式(Kooijman,Wigmans,2003)。为了赚回投资,需要开发另一种类型的火车站,正如卢卡·贝托利尼(Luca Bertolini)和马丁·迪斯特(Martin Dijst)在更广泛的理论背景下称之为火车站地区或移动性环境,这些概念变得越来越重要。

交通枢纽构成了交通和通信网络之间的联系,是交互活动发生的环境。在我们开放的城市化社会中,枢纽占据了非常特殊的位置。因为这是物质空间上人类互动潜力最高的地区。虽然社会和经济的相互作用可以越来越多地在远距离进行,但事实证明,尽管上述非物质化的过程让人振奋,但面对面的交流对许多人类活动仍然不可或缺。虽然城市性的某些组成部分越来越多地将自身与物理空间区分开来,但城市活动的恒久内核确实在"短暂集聚"(temporary proximity)中蓬勃发展。贝托利尼和迪斯特(Bertolini, Dijst, 2000)称短暂集聚的地区或情形为"移动环境"。这些地区、枢纽具有强大的运输技术特征(确定其网络价值)、空间功能特征(区位价值)以及使用者特征(聚会价值),可能成为引导网络社会空间发展的重要基石。同时,它们可以作为塑造房地产潜力和新城市化的起点。聚会价值和公共空间的密集使用将定义这种新的城市化。这也符合许多城市的意图,即成为一个有吸引力的会议中心,可以在重建的火车站地区进行商务会议。显然,火车站是通往网络和城市的门户,其所在地区潜力巨大(见第4.2节)。但它也是一个集聚各种张力的地方:公共和私人之间、房地产和交通之间,以及交通和停留之间。

2.7 企业型的城市政治与城市政策的分裂

经营一个城市只依靠健全的管理还远远不够。理想情况下,市政当局寻求并利用机会,使城市从新的经济市场中受益。人们愈发从可持续性的角度看待此观点,因为可持续性已经成为一种经济因素。

城市新的经济机会必须要在竞争性的市场框架内审视。根据哈维(Harvey, 1990)的观点,自20世纪70年代初以来,城市政治从管理向企业精神转变。在此背景下,企业精神意味着发展创新理念,制定并努力实现每个地点的空间经济政策目标,以适应某些细分市场从而保持竞争优势(见第3章)。城市政治的变化以不同的方式表现出来。阿什沃思和沃格德(Ashworth, Voogd, 1992)描述了将公共导向的城市政治转变为市场导向的城市政治。哈维(Harvey, 1989)将转型描述为从管理型城市向企业型城市的转变。

转向企业型的重新定位有几个特点。首先,城市政治对经济部门日益关注,同时文化维度也越来越多。博物馆、节日和文化活动的特点为创办企业创造了具有吸引力的氛围。这种变化进一步体现在政策变革上，强调以未来使用者为主导的规划和空间需求，而不是为了地方利益而管制空间。从公共导向到市场导向的这种变化进一步体现在从供应侧向需求侧的转变。城市开发过程主要集中在目标群体上，从历史或文化角度来看，这些群体不一定与城市有直接联系。将城市的特定优势与其他城市的优势进行比较，可以影响甚至决定城市开发过程和营销理念的选择。发展规划和城市的变化越来越多地遵循特定目标群体（子市场）的需求（在第8章中讨论）。最后，这种实质性的重新定位必须处理多元的人口和差异化的居住偏好、生活方式、亚文化等，此应被视为城市政治的主要基本特征。

当企业导向面向尚未明确的市场环境时，也需要具体管理。地方政府采用传统的规划方法，在等级顶端作为唯一主体控制着决策链，然而在典型的碎片化市场环境下，这种方法明显不足（Frissen, 1992, 1996；Bekkers, 1999）。城市（或区域）管制方法的不足与以下因素有关，居民活动和公司运作的空间框架已经大大扩展，极大增加的流动性和利益的外部导向消除了居民和公司传统上与城市本身的联系，也打破了传统紧凑型居住的城市，后者依赖有限的（本地的）移动性和本地服务（都相对容易量化和规划）。现在必须分别评估城市功能的经济发展潜力（Harvey, 1989；Wigmans, 1998），这导致了以项目为导向的城市开发。空间分配决策的经济价值变得越来越重要，这取代了在一个界定的领域内，城市功能之间空间的相干性。关注点从城市作为相对封闭的空间实体转向城市作为特定区位项目的总和。在此背景下，主要依据公共区域和城镇区域的具体空间质量对其进行评估和分类，判断其是否为不同的市场和想要发起活动的目标群体提供了合适的环境。

为此，对不同地区分别处理，地方政府有选择地对待这座城市，重点是创造有吸引力的地点（项目总和），以期获得有利的副产品。城市更新侧重开发高质量的环境，吸引商业选址以及高收入群体。该政策在城市当局的投资战略中具有高度优先性，最终形成了公私合作。这类似于投机性开发项目，通常希望为城市增加经济价值[如鹿特丹的库凡祖伊达（Kop van Zuid）战略项目和阿姆斯特丹的祖伊达莱格艾瑟尔欧文斯（Zuide lijke IJ-oevers）项目]，但结果具有高度的不可预测性（见第3章）。城市过于集中在这些项目，结果会忽视了缺乏投资的其他地区。

图 2.7　斯海尔托亨博斯（'s-Hertogenbosch）市的封闭社区哈弗利（Haverley）

（资料来源：Municipality's-Hertogenbosch, 2010）

优先考虑投资的政策导致城市政策相对分裂和分散，现在每个地区都有不同的内容和协调需求（Wigmans，1998；2001）。这种对城市片段式处理的基础是经济政治和社会政治在城市框架内牵强的整合。经济政治受制于政府部门的措施以及（城市）外部的国家利益。在城市有限边界之外的开发刺激了转型。社会政治是地方性的，它们涉及当前和直接的利益，例如与当前居民相关的地方设施。社会政治在很小的空间范围内运作，并且是在城市的局部地区解决问题。这些政治顺应当地的需求和要求，地区人口和地区设施，安全和犯罪打击。社会管理问题越来越多地主导这些议程。简而言之，城市政治面临的复杂挑战是试图调和面向外部的经济政治与关注现有城市框架的社会目标之间的压力比。

卡斯特尔（Castells，1992：17-18）恰当地描述了未来存在的挑战："欧洲城市以及世界各大城市要应对的最重要挑战是把全球化的经济功能与当地根深蒂固的社会和文化连接起来。当今现实在这两个层面是分离的，导致结构性城市精神分裂症，威胁到我们的社会平衡和生活质量。"

2.8　治理

在流动和场所的背景下，新的管控形式以背离传统（由中央管辖绝对控制)的方式演进。政府曾经是管理城市战略进程最重要的参与者。然而,网络社会的结果使得城市有必要迎接挑战并将其重塑为高质量的移动中心,这些中心可以在开放的市场中竞争,并为新的市场发展留出空间。管辖不得不让位给治理,治理不仅限于一个行动者(例如公共行政机构)。它主要是指对地区开发进行管控的组织和决策方式。在此过程中,不同的愿景、利益和观点都被简化为一个协作整体——这就是治理。

市政当局越来越依赖于私人团体、其他政府机构以及在市政管辖范围外所做出的决策。治理承认存在关于政策的混合网络(地方、区域和国家)。它还接受私人团体在公共政策进程中发挥日益重要的作用,包括制定议程和执行政策方面。城市当局不得不与各种行动者、网络和组织合作竞争,它们都在力求争取权力和影响力(Teisman,1992;Teisman et al.,2001)。这种形式的治理不仅为公共参与和城市更新目标提供了机会,而且为不具有政治责任的网络提供了为私人利益服务的机会,因为治理意味着非选举行动者(非议员)也部分参与到政策制定中来。在过去几年中,传统上以持久性、平等和繁荣原则为基础的城市目标已经让位于市场效率和利润追求(Rorty,1989;Frissen,1996)。最近,我们看到转向更具持续性的方法,它也是由市场引发,因为可持续性已成为一个经济要素。

治理可以体现为各种形式:城市管理、流程管理和公私合作。流程管理和公私合作涉及相互协调的目标:私人方、利益相关方(甚至在它们被确认之前)和市政当局(通常具有社会持久性)。公私合作伙伴关系受到很多人的支持,并且经常被吹捧决策高效(见第 6 章)。然而,在实际操作中,合作伙伴关系并非那么容易实现。只有在为所有合作伙伴带来附加值的情况下,才有可能进行协作。这种观察并不新鲜,但仍然具有现实意义。尽管人们对公私合作以及越来越多的试验项目表示关注,但它绝不是没有麻烦的。公共和私人团体之间的信任是脆弱和暂时的,一方提出的策略可能很容易导致另一方的退缩。因此,以"信任管理"的方式开展工作至关重要。

没有人对地区发展拥有垄断权。政府不得不放弃垄断,建立各种联合方式。不再单方面和综合全面地规定一个地区的目标,它们不能再提前强加给其他参与者。相反,最终结果是一个各方贡献其知识和专业的过程。在磋商的过程中,结果会逐渐清晰。知识和信息的交换过程以及评估彼此目标的过程需要被组织起来。这涉及新的专业知识,例如流程管理和城市管理。政府与市场之间的联合导致一个不确定的平衡。最终的组合方式不可预测,即它不能提前定义或强加。事实上,在目前的环境下甚至不可能这样做,因为地区发展愈加依赖于市场投入——从知识和专业知识到资金和项目内容。与此同时,人们观察到公共和私人的界限变得模糊(Frissen,1999)。

2.9　对城市地区开发的影响

上述内容对如何管理城市地区开发产生了影响。

管理一个城市地区开发过程的先决条件(无论是公私联合还是基于各方之间连续的新协议),是对过程复杂性的充分理解。各方之间复杂的互动使城市地区开发成为一种关系管理。几乎所有各方都必须保持良好的关系,必须根据具体和变化的环境来定制关系,以及考虑在这些环境下的二元性和紧张关系(Rorty, 1989; Wigmans, 2001)。具有权威性地处理这些二元性和紧张关系意味着以一种令人信服的、公正的和合法的方式在各种利益之间取得平衡,即使不是每个人都可以按照自身的方式行事。

鉴于网络社会的影响,开发对城市及其区位的影响是变化且不可预测的(Wigmans, 1998)。由于项目实施取决于市场发展,普遍的要求是在城市规划中保持项目的灵活性。当城市需求取决于新的发展和要求(住宅或办公楼),空间规划概念必须能够适应用途的转换。这为(城市)结构设计提出了一系列复杂的条件,在规划制定和规划过程中应考虑以下几点:

- 规划概念是否考虑到土地征用所需的时间?
- 规划概念是否考虑到土地使用未来的潜在转变?
- 规划的土地划分和交通解决方案/可达性在未来有多大的可调整性?
- 建筑项目计划会有哪些潜在变化?
- 对于不确定的开发如何选址?

在过去的几十年里,"综合地区发展"(integrated area development)这一术语变得越来越普遍。它不是采用单纯叠加的方法,而是鉴于建成区发展的复杂性,将各种学科和利益整合起来。其复杂性取决于物质性改变的性质和强度,该地区既有利益和未来利益之间的紧张关系,以及现有地区在转型过程中仍需履行多项职能的事实(Louw,Van der Toorn Vrijthoff,2002)。新方法必须包含不同的专业领域、观念和技能。该方法整合了物理空间、经济和社会文化等各方面,并密切关注城市视角下的影响。在此背景下,关键在于整合各种知识和技能,并在过程中战略性地采取行动,无论是在城市层面(见第3章)还是在地区层面(见第6章)。

多方的参与(见第1章)使城市地区开发更加复杂化,将所有这些利益相关者纳入其中的主要目标是实现可持续的高质量建筑环境。大规模的重建项目需要长时间才能完成,而且风险很大。此外,城市土地开发通常会在开始时出现财政赤字,这需要特别关注市政当局与市场各方之间的合作:双方的利益必须得到保障。但更重要的是,与市政当局单方面控制过程的积极土地政策相比(传统政府的一种形式),任何形式的合作都应具有附加值。此外,合作应对市政当局的风险状况会产生积极影响。最后,合作的结果必须符合地方政府的状况和预算(见第9章)。

我们也越来越多地看到私人团体可以实现城市地区开发,在此情形下,土地仍是私人所有,在政府的推动下实现了土地用途的转变。土地开发的责任和风险由执行方承担。

2.10 城市网络动态

所有城市都在充满活力的城市网络中参与到竞争的市场环境。显然,每个城市的市场参与程度会有所不同,具体取决于区域、国家或欧洲的层级。然而,每个现代化城市都在以自己的方式努力使其品质和潜力与新兴市场保持一致。有时他们会成功,但有时他们被迫寻找替代方案和调整策略。基本状况是相似的,随着城市网络动态的新要求,许多城市正在重新考虑或重组其火车站地区和基础设施。

影响城市的全球经济结构调整可以追溯到1973年的第一次石油危机(Harvey,1990)。在20世纪80年代,从经济角度看城市表现并不理想。但从20世纪90年代起,在城市范围以外形成越来越多的机会和发展。城市的优势和劣势必须在区域市场环境中通过竞争从而被识别和评估。城市正在培养企业家的态度,迎接挑战,争取利用全球现代化的红利。引入高质量的服务设施是对传统产业流失的一种补偿。

因此,压力比发挥作用:城市中为提升吸引力而规模化运营的商业设施,要和市中心的历史建筑形成合适的比例。同时,必须接受现代观点并寻求新的身份。然而问题是,这将如何与传统的城市生活保持一致。简而言之:现有的和新的事物,以及与之相关的不确定性之间存在压力比。发展过程面临诸多挑战,必须找到平衡:大规模与小规模;现代与历史的品质;新城市居民与当地的城市居民;传统的单方控制(市政当局)与众多(尚未知)市场主体参与的方法;公共事业与私人利益;房地产与交通;等等。在此背景下,城市管理和流程管理将成为组织新的均衡和保持对话的必要条件。

在理论层面上,这可以被描述为流空间和场所空间的压力比。城市地区开发项目的设计和开发过程需要在这个对立的框架内理解。

城市(在城市网络动态中)如何应对各种压力、抗争和困境,把现有状态转变为城市新的战略地区?在这种情况下使用哪些方式和操纵工具以及进行哪些调整(流程管理、城市规划、公私合作、土地利用规划等)?这对专业领域(城市规划、土地开发、法律和环境等)有何影响?根据城市设定的目标衡量,这些工具的范围和功效是什么?总而言之,如何评估阶段性的结果?

参考文献

Ashworth, G. J. and Voogd, H. (1992). "Public sector market planning. An approach to urban revitalisation," *Paper Conference European cities. Growth and decline.* The Hague.

Bekkers, V.J.J.M. (1999). "Co-productie in het milieubeleid: Op zoek naar een nieuwe sturingsconceptie," *Public Administration*, vol. 3, pp. 177-195.

Bertolini, L. and Dijst. M. (2002). *Mobiliteitsmilieus. Ankers voor het vluchtende leven, Nederland Netwerkland. Een inventarisatie van de nieuwe condities van planologie and stedebouw.* Rotterdam, pp. 35-45.

Castells, M., and Van Ipola, E. (1973). "Practique épistémologique et sciences sociales," *Theorie et Politique*, Paris, vol. 1.

Castells, M. (1992). *European Cities. The informational society and the global economy.* Amsterdam: Centre for Metropolitan Research, pp. 18-19.

Castells, M. (1996). *The Rise of the Network Society, The Information Age: Economy, Society and Culture*, vol. 1. Oxford: Blackwell.

Castells, M. (1999). "Grassrooting the space of flows," *Urban geography* 20, vol. 4, pp. 294-302.

Castells, M. (2009). *Communication Power.* Oxford: University Press.

Chen, Y. and Wigmans, G. (2006)a. "Jinmao Tower in Shanghai. Having wings and roots at the same time," The Architecture Annual 2004-2005, Delft University of Technology. Rotterdam: 010 Publishers, pp. 58-63.

Chen, Y. and Wigmans, G. (2006)b. "Jinmao Tower in Pudong Shanghai - Re-inventing the Urban Identity," *Modernization and Regionalism; Re-inventing Urban Identity*. Eds. C.Y. Wang, Q. Sheng and C. Sezer. Delft: IFoU, pp. 382-389.

Frissen, P.H.A. (1992). *Nieuwe vormen van overheidssturing. Contouren van vernieuwing.* Amsterdam: Wiardi Beckman Stichting, pp. 39-45.

Frissen, P.H.A. (1996) *De virtuele staat. Politiek, bestuur, technologie. Een postmodern verhaal.* Schoonhoven: Academic Service.

Frissen, P.H.A. (1999). *De lege staat.* Amsterdam: Nieuwezijds.

Hall, P. (1992). "Forces shaping Urban Europe," *Paper Conference European Cities. Growth and decline.* The Hague.

Hall, P. (1998). *Cities in civilisation. Cultures, innovation and urban order.* London: Weidenfeld & Nicholson.

Harvey, D. (1989). "From managerialism to entrepreneurialism. The transformation in urban governance in late capitalism," *Geografiska Annaler*, vol.1, pp. 3-17.

Harvey, D. (1990). *The Condition of Postmodernity. An enquiry into the origins of cultural change.* Oxford: Basil Blackwell, p. 271.

Kooijman, D. and Wigmans, G. (2003). "Managing the city. Flows and spaces at Rotterdam Central Station," *City*, vol. 7, no. 3, pp. 301-326.

Kreukels, A.M.J. (1997). *Erupties aan het eind van de eeuw. Vierde Van Eesterenlezing,* Rotterdam.

Louw, E. and Van der Toorn Vrijthoff, W. (2002). "Integrale gebiedsontwikkeling. What's in a name?" *Real Estate Magazine*, vol. 14, pp. 14-17.

Reijndorp, A. and Nio, I. (1997). *Groeten uit Zoetermeer. Stedebouw in discussie.* Rotterdam: Netherlands Architecture Institute, p. 236.

Rorty, R. (1989). *Contingency, Irony and Solidarity.* Cambridge: Cambridge University Press.

Sassen, S. (1998). *Urban economics and fading distance. Megacities lecture no. 2.* Twijnstra Gudde Management Consultants, Amersfoort.

Sassen, S. (2000). *Cities in a world economy.* Thousand Oak, CA: Pine Forge Press.

Sassen, S. (2001). *The Global City. New York, London, Tokyo.* Princeton: University Press.

Scientific Council for Government Policy (1998). *Ruimtelijke ontwikkelingspolitiek.* The Hague: Sdu Uitgevers.

Scientific Council for Government Policy (2002). *Stad en land in een nieuwe geografie.* The Hague: Sdu Uitgevers.

Teisman, G.R. (1992). *Complexe besluitvorming.* The Hague: Vuga.

Teisman G.R. et al. (2001). *Besluitvorming en ruimtelijk procesmanagement. Studie naar eigenschappen van ruimtelijke besluitvorming die realisatie van meervoudig ruimtegebruik remmen of bevorderen.* Delft: Eburon.

Van der Loo, H. and Van Reijen, W. (1997). *Paradoxen van modernisering. Een sociaal wetenschappelijke benadering.* Bussum: Coutinho.

Wigmans, G. (1998). *De facilitaire stad. Rotterdams grondbeleid and postmodernisering.* Delft: University Press.

Wigmans, G. (2001). "Contingent governance and the enabling city. The case of Rotterdam," *City*, 5 (2), pp.203-223.

Wigmans, G. and Hobma, F.A.M. (2007). "Ontwikkelingsmaatschappij Paleiskwartier, 's-Hertogenbosch. Is succes stuurbaar?" *Stadsinnovatie. Herbruik is herwaarderen....op zoek naar succesvolle managementpraktijken.* Eds. V. Vallet, M. Marchand, P. Stouthuysen and K. Vandenberghe. Brussel: Politeia, pp. 147-174.

Wigmans, G. (2008)a. "Global and Local Architecture," *BOSS Magazine* 32, pp. 68-73.

Wigmans, G. (2008)b. "De verspilling van de netwerkstad," *AGORA* no. 3, pp. 11-13.

Wigmans, G. (2008)c. "How the network city wastes public money," *BOSS Magazine* 34, pp. 10-13.

3 城市开发管理

马尔科·范·霍克(Marco van Hoek)和杰拉德·维格曼(Gerard Wigmans)

3.1 简介

传统城市发展采取政府主导的城镇规划方法,已经逐步转向更具企业精神的战略管理方法,在城市环境中管理公共和私人的项目。这种方法结合了治理、城市规划、经济发展、金融管理、社会规划和营销等方面,并形成一个更加综合的战略性的决策过程,公共和私营部门都参与其中。

在美国20世纪70年代后半期和英国20世纪80年代初期,人们逐渐认识城市采取企业家态度有助于在经济发展中获益(Harvey,1990:4)。在这个时期,地方当局越来越多地参与到刺激商业和就业的增长。从管理城市问题转变为以企业家的视角看问题成为一个经久不衰的理念。在20世纪80年代的荷兰,政策转向青睐大城市(Lambooy,Manshanden,1992),并且在这十年结束时,中央政府强烈推动了这一转变。人们相信,运转良好的城市对国民经济至关重要。城市经济成为城市政治的中心主题,催生了具有企业精神的地方政府。为此,市政当局开始寻找从全球动态中获得经济利益的方法和手段。

自20世纪90年代以来,城市发展对社会和文化领域越来越重视,最近的气候和金融危机使可持续性和金融工程成为城市发展需要关注的领域,由此城市管理日益复杂。

这些发展都需要城市管理。在荷兰,鹿特丹伊拉斯姆斯大学(Erasmus University Rotterdam,EUR)埃拉斯姆斯经济学院在发展城市管理理论[特别是里奥·范·登·伯格(Leo van den Berg)及其团队]方面发挥了重要作用。他们的

"组织能力"模型是指导城市管理的有效工具,本章将其作为指导原则。在本章的最后,我们将指出他们理论的一些限制。通过荷兰城市管理实践的两个例子说明该模型的应用。

3.2　城市管理

城市管理由两个词组成。"管理"部分应该被视为描述战略决策,并积极寻求改善情况的方法。"城市"部分是指城市及其地区的需求。将二者结合起来意味着城市管理是指城市地区开发和完善的战略决策过程。根据定义,城市的战略决策过程是多维的,包括几个阶段:分析、愿景、战略和规划、实施和评估。涉及的利益相关方来自公共和私营部门。公共行动者可以在地方政府层面找到,也可以在国家政府、区域政府以及跨国组织(例如欧盟、世界银行和联合国)中找到。私人行动者则包括跨国公司、商会、项目开发商、社区组织和银行等。

城市管理可以应用于不同的规模或层面:

- 战略管理层面——功能性城市区域或大都市规模;
- 政策层面——某些部门的发展;
- 地区或社区层面——城市地区开发;
- 项目层面——房地产开发。

功能性城市区域或大都市规模

功能性城市区域的发展并不局限于城市的行政边界,而是取决于城市、郊区和周边乡村地区之间的功能关系。在战略管理层面,有必要从就业、商业地点和住房等方面来看待该区域的经济关系。对基础设施的投资可能在战略上是有益的,目的是改善或增加联系。

某些部门的发展

在开发某些特定的城市地区时,可以建立一般政策或指引。某些部门的组织也会制定自己的政策。例如,内城区、滨水区和棕地地区的具体发展愿景,或住房、环境和投资指南。一个特定利益的领域是绿地开发,其中乡村土地被转变为住房或商业的城市土地。

城市地区开发

最可行的层面是城市开发战略和部门政策的实施。城市地区开发包括为某个地区或社区定义、建立和实施开发愿景或战略。必须管理开发过程,以确保私人和公共利益相关方的最佳参与,并以民主的方式将这一过程纳入市民社会中。如第1章所述,基于地方的发展目标是有效和高效地组织不同阶段的不同参与者利益,使其满足当地需求以及城市或大都市的发展要求。

项目开发

最后,城市地区开发是不同房地产项目的总和,有时与基础设施相结合。这些项目中的每一个都需要足够的建筑、建造、规划、财务、营销和沟通方面的知识,使项目本身得以成功,同时对整个地区或社区的成功做出贡献。

在实践中,战略决策由不同的行动者在各个层面进行,无论他们的利益是为了整个城市、他们的部门还是他们的特定项目。理想情况下,这些层面将通过战略、发展愿景和政策等方式相互补充和强化而联系起来。由于战略是由公共和私营部门不同利益相关者共同制定,组织好决策过程就尤为重要。管理决策过程的关键是综合方法和整合参与。

传统的"自上而下"或"指挥与控制"的城市治理模式已不再适用。卡恩斯和帕蒂森(Kearns,Paddison,2000)认为,由于经济全球化和与之相关的流动资本投资,城市政府在很大程度上失去了对城市经济和社会的控制。"自上而下"的旧模型并不适合城市竞争的世界,这个世界的竞争比以往任何时候都更加激烈和普遍。城市和区域争夺外来投资、游客、房地产开发和居民。竞争逻辑需要一种更具企业家精神的城市治理形式(见第2章)。此外,传统模式不足以应对各种变化。层级决策结构本身就很耗时:在做出决策并将其转化为政策措施之前需要很长时间,而新的想法和倡议几乎没有机会展现。显然,经济、技术和消费者偏好变化的步伐加快,需要一种有别传统的城市管理模式,一种更能识别新发展的信号,并将其转化为适当的政策管理模式。

这种新型的城市治理反映了一个信念,即并非一切都可以自上而下地进行管理。正如卡恩斯和帕蒂森(Kearns,Paddison,2000:847)所言:"城市治理不是试图重新获得控制权,而是试图管理和规范差异,并在城市竞技场中发挥创造力,而这些竞技场本身正在经历相当大的变化。"格里·斯托克(Gerry Stoker)认为治理是在面对复杂性、冲突和社会变革时完成工作的能力(Stoker,2006)。大都市政府需要通过使用来自其他组织的资源和技能赋予自己权力。换言之,城市治理可以提供新的方式来获得力量、创造力和成果。

为了在竞争性的市场中找到更好定位城市的方法,关键是要认识到潜在的问题和挑战。布拉里亚·布拉梅扎(Ilaria Bramezza)(来自 EUR)发展了一种确定潜力和弱点的方法,他指出:"现有情况(系统状态)应当比照理想情况(参考情景)。当城市萎靡不振时,诊断将揭示系统的理想状态和实际状态之间的差距。这个过程对于理解未来发展的弱点和潜力,并找出解决城市问题的方法非常必要。"根据这一理论,可以在多大程度上理解挑战和解决问题取决于城市管理的质量。卓越的城市管理被视为可持续城市发展的必要条件。布拉梅扎进一步将城市管理定义为"在所有相关城市行动者的参与下协调开发和执行综合战略,以便识别、创造和开发城市可持续发展的潜力。"(Bramezza,1996:12)

城市管理的任务是通过制定和实施综合战略来提高城市的吸引力及其竞争优势。综合战略必须包括加强城市区域经济、社会和文化状况的目标。这种城市管理方法主要基于这样一种观点,即我们必须从不同的角度来看待这座城市,从分析城市的功能性质量开始,而非单纯考虑物理空间(建筑物、公共空间和基础设施如何相互作用)。换言之,该城市发挥何种作用? 一个城市有多种功能和使用这些功能的人,他们的个人决策决定了城市的发展。

图 3.1　功能、组织和结果的关系

例如,一个城市被居民用作生活、工作和聚会的场所。居民对生活环境、工作机会和社交网络的偏好决定了他们的居住选择。公共部门和私营部门通过提供生活区、商业区和设施共同满足这些偏好。在竞争日益激烈的环境中，居民和公司的灵活性和移动性趋强，个人偏好改变城市外观的能力比城市规划师更显著。因此，面临的挑战除了开发、管理和维护具有竞争力的城市外，还要设计和规划好其互补性的功能。

3.3 综合发展愿景

如果自上而下的城市规划被基于个人偏好、社会趋势和经济发展的城市管理方法所取代，那么城市如何发展？没有综合发展愿景，即在国际背景下未来城市发展（包括城市、地区或项目）协调一致的愿景，就不可能存在可持续城市发展。城市规划仍然是设计和定义空间用途的一个非常重要的工具，但在此之前，应根据社会的长期趋势和偏好，对城市发展进行更全面的观察。简要总结，这样的开发愿景是通过交互式和自下而上的流程构建的，可以描述为以下几个步骤：

首先，确定该区域的相关发展（例如，经济市场和环境发展）。

其次，评估区域优势、劣势、机会和威胁[见第3.5节中的SWOT（优势、劣势、机会和威胁）分析方法]。

然后，确定最迫切需要解决的方面。在这项工作中，要应用政治和社会标准。

接下来，制定若干主要政策目标的优先顺序，指引区域或城市发展。在不同政策领域下形成更具体的关注领域，以及随后更具体的行动点。这些行动可能与特定地区、城市地区，以及具体项目有关。

最后，指出将负责实现地区开发和项目的战略性网络（城市之内或之外），以及筹资的方式（见第6章）。

在城市地区开发中，不仅愿景的内容重要，在区域或城市社会中获得公众支持也同样重要。图像内容构成了讨论和辩论的平台，这个过程涉及许多行动者，特别是商业、贸易和行业领导者以及其他利益相关者。随后的实践任务由政府和非政府机构执行（或委托）。这一行动过程的基础是，参与者能够将这一愿景视为己出，从而致力于实现。这种方法在某种程度上类似于博尔哈（Borja）和卡斯特尔（Castells）所描述的战略规划。他们将其定义如下："战略规划是城市项目的安排，统一诊断，明确公共和私人措施，并建立一个城市社会代理人之间动员和合作的一致框架。"博尔哈和卡斯特尔(Borja, Castells, 1997: 94-117)也认为这样的规划是作为沟通的手段和制定营销规划的指南。

3.4 组织能力作为管理的概念模型

制定和实施综合城市发展愿景的能力在很大程度上取决于足够的组织能力。其指向某个城市区域制定和实施某个综合战略的组织能力。利用现有能力和各方专业知识的能力愈加重要。事实上,这是城市可持续发展的一个重要因素。

范·登·伯格和他的团队将"组织能力"定义为"有能力招募所有行动者,并帮助他们产生新想法,制定和实施旨在应对基本发展并为可持续经济增长创造条件的政策"(Van den Berg et al., 1996)。因此,城市区域的组织能力是制定和实施综合战略的首要条件。所涉及的所有学科必须能够自我组织或被指导,为与项目相关的特定方式作出贡献。在以下情况下,组织能力运行在最佳水平:

- 所有利益相关者参与;
- 产生新的想法;
- 制定了适当的政策。

据该研究小组称,欧洲大都市区的地位正在发生巨大变化(Van den Berg et al., 1997a)。大都市区域越来越需要更好地组织起来,以提高自己的竞争地位。事实上,大都市区的(未来)繁荣在很大程度上取决于组织能力,该能力首要是预测、应对和解决由于内外部环境的变化而处在变革中的大都市关系。2011年,城市联盟(Cities Alliance)承认大都市区域和城市面临的这些挑战是全球性的现象:

> 世界各地的城市正在以前所未有的速度增长……这种快速的城市化带来了巨大的挑战和机遇。为了蓬勃发展,城市必须找到适应新出现的挑战并利用其优势的方法……城市开发(City Development Strategy, CDS)被定义为一个以行动为导向的过程,通过参与来发展和维持,以促进城市及其周边地区的公平增长,来改善所有公民的生活质量。CDS帮助城市将战略性的发展方法和长期视角纳入它们的城市规划。……CDS背后的理念是:定

位精准,时机恰当的公共、私人及市民社会的战略性干预可以显著改变城市的发展道路并改善其绩效。①

图3.2说明了组织能力的理论框架。假设绩效是方案中所有要素相互作用的结果。它们共同构成了一个动态系统,因此,它们之间的凝聚力尤为重要。如果缺乏这一点,尽管对大多数单独要素进行了积极评价,但项目的表现可能会令人失望。

愿景:对城市区域发展的良好愿景以及解决城市问题的规划应足以令人信服,以获得广泛的支持。为此,这种愿景必须立足现实,并关注城市区域的机遇和问题。此外,它必须以平衡的方式公平地对待所有利益相关方的利益和目标。良好的愿景构成了制定目标和战略的基础。它可以防止开发实施中的不一致,对于每个项目,政策和行动可以或应当根据商定的愿景进行测试。因此,一旦愿景被视为决策的共同框架,就可用于指导相关行动者的行为。

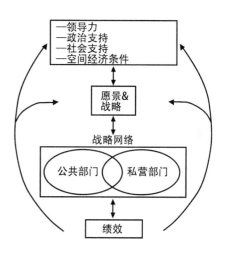

图3.2 组织能力框架
(资料来源:大都市区的组织能力,
Van den Berg et al.,1997)

战略网络:战略网络可以被视为相互依赖的行动者之间的互动模式,该模式根据政策问题或项目而演变。网络由连接各方(公共和私人)的各种关系组成,并以双向交流为标志(Van den Berg et al.,1997a:11)。目的是找出在城市政策制定和实施中,谁与谁(各方内部和各方之间)合作,以及这种合作是如何进行的,在多大程度上进行的。

领导力:每一个党派、方案和项目都需要一个领导者的角色来发起、继续和完成。我们的假设是,关键行动者的领导对项目的成功设计、开发和实施做出了重大贡献。领导力是必要的,无论是通过具体的能力(行政层级中的地位、财务能力、具体的专业知识或其他权力),还是成功推动项目前进的公共或私人感召力(Van den Berg et al.,1997b:12)。

---

① http://www.citiesalliance.org

政治支持：政治支持是组织能力的先决条件，因为政治关系和财务的先决条件对于启动和实施新政策具有决定性作用(Van den Berg et al., 1997a)。

社会支持：无论项目对大都市可持续发展的价值有多大，缺乏直接受影响者(客户、当地人口、商业社会、利益集团)的支持可能会限制实施的成功概率(Van den Berg et al., 1997a：13)。例如，对安防措施(译注：如视频监控)的社会支持取决于公民团体的积极参与。

沟通：在所有相关行动者之间良好沟通的背景下，可以制定一个得到广泛支持的愿景，以解决所感知的城市问题。此外，需要通过沟通将愿景和相关政策的信息传递给所涉及的网络、(潜在的)领导者、政治家和社团，包括非常重要的目标群体。大部分沟通将通过常规媒体渠道(报纸，地区/地方广播、电视和互联网)进行。沟通还可以将所有其他因素联系在一起，如图3.3所示。

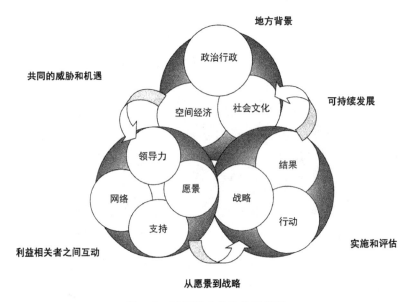

图3.3　组织能力作为发展战略

在图3.3中，组织能力的要素在城市开发过程中被描述为一种开发工具。基于地方背景，威胁和机遇可以被定义。这就需要利益相关者之间进行互动，从而达成共同的愿景和战略。通过成功的实施和评估，可以创造可持续的经济增长并改善当地环境。当面临新的威胁和机遇，开发过程将再次启动和继续。

3.5 城市营销

现代城市管理的一个重要方面是城市营销(Braun,2008)。城市营销的重点是向不同的用户群推广城市的服务和吸引点(或用空间规划术语"城市用途"),并针对可能对这些用途感兴趣的目标群体进行营销。这些群体可以用一般术语来定义,例如高收入群体或娱乐设施的日常用户,但他们并不一定在社会利益方面构成一个同质群体。相反,在城市管理中,利益相关者基于其特定的地方利益而处于关键地位。利益相关者当然可以非常多样化,但与目标群体不同,由于他们与地点直接关联,在大多数时间可以直接接触到他们:房地产业主、店主、项目开发商等。

虽然城市营销和城市管理的目标略有不同,但它们可以被视为市场协调的"看不见的手"与政府监管的"看得见的手"。在城市管理中,将协调和管制的任务进行了权力下放。在城市营销中,竞争非常重要:城市功能之间的直接竞争,以及与其他城市和区域的竞争。在营销方法中,优先考虑刺激(销售)而不是监管。虽然理论上如果同时追求城市营销和城市管理会出现摩擦,但事实上在城市层面同时应用这两种方法的举措已获得成功。从中可以吸取的经验是,城市营销(及其工具)可以成为城市管理的工具。

城市营销已在荷兰广泛使用。实践证明很难将一个城市当作一个总产品,尤其是针对一个大城市。因为在此情况下,人们要应付大量的目标群体(例如企业家、游客、居民,以及他们的次分群体等)以不同的方式使用城市。一个人可能认为这个城市是一个有趣的购物场所,另一个人认为这里是有潜力做买卖的地方,还有人则认为这是一个不错的居住地。正是当营销不仅仅被视为广告宣传(这本身是可取的)时,在整个城市层面应用营销工具(不仅仅是广告宣传)的概念变得更加复杂。这就是为什么特定营销手段在城市管理中的应用必须面向特定的目标群体。

在市场营销中,可以应用各种各样的工具。一方面,有基于客户的工具:促销、选择和维护。另一方面,有基于产品的工具:市场主导的产品开发、翻新和定价。在应用这些营销手段之前,必须做一些基础工作。首先是市场研究,这将引导市场政策的制定。然后应指明如何达到政策目标的方式和方法,明确目标人群的营销手段。

市场营销必须基于市场知识——任何产品都是如此,因此市场研究是不可或缺的。为城市管理服务的市场研究应包括以下研究:

- 未来用户的需求,包括企业对工业选址的要求;
- 市场对市政当局的看法;
- 城市不同地点的优势和劣势;
- 商业场所的推广和品牌规划;
- 地点,城市或城市区域的相对竞争地位。

为了找出未来用户的相关动机、愿望和观点,研究人员应尽可能地与目标人群建立联系。只有获得私密信息才能为营销提供良好的基础。在制定综合的区域或城市发展愿景时,这类市场研究也可以发挥作用。

市场研究一个特别有用的模型是所谓的 SWOT 分析。SWOT 分析旨在通过与其他城市或地区的比较,确定该城市或地区的内部优势和劣势,以及外部机会和威胁。SWOT 分析的要素可能包括多方面:基础设施、经济变量、社会设施、劳动力市场、成本和价格水平、当地文化(商业方法,国际方向)等。在进行 SWOT 分析时(就像其他类型的市场研究一样),要仔细辨析意象和事实。一个城市或特定产品(如工业场所)的意象是人们想象出来的,但现实可能完全不同。例如针对外国企业家的调查显示,他们认为鹿特丹的通信设施不足,但事实上,鹿特丹的情况比其他欧洲城市更好。在事实优于假想的情况下,就要大力推动宣传和公共关系。当情况恰恰相反(意象优于事实)时,人们可能会保持沉默。但是,这不可能持续很长时间,实际情况仍需得到改善,以防止正面形象恶化。

在营销政策中,应始终明确目标人群是谁。这些群体不应该太大:需要某种选择来缩小焦点,并采取一些手段进行运作——财务或其他方面。因此,确定优先事项至关重要。当确立营销政策后,下一步是针对不同的目标人群建立不同的营销手段。营销策略应表明如何实现营销政策的各种目标。每个目标群体的策略会有所不同,针对差异化的目标群体,将这些工具以不同的强度应用(见第8章)。

3.6 城市地区开发管理实例

鹿特丹的 Kop van Zuid 与阿姆斯特丹的 Zuidelijke IJ-oevers 发展

在荷兰,已经成功实施了几项发展战略,以重建城市地区。如前所述,组织能力在很大程度上决定了转型能否获得成功。在本节中,我们讨论两个荷兰重建案例:Kop van Zuid 和 Zuidelijke IJ-oevers。这两个案例在荷兰很有名,然而在再开发的方法上各有侧重。组织能力的理论框架被用来比较这两个案例。

表 3.1 指标对比(Kop van Zuid 总图规划与 Zuidelijke IJ-oevers 总图规划)

鹿特丹 — Kop van Zuid	
总面积	125 hm²
5300 套	住房
400000m²	办公空间
35000m²	商务住宿
30000m²	教育设施
105000m²	休闲和其他设施
新的基础设施	伊拉斯谟桥、地铁站、电车、火车

阿姆斯特丹 — Zuidelijke IJ-oevers	
总面积	140 hm²
2500 套	住房
330000m²	办公空间
130000m²	酒店业务
105000m²	休闲和其他设施
新的基础设施	7 座桥梁、新内环、火车站、地铁站

鹿特丹:Kop van Zuid

第一个例子是鹿特丹的 Kop van Zuid 项目,这是马斯河左岸的一个滨水项目。该项目将原港区改造成新城区,包括高档办公室、商店和房屋。

Kop van Zuid 位于河南岸的市中心对面，从东到西穿过城市。由于将港口从市中心移到西边，在河边留下了荒凉的地区。125 hm² 的 Kop van Zuid 最初用于社会住房计划，但由于社会住房构成不均衡（设想只提供廉租房），以及缺乏良好的基础设施和为本地人口提供（工作）机会，这一计划失败了。

为了给城市提供更广泛和更多样的住房和办公空间，并考虑到 Kop van Zuid 的中心位置，市政当局认识到该地区的巨大潜力：参考伦敦道克兰（Docklands）、巴尔的摩海港（Harbour Place）和其他城市实现的滨水开发概念，该地区是大规模开发的理想地点。规划设想开发大型办公、住房和商业综合体。然而，这一想法遭到了普遍的怀疑，私营部门也兴趣有限。该地区被认为缺乏吸引力，源于其废弃的港湾场地、社会问题和由于马斯河这一重要的天然屏障而影响场地的可达性。居住其中的社区居民也怀疑这样一个大型项目在该地点开发的可行性 (Van den Berg et al., 1997b)。

图 3.4　Kop van Zuid 总图规划

(资料来源：Kop van Zuid Info centre,"未来城市"，2010)；

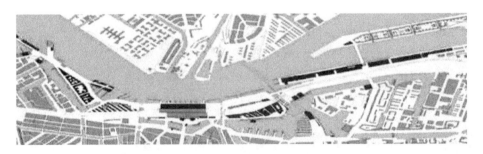

图 3.5　Zuidelijke IJ-oevers 总图规划

(资料来源：Projectbureau Zuidelijke IJ-oevers, "In Afronding 2009",2009)

3 城市开发管理

阿姆斯特丹：Zuidelijke IJ-oevers

第二个例子来自阿姆斯特丹市。Zuidelijke IJ-oevers 项目包括将前港区和中央车站区改造成混合办公和住宅区，分布在位于阿姆斯特丹市中心艾瑟尔（IJ）河南岸的几个岛屿上。市政当局早期计划将该地区发展为新的国际商业区，但被私人开发商拒绝了，他们更青睐在祖伊达（Zuid）地区进行开发，因为那里更容易进入史基浦机场和阿姆斯特丹环城公路。在市政当局对基础设施和特定地点进行初步投资后，私营部门开发的住宅市场开始起飞，启动了该地区的真正转型。随后是办公开发、设施建设和车站地区改造。南岸的发展随后刺激了北岸的发展。

愿景

在鹿特丹，把 Kop van Zuid 地区从低成本住房的廉价地点，转变为城市中心扩建地，通过混合用途的设施为振兴该地区创造新的机会。在低成本住房方案中，基础设施和公共设施的必要升级是无法实现的，但如果将该地区与更大的经济机会相结合，将为新基础设施提供金融支持，并在项目中产生更多的商业利益。人们甚至可以说，由于场地的发展更加均衡，被认为失败的邻近廉租房项目重新焕发了活力。

在阿姆斯特丹，将 Zuidelijke IJ-oevers 大规模转型为新中央商务区的初步想法遭到私营部门的拒绝。阿姆斯特丹随后改变了规划，并专注重新开发该地区内的特定地点，即所谓的锚点项目。这些项目包括尼莫（Nemo）科技博物馆、服务于豪华游轮和活动的阿姆斯特丹客运码头以及新图书馆将刺激周边地区的发展，吸引私营部门投资建设。发展愿景没有为整个地区制定现成的规划，而是允许私营部门提出自己的想法，并临时使用现有（港口）建筑。

领导力

鹿特丹案例显示了公共部门的强有力领导。当私营部门不愿承担风险时，市政当局确保公共投资被用于启动发展。基础设施投资以及市政办公室搬迁到此，启动了该地区的发展并改善了场地质量，使该地区受到私人开发商青睐。关键问题在于该项目是否过多地依赖市政当局的财政资源和风险承担。市政当局的角色不仅仅是发起者的角色，而是成为主要的开发商和风险承担者。私人开发商和投资者只参与具有可预测回报的项目或作为特定用户（其中还有一些是公共行动者/租户），尽管可以说项目的设计和质量是公共和私人双方的共同责任,但整个开发的风险主要是市政当局承担。

阿姆斯特丹市政府决定不承担风险,他们跟随市场。新的祖伊达-阿斯(Zuid-as)金融/商业区是根据需求开发的,而市政当局则在 Zuidelijke IJ-oevers 进行了小规模的针对性投资。这种方法的优点是公共投资的风险有限,可能会持续数年。当阿姆斯特丹的房地产市场开始繁荣时,通过私营部门的开发,地区发展迅速,新的公共投资可以补充市场。这种方法的缺点是政府更难衔接不同的私人提案并协调不同地区之间的关系。此外,由于没有强大的整体愿景,就更难让公众关注该地区。

战略网络

虽然是由市政当局提出 Kop van Zuid 的发展倡议(并承担大部分风险),但这并不意味着私营部门没有积极参与发展。私营部门参与 Kop van Zuid 不同项目的设计和开发意味着他们对市场的了解(通过例如市场咨询)已被接纳。项目组织的结构也很明显,该组织将公共和私人行动者的投资、专业知识和社区关系结合起来。其他积极的方面是使用项目办公室作为信息和沟通中心,并组建一个"质量团队"、一个外部专家小组,就建筑质量提供建议。

所有这些都需要采取灵活、合作的方法进行开发。Kop van Zuid 项目不是一个预先确定、严格划定的总图规划,而是足够灵活,可以将其原有的规划从主要的办公空间改为更多(豪华)住房项目以及一些文化和休闲设施。住房市场的蓬勃发展确保了住房项目的成功,这反过来推动了该地区一些商业项目的发展:良好的生活和休闲条件引发了该地区作为商业地点的新兴趣,项目的边界也变得灵活。随着投资者兴趣的增加,该项目扩展到南部,更多的基础设施得到改善或建设。与周边社区的空间联系也增加了新投资的机会和有效性。新的教育设施、公共空间和基础设施成为周边社区的资产,这些公共设施的影响力扩大到 Kop van Zuid 地区之外。

阿姆斯特丹为特定开发地区建立了战略网络。这为每个开发项目提供了量身定制的合作。与鹿特丹一样,通过基于项目的方法可以迎合不同的市场趋势。基础设施是根据项目计划的需要开发的:从豪华住宅和休闲设施,到家庭住房、办公楼和公共设施的创意热点,应有尽有。阿姆斯特丹面临的最大挑战是超越每个项目的边界,将它们连接到历史悠久的市中心以及相邻的北岸。

支持

鹿特丹的公共领导层将大量注意力集中在确保政治和社会支持上。领导角色只能由政府预算中的必要资金来支持,通过强调该项目的国家重要性,甚至还提供了国家预算。阿姆斯特丹首先从文化和旅游部门的特定目标群体获得支持。这是一个明智的选择,因为这两个部门在该市都有很高的地位。将这些部门与目标项目的开发联系起来,第一批公共投资通过其预算得以实现。

两个地区发展的区别在于,在鹿特丹,雄心壮志得到了广泛传播和讨论,因此受到很多关注,而在阿姆斯特丹,讨论更多的是城市专业人士和该地区的目标用户。因此,与 Zuidelijke IJ-oevers 项目相比,Kop van Zuid 项目在很大程度上被视为一个更大的项目,更像是该市的一个关键开发项目,尽管两个开发项目的规模相当,而且两者的影响都很大。

绩效

Kop van Zuid 项目在城市规划、建筑、公共空间和基础设施的设计上花费了大量时间。一个有趣的观察结果是伊拉斯谟大桥因其设计而受到的关注多于其作为基础设施的功用。选择建造一个地标,将其作为市中心两侧统一的象征,而不仅仅是一个实体连接,是整个项目成功的关键因素之一。这是一个很好的例子,展示了发起人的力量和组织能力,因为他们成功地获得了社会、政治和经济利益,

图 3.6　鹿特丹伊拉斯谟大桥

(资料来源:鹿特丹市,2010 年)

图 3.7　威廉敏纳皮尔(Wilhelminapier)Kop van Zuid 项目

(资料来源:鹿特丹市,2010 年)

以及对整个项目的财政支持。通过建立战略网络以及在城市和项目层面制定明确的愿景和战略，公民和使用者就能意识到项目的雄心，批评声音也能尽早处理。

Zuidelijke IJ-oevers 项目成功开启了阿姆斯特丹市中心与 IJ 滨水区的统一。这些地区已经转变为现代住宅和商业区以及游客和当地居民的休闲区。尤其是公共设施增加了该地区对使用者的吸引力。新建筑与 IJ 河沿岸历史建筑的再利用相结合，创造了一个富有魅力的新环境，与历史悠久的市中心相得益彰。接下来的挑战是确保 Zuidelijke IJ-oevers 与内城紧密相连，成为阿姆斯特丹北部发展的跳板。

空间经济条件

从这些项目中我们可以学到一些经验，从而确定滨水地区重建成功的要素。然而每个项目都由其自身的空间经济条件决定，这就需要建立各自的方法。鹿特丹没有选择公私合作伙伴关系（Public-Private Partnership, PPP），阿姆斯特丹由于具备更好的房地产市场条件（使其对私营部门具有吸引力），因此选择了这种方式，从而分散了风险、财务和责任。尽管创建正式的 PPP 联盟并没有持续很久，但实际的发展是基于共同的举措，由公共和私营部门分担投资和风险。决定阿姆斯特丹成功的另一个条件是该市在旅游市场中的地位。一个有吸引力的海滨对原本比鹿特丹更多游客的阿姆斯特丹来说无疑是锦上添花。当地的气候和文化也是影响公共空间潜在使用和发展的变量。

最后，时间因素值得关注。在这两个案例中，至少需要 25 年才能看到并评估转型的全部影响。在不断变化的市场条件下，一个地区的良好愿景为城市发展奠定坚实基础。领导力、政治和私人承诺以及良好的发展战略能支持这个愿景并使项目持续进行。尽管阿姆斯特丹和鹿特丹的方法不同，但两者都允许在不断变化的环境中保持灵活性，同时确保在经济衰退期间利用公共投资来刺激发展。

3.7 关于城市管理理论的思考

组织能力模型在范·登·伯格（Van den Berg）团队的城市管理理论中起着核心作用，它可以作为建立和管理地方开发项目的工具。第 3.6 节说明了该模型在实践中的表现。

但是，如果我们希望用更一般的理论术语来评估城市管理并总结其本质，那么就会触及一些更基本的问题(Wigmans，2003)。显而易见，一个综合的方法至关重要，但如何确保自愿参与，融合并相互理解所有人的利益是挑战的核心。本小节扩展讨论了一些关键问题。

一个综合的方法

寻求综合方法是当代城市管理中的普遍现象。欧洲八个城市的城市项目实证研究非常清楚地证明了这一点(Van den Berg et al.，1996；1997a)。无论是发展还是实施方面，一个统一的、包罗万象的愿景，可以转化为一个全面的战略，这也是管理城市项目的一个关键因素。

任何负责城市管理的组织都可以利用各种学科中的专业知识来研究各种形式的城市环境。所有影响城市环境运行的因素在某种程度上都是城市管理所涉学科的一部分。尽管与每个学科相关的行动者及其利益都非常复杂，但它们是寻找前进方向和建立相互理解的关键组成部分。

以此角度看待城市管理，寻找一个整合的愿景和战略对于确保项目以可持续方式发展至关重要。尽管很难，但仍要理顺众多参与者的利益冲突，避免对成功融合并达成全面愿景制造障碍。

合作

如上所述，组织能力模型的一个组成部分是有关行动者之间的合作。该模型预先假定，由于城市环境带来的机遇，战略网络中行动者之间的合作将自然而然地产生。行动者之间合作的基本理由是承认他们相互依赖。因此，战略网络内部的合作强度取决于行动者是否认识到彼此需要对方才能实现个人目标(目标A只有在达成目标B之后才能实现，反之亦然)，最终他们将同乘一条船上。该模型假设合作将自然地发展和壮大。然而，尽管行动者可能认识到这种基于机会和威胁的合作是城市发展和经济增长的先决条件，但并不能保证这种合作将会实际发生，也不能保证合作的形式始终是明确的。

除了认识到他们相互依赖使得合作和协调成为必要之外，还需要让行动者意识到他们的愿景和目标存在差异，这些差异不会促进流畅的合作。保持这种意识也可能妨碍合作进程。

系统思考

组织能力模型由所有要素之间动态交互组成,并提供了一个框架,用于理解不同要素如何在一个整体中相互影响,换言之:"系统思考"的框架。基于系统思维形式的城市管理理论经常使用共性和整合等概念。该理论假设所涉及的所有各方将直接就项目的实质进行互动。矛盾的利益将会出现,但通过所有参与者的互动可以达成共识。为了追求共同愿景,应用一致的战略,将为项目带来一个共同目标。各方之间的合作将在这个共同目标的基础上进行,致力于制定各学科能够开展合作的综合规划。这种城市管理理论并未考虑潜在的冲突,其缺点之一是它在相互共同的目标基础上进行合作,并预先假定这种合作中的互动是一个简单的过程。这种理论没有提供在出现问题时找到解决方案的方法,该模型不存在具体解决冲突的可能性。

关于组织能力模型可以提出许多问题:

- 把组织能力模型视为解决城市管理问题的全能工具是否切合实际?
- 无条件承诺将所有不同的利益、目标(或承诺对内容达成共识)整合到项目开发中是否真正必要和可取的?
- 是否有可能弥合当前形势与理想情况之间的差距(如布拉梅扎在 3.2 节中所述)或未来情况是否会与当前情况完全不同?
- 寻求共识和共同点是否现实?
- 最后,我们可能想知道能否在不考虑参与者的社会背景下解决这些问题,并确保一定的城市管理水平。

由此看来,复杂的城市项目涉及许多行动者,并且受政治和公共辩论的影响,因此整合并非总是优先考虑。综合愿景源于各个行动者之间对城市地区或项目发展方向已建立的统一观点。然而,综合愿景的绝对必要性受到批评,卢克·博伦斯(Boelens,2009)质疑行动者的多样性及其议程可能会破坏愿望的整合。

博伦斯(Boelens)和其他几位作者[①]用基于过程的理论来代替系统思考。在过程理论中,团队合作被视为一种互动过程,各方不同的观点、利益和解释通过

[①] 例如 Van Dongen et al. (1996)、De Bruijn and Ten Heuvelhof (2008)、De Bruijn et al. (2003)。

这个过程得以持续,而利弊则相互权衡,然后进行磋商并就实际可行和可取的内容交换意见。总之,合作产生的背景是邀请利益相关者以功能性和建设性的方式解决他们的差异。这与组织能力模型所建议的合作类型不同,其目标是制定共同的愿景和战略,以实现共同的目标。因此,追求共同愿景与在合作过程中允许并包含不同观点的方法有很大不同,在合作过程中,需要就各方如何为实现不同目标做出贡献展开谈判。关于这个过程理论,可以说行动者之所以决定合作,是因为他们缺乏其他行动者所拥有的资源,反之亦然。这就产生了相互依存关系,只有就合作的潜在利益进行谈判时才会得到承认。

组织能力模型假设可以合理地解决意见和利益的分歧,并最终找到一些共同点(Van den Berg et al., 1996)。然而,这忽视了不同利益通常会引起利益冲突。事实上,必须允许这些分歧(无论是社会差异还是其他性质)成为互动过程的一部分。德·布鲁因等(De Bruijn et al., 2003),德·布鲁因和添·赫维尔霍夫(De Bruijn, Ten Heuvelhof, 2008),以及范·东根等(Van Dongen et al., 1996)使用"社会相互依赖"一词来描述依存关系,这种相互依赖承认利益相关者的利益并不总是相互对应,不同的利益都应得到接纳。

组织能力模型回避了这种冲突,因为它假设理性思考和行动会自动导致一个单一的结果。认为冲突是合作的对立面——这是合作缺席甚至失败的标志。但是,正如我们所讨论的那样,不同的观点和利益可能会相互冲突,这本身是过程的一部分。冲突是这一进程的重要组成部分,因此应适用冲突管理原则(Minnery, 1985; Tjosvold, 1991)。

不同的理论视角

根据上述反思,结合城市管理实践提出的问题,可以形成三个主张,为城市管理提供另一种理论视角:

- 在不同目标的基础上提出合作的主张;
- 考虑不同背景的主张;
- 城市冲突管理的主张。

第一,在不同目标的基础上提出合作的主张,允许在不形成共同利益或共享资源的情况下开发和实施联合项目。这意味着在试图塑造项目时接受不同的观点和利益。为了共同开发和实现城市项目,各方不一定需要为同一目标而努力。

他们合作的基础是每个人都从彼此的资源和能力中获利。这种方法的基础是各方理解合作可以是互利的(可以达成选择性的城市目标),而不必为共同利益或共同目标而努力。因此,沟通和互动过程对于组织这种合作具有决定性作用。

第二,考虑不同背景的主张意味着在组织合作时,了解并处理潜在的沟通和互动过程非常重要。一个有意识的情境依赖性的互动将会发生:各方都会考虑其他行动者的观点、利益和流程。从这个角度看,永远无法达成完全一致,因为考虑不同的背景不过是一种旁观的姿态。分歧依然存在并且需要面对,这涉及在不否认差异化的背景和观点下进行持续的磋商,为此将出现各种各样的冲突局势。

第三,城市冲突管理的主张认为冲突是合作和互动过程的一个组成部分。冲突管理方法允许城市管理者充当冲突管理者。该管理者在沟通过程的框架内寻求解决机会,并考虑政治和社会背景以及时间(利益和意见可能随时间变化的事实)。明纳里(Minnery,1985)允许不断解决冲突的可能性,并将冲突视为一种积极现象。这种功能性冲突管理利用了城市管理者的干预能力,并以此方式将结构性的原则或技术嵌入到过程中。其以一种功能性、建设性的方法来处理城市发展中的冲突,取代了传统功能失调的冲突处理方法。

这些方法为城市管理,特别是组织能力模型提供了另一种视角。允许和面对不同观点的方法正在取代追求绝对统一和共有的立场。通过这种方式,可以识别多样性和多元化,并将不可预测性考虑为开放式管理过程的固有特征(Frissen,1996;2007)。

参考文献

De Bruijn, H., Ten Heuvelhof, E. and In't Veld, R. J. (2003). *Process Management.Why Project Management Fails in Complex Decision Making Processes*. Kluwer academic publishers.
De Bruijn, H. and Ten Heuvelhof, E. (2008). *Management in Networks. On multi-actor decision making*. London: Routledge.
Boelens, L, (2009). *The urban connection. An actor relational approach to urban planning*. Rotterdam: Uitgeverij 010.
Borja, J. and Castells, M. (1997). *Local and Global. Management of Cities in the Information Age*. London: Earthscan Publications Ltd.
Bramezza, I. (1996). *The competitiveness of the European city and the role of urban management in improving the city's performance*. Rotterdam: EUR.

Braun, E. (2008). *City Marketing. Towards an Integrated Approach*. Rotterdam: EUR.
Frissen, P.H.A. (1996). *De virtuele staat. Politiek, bestuur, technologie. Een postmodern verhaal*. Schoonhoven: Academic Service.
Frissen, P.H.A. (2007). *De staat van verschil. Een kritiek van de gelijkheid*. Amsterdam: Van Gennep.
Harvey, D. (1989). "From managerialism to entrepreneurialism. The transformation in urban governance in late capitalism," *Geografiska Annaler*, no.1, pp. 3-17.
Harvey, D. (1990). *The Condition of Postmodernity. An Enquiry into the Origins of Cultural Change*. Oxford: Blackwell.
Kearns, A. and Paddison, R (2000). "New Challenges for Urban Governance," *Urban Studies*, vol.37, no. 5-6, pp. 845-850.
Lambooy, J.G. and Manshanden, W.J.J. (1992). *De mythe van de grote stad als motor van de economie*. ESB, pp. 1045-1049.
Minnery, J.R. (1985). *Conflict Management in Urban Planning*. Gower: Queensland/USA.
Stoker, G. (2006). *Why Politics Matter. Making Democracy Work*. New York: Palgrave MacMillan.
Tjosvold, D. (1991). *The Conflict Positive Organization. Stimulate Diversity and Create Unity*. Addison-Wesley Publishing Company.
Van den Berg, L., Braun, E. and Van der Meer, J. (1996). *The need for organising capacity in managing European metropolitan regions*. Ashgate/Aldershot: EURICUR.
Van den Berg, L., Braun, E. and Van der Meer, J. (1997a). *Metropolitan Organising Capacity. Experiences with Organising Major Projects in European Cities*. Ashgate/Aldershot: EURICUR.
Van den Berg, L., Van der Meer, J. and Braun, E. (1997b). "The Organising Capacity of Metropolitan Regions," *Environment & Planning C: Government & Policy* 15:3, pp. 253–72.
Van den Berg, L., Braun, E. and Van Winden, W. (2001). "Growth Clusters in European Cities. An Integral Approach," *Urban Studies*, vol. 38, no 1, pp. 185-205.
Van den Berg, L., Braun, E. and A.H.J. Otgaar (2002). *Organiserend vermogen in Perspectief*. Euricur Report, Rotterdam.
Van Dongen, H.J. (1993). "The end of great narratives on Organisational Theory," *Van Driel Ontwikkeling van bedrijfskundig denken en doen. Een Rotterdamse perspectief*. Delft: Eburon.
Van Dongen, H. J., De Laat, W.A.M. and Maas, A.J.J.A. (1996). *Een kwestie van verschil*. Delft: Eburon.
Van Klink, A. and Bramezza, I. (1995). "Urban management. Besturen van stedelijke gebieden met nieuw elan," *City management en marketing*, no. 1, pp. 33-42.
Van 't Verlaat, J. (1997). Productontwikkeling binnen Regiomarketing. Naar een nieuwe rol van overheden, bezien in een Rotterdamse context. EUR: Rotterdam.
Wigmans, G. (2001). "Contingent Governance and the Enabling City. The Case of Rotterdam," *City*, vol. 5 (2), pp. 203-223.
Wigmans, G. (2003). *Management van gebiedsontwikkeling. Stad, stedelijk management en grond*. Delft: Publikatieburo Bouwkunde Delft.

4 城市地区开发

简·范特·维拉特(Jan van't Verlaat)和杰拉德·维格曼(Gerard Wigmans)

4.1 简介

本章探讨城市地区开发中相互关联的各个组成部分。在整个开发过程中必须考虑它们之间的相互联系。这不仅涉及地区开发中的连接,也包括地区开发之外的连接。这个更广泛的范围是本章的主要内容。

基础设施是城市地区开发的特殊主题,因为可达性是经济增长和发展的首要条件。在考虑城市地区开发时,首先要解决该地区与基础设施网络的联系程度。市场的影响和开发环境的波动也是决定成功的重要因素,同时还要考虑空间质量、市场质量和可利用的手段。要在这些议题引发的复杂性中找到平衡是一个巨大的挑战。最后,我们解释城市地区开发四个连续阶段所带来的挑战。

4.2 基础设施

基础设施对一个地区的发展非常重要。道路、铁路、水路和机场是可见的网络,此外还有地下管道、储水设施以及越来越重要的信息技术基础设施。

基础设施的规模对城市地区开发具有决定性影响。如果该地区能与国际基础设施网络建立联系(例如在一条经过该地区的国际铁路线开设一个火车站),城市地区开发就有更大机会获得成功,并建立国际形象。反之,如果基础设施只是本地化,那么发展的机会就很小。

国际基础设施的例子包括机场(存在各种等级,从洲际枢纽到航线相对较短的小型区域机场)、海港(各种等级)、车站(特别是高速列车网络)和交汇处(包括

图 4.1　法兰克福的高铁火车站

国际高速公路交叉口、铁路枢纽、水路枢纽和内陆货运码头)。靠近这些基础设施集中的城市地区在发展方面各有其独特的潜力。①

政府政策意识到可达性(在国家、区域和地方层面)的重要性,因此刺激在基础设施交汇处周围的地区开发(Kooijman, Wigmans, 2003),这在荷兰的省级和市级现行政策中尤为明显。基础设施和可达性问题必须得到重视,如果组织不好,某些商业开发将无法实现,而目标群体会选择在更好和更容易到达的地点进行投资开发。

改善一个地区的可达性并不足以确保发展,然而这是发展的必要条件。其他因素也在决定一个地区从良好的基础设施中获利的容易程度和速度。其中一些因素是众所周知的,例如高速火车站周围的区域都将以同样的方式发展(Pol, 2002)。

如上所述,IT 基础设施的重要性日益增加,这是网络社会兴起的结果(见第 2 章),代表了一种全新的基础设施。IT 基础设施的供给与传统基础设施同等重要(如果不是更重要的话)。然而,这并不意味着传统的基础设施不再重要(Sassen, 1991)。若新的设施继续在原有的城市地区修建,则可能需要与已在那里修建的人进行具体交涉(Kloosterman, 2001)。

这些地区通常也是首次安装电信基础设施的地方,并且基础设施将首先进行现代化改造,例如使用较新的宽带玻璃纤维网络。② 使用玻璃纤维网络改善

---

①　在西欧,这些具有基础设施连接性的城市地区具有经济开发的潜力,有时也因受益于良好的基础设施,被称为"空间-经济枢纽结构"。

②　在荷兰,兰斯塔德地区在这方面有一个很好的开端。经济事务部(1999 年),海牙的电信基础设施部门(Ruimtelijke verschillen)。

场地是最新的进展,可能会缩短网络接入与物理场所之间的最后"距离"。无论是否有政府补贴,目标都是让住宅或商业区从知识型经济的转变中获益更多。①

4.3 部类和层面

第 1 章解释了城市地区开发实际上是再开发,因为它涉及地区改变和用新的用途取代旧的用途。这种改变可以是从农业区到城市地区,从住宅区到商业区,从单功能火车站到多功能城市中心区,从港区到城区(例如鹿特丹的 Kop van Zuid),甚至从水面到住宅区[例如阿姆斯特丹的艾瑟尔堡(IJburg)]。转变还可以包括基本的改造,其中原有用途或多或少地恢复活力(例如旧住宅区的再生),或者从传统工业用途转为办公园区。

图 4.2 内城转型:马斯特里赫特(Maastricht)市中心(Entre-Deux)
(资料来源:Multi Development BV)

这些类型的转变旨在创造新的空间关系,尽管决定成功的不仅仅是物质空间本身,例如需要考虑经济和社会因素。城市地区开发的任何方式都必须理解不同部类(例如服务部类、制造部类、公共卫生部类、住宅部类)有各自的需求(和成果),这些需求和成果都是相互关联的,并且是由环境决定的。我们将这些有影响力的方面描述为"部类因素"(sectoral aspects)和"层面因素"(facet-related aspects)。

图 4.3 概念设计示例:阿姆斯特丹婆罗州斯波伦堡(Borneo Sporenburg)

(资料来源:West 8. Urban Design & Landscape Architects)

---

① 在荷兰,例如埃因霍温的"知识区"、阿姆斯特丹的艾瑟尔堡(IJburg)以及鹿特丹的劳埃德(Lloyd)区和内瑟兰德(Nesselande)区。

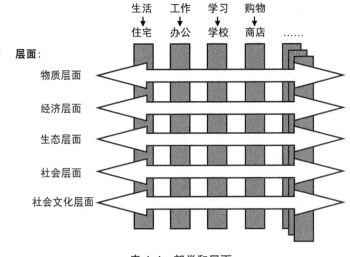

表 4.4　部类和层面

部类

部类考虑涉及不同的城市职能及其自身的供需系统。日常的空间使用包括生活、工作和休闲,我们还可以识别更具体的用途,如购物、教育等。从物质层面看,这些用途通过各类建筑实体表达,例如住宅、办公室、娱乐设施、商店、学校等。个体部类又可以细分出不同的次级部类,例如住宅可以细分为高层公寓楼、单户住宅、独立别墅、学生宿舍等。这些部类代表了供需市场,例如住宅市场,产业市场以及休闲市场。市场也可以进一步细分,例如昂贵的住宅公寓、办公市场或零售市场,每一个都代表不同类型的买家(或市场参与者)。

层面

部类不是在真空中运作,而是受到物质、经济、生态、社会和社会文化层面的影响。物质层面涉及该地区内用途的有形表现,例如建筑物和物质性基础设施。经济层面涉及该地区经济活动相互关联的结构,就业就是其中的一部分。生态层面涉及持久的环境质量以及空气、水和土壤质量的相互关联性等。① 社会层面涉及该地区交互的社会关系结构,其中社会稳定是一个方面。社会文化层面涉及前面提到的社会结构基于某个共同文化(或多种文化)的程度,例如在常用

---

① 安全也可视为一个层面。空气质量、水洁净度、防爆等,可被视为生态层面的一部分。打击犯罪或对安全的负面感受可被视为社会和社会文化方面的一部分。

标准、价值观、期望等方面,最终可以表达为该地区内的一种认同感。

决定城市地区开发成功与否的不仅仅是物质结构,还包括市场和环境的运作,或者更具体而言,是部类不断变化的需求及其与决定性层面的联系。部类和层面至少会塑造重要的外部条件。例如,如果该地区自身社会稳定性很低或者经济基础很差,那么旧城区物质性重建可以产生的积极影响就非常有限。总的来说,社会发展水平和对经济、生态、社会、社会文化等层面的看法决定了特定地区可以挖掘的潜力。考虑到这一点,新经济结构的到来(例如在 IT 创新和国际化影响下的新物流网络)很可能会毁掉某个地方准备开发的商业园区。

城市地区开发应始终采取综合方法,并涵盖所有这些不同层面。例如,城市地区开发将通过刺激其经济可能性(通过使用"飞轮"促进该地区未来的经济发展[①])以及解决该地区社会问题(社区瓦解和其他明显的社会问题,例如高失业率)来加强一个地区的经济结构,以此促进该地区城市重建的质量。

无论如何,经济、生态、社会和社会文化等层面并不仅仅局限在具体的开发地区。特定地区的结构变化将产生超越该地区的影响。网络社会的出现使物理空间和网络空间的直接联系最小化(这已经有一段时间了)。然而,这并不意味着经济、社会和社会文化网络的范围对城市地区开发不重要。同样,见第 4.2 节中关于基础设施网络所述,许多经济、社会或社会文化网络也集中在一个地方。更重要的是,在网络社会的影响下,物理空间的意义正在发生变化:现实世界和虚拟世界正在融合。

4.4 平衡的挑战

在现有情况下的干预

无论是重建,全面翻新还是改造,城市地区开发都是要实现新的用途组合。有时必须调整用途以适应项目的变化(例如办公空间让位给更多的零售空间)。这就需要不断在功能、建筑质量和价值增长之间找到平衡——这是一种复杂的平衡技巧。

根据卢夫和范·德·图恩·弗里霍夫(Louw, Van der Toorn Vrijthoff, 2002)的

---

① 飞轮模型像孵化器一样工作,加速了开发。

研究,地区综合开发的最复杂形式与心脏手术相当。在手术过程中不得损坏对患者内部物理功能至关重要的血管、神经通路和网络。同样,在城市地区中的干预也不能对可见或无形的基础设施造成任何损害,这些基础设施对人员、货物、能源、信息、水和废物的运输至关重要。当涉及城市中心地区时,地区开发项目的复杂性达到了极致,建筑物和城市结构都发生了变化。地区中的每一个现有网络都必须以某种方式进行移动或修改。与此同时,无论干预的性质如何,该地区必须在干预正在进行时继续发挥作用。最后还有重要的一点,正在重建的城市地区也被真实的人所占据,并且现有的用户和业主并不全都欢迎拟议的重建项目。特别是在早期阶段,既定利益与未来利益之间的冲突,对其家园的不确定性以及其他类似问题都起着复杂的作用。

混合用途

在城市(中心)地区内,某个场地的混合用途经常紧密地交织在一起。与20世纪50年代和60年代相比,现行政策越来越多地支持混合用途地区、场地甚至建筑。这涉及在城乡规划中从定量到定性目标的转变,但也反映了思维方式的逐步转变:从分离用途和单功能地区到复合用途。

复合用途目标的趋势使得城市地区开发的技术过程更加复杂。从理论上讲,有一系列技术解决方案可供选择,但通常有限的财务资源使其无法实现。至少在想要获得解决方案的行动者与实现解决方案的手段之间始终存在紧张关系。

第4.3节中提到的部类和层面在特定地区内不断变化。此外,通过对城市地区开发进行干预会带来额外的动力。特别是在现有城市地区的重建方面,我们经常看到非常复杂的情况,其中各种用途已经共存。某些用途必须在此过程中继续运行,其他用途则消失或添加。这会影响部类的运作,同时反过来也会影响各层面的表现。通过这种

图4.5 马里塔桥大厦,西面和东面,以及法院

(资料来源:Multi Development BV)

方式,对一个地区的空间结构进行干预可能对社会结构产生重大影响(例如,破坏社会结构的稳定性,譬如当该地区被重建后,原有居民无法返回)。洞察部类和层面的复杂性和动态性非常重要,同样重要的是城市地区开发的结果,需要解决经济、生态、社会和文化等方面的变化。

最后的复杂性是看不见的物理背景,即城市地区的地下基础设施。重要的地下电缆、管道和网络可能使市中心的重建更加复杂。

协调和过程控制

毋庸置疑,组织和协调参与城市地区开发的相关网络需要特定的技能。除了需要整合不同规模的发展外,还有必要平衡不同政策部门的需求,整合各种学科的知识和专业技能,协调发展的不同阶段,同时适时地回应众多行动者的需求和偏好。表4.1总结了这一点。

从上面可以清楚地看出,任何一个城市开发过程的主管都必须拥有多板斧。该任务涉及复杂的平衡技巧,涵盖不同的组织层面、开发阶段、政策部门和专业学科。主管必须协调和控制各种网络组织间的复杂决策过程,这些过程可能需要各种合作框架(如具有法律约束力的公私合作伙伴关系)的支持。换言之,所需要的是结合各种知识、见解和技能的整体管理形式。因此,应该寻求一种综合的城市发展方法,将这项任务的物质、空间经济、社会和文化方面联系起来,并在城市视角中关注发展的影响。

表 4.1 需要协调的城市地区开发进程的各个方面

方面	具体表现
尺度	邻里、城市、区域、国家
部类与层面	居住、就业、教育、零售、休闲,物质性的、经济的、生态的、社会的
发展阶段	启动筹备、规划、实施、维护
相关专业和技能	城市开发、过程和项目管理、房地产和土地征收、规划、政治、行政
物质和空间	在相关地区的功能关系
行动者	利益、目标和资源

4.5 空间质量和市场质量

上面讨论到的所有复杂性和条件还不足以描述城市地区开发。它不仅仅是部类的需求和各层面的汇总。

我们必须进一步阐述整合过程，因为只有通过整合部类和各层面相关的知识，才能证明结果具有足够的空间质量和市场质量——这是地区开发可持续性的必要条件。

空间质量

空间质量是指一个地区在视觉上可以观察到的质量，或空间设置的设计美学。这种类型的质量源于创造性的设计过程。空间质量有时也被描述为体验价值、用户价值和未来价值的组合。体验价值与城市地区的外观有关，是否能带来愉快的体验。尽管有普遍接受的城市设计标准，但这最终是一种主观判断。因此，重要的是要尽可能地对空间质量进行客观化，并在城市地区开发过程的初期就通过设置标准来实现，这些标准也可以用于日后评估结果。其次，用户价值定义如下：当彼此非常接近的不同用途不但没有妨碍对方，而且彼此支持时，就能实现高用户价值。最后，该地区和建筑物必须具有未来价值，这意味着其质量必须持久，并且随着时间的推移可以适应不断变化的需求。（有关更详细的讨论，请参阅第7章）

市场质量

市场质量是指一个地区响应该地区（现在或将来）用户需求和愿望的程度。这超出了刚刚提到的用户价值范围，并且还超过了传统的"任务书"（委托方对用途和建筑物的定量规定）对设计的要求。在这里，用户（或消费者）的意见被视为主要出发点，而不是城市规划师的意见以及他所认为的质量规划或良好的用户价值。它涉及将市场意愿和市场需求明确转化为该地区的质量。各类用户具有不同的愿望和需求，这意味着不同目标群体的不同区域通常具有不同的质量（或者应该具有），从而导致非常差异化的住宅区域、商业区域等。简而言之，它涉及"用户导向思维"。鉴于地区、城市和区域之间对居民、公司以及游客日益激烈的竞争,重要的是用户被吸引到某个地区,同时现有用户仍被保留在城市或区域内。这些用户的愿望和需求成为判断开发成功与否的标准。为此需要了解在第4.3节中所提及各部类的市场知识,因为这些部类在有关地区发挥着作用。

市场质量水平日益提高,因为许多先前描述的市场已逐渐从供给市场向需求市场发展,当然竞争也日趋激烈。①

虽然我们可以看到某些部类存在用地短缺,但了解需求仍然至关重要。此外,了解需求的性质也很重要,因为市场经常发展出子市场和细分市场,也许某个特定的地区就能够很好地为此服务。鉴于城市和区域(甚至国际)之间的竞争范围很广,从城市发展的角度来看,当一个适合细分市场的场址被打造出来(设想一下,例如基于知识经济的公司或高收入群体),吸引人们到城市或区域是很重要的。在市民、公司和机构的选择中,住宅、商业和娱乐地区的质量(空间和市场)比以往任何时候都更加重要(Kreukels,2003)。

所有这一切的最终问题是该地区是否有市场。当没有可以与该地区匹配的市场需求时,该地区就没有发展的基础。强烈的市场需求将引导理想的城市地区开发,与此同时也伴随着高昂的房地产价格。(第8章更详细地介绍了市场质量)

实现空间质量和市场质量有赖于将其内容整合。某些部类和层面的相关要素会转化为空间质量,而其他要素则转化为市场质量,重点因情况而异。大多数部类的需求通常可以转化为空间和功能特征。物质和经济层面通常转化为空间质量,经济和社会层面在市场或功能性的质量中占主导地位。

4.6　等边三角形的优化

前面部分得出的结论是,必须将部类和层面的考虑纳入城市地区开发过程,以便为结果提供足够的空间和市场质量。然而,质量最终由一个不可忽视的方面决定,即可用的手段。就城市开发而言,货币和土地的手段尤为重要。城市地区开发可以被视作在一个三角形内的优化过程,其中三个角代表这三个主题。三角形的每个角将分别详细阐述:第7章中的空间质量、第8章中的市场质量,

---

① 这种变化发生在20世纪80年代荷兰的商业市场中,然后逐渐出现在游客市场(所谓的休闲功能),现在也在房地产市场中可见。

以及第9章中的财务手段。

　　这三个角原则上同等重要。因此它是一个等角或等边三角形,图4.6不是传统的立式三角形,因为我们希望避免一个角比另外两个角更重要的固有印象。

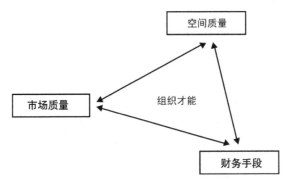

图4.6　三角关系优化

　　过程优化必须公正地对待彼此相互关联的三个角。三角形内的关系是多重的,它们部分领域是相互矛盾的,也有部分是相互加强的:它们在相互牵扯。出于此原因,我们不能将它们视为单独的问题。每个角提出的要求必须得到满足并且不能被忽视,但同时,每个角必须充分重视其他两个角的需求——这可能需要在它们的酒中加水。毕竟,它必须保持等边三角形。

　　允许某个角占主导地位通常会导致产品缺陷。如果仅从美学质量的角度考虑产品(译注:产品在这里指建筑物或某个具体开发项目)开发过程,可能是一种难以承受的结果,而且还不足以满足市场需求,使最终产品价值不大。在城市开发背景下,空间质量也是如此。另一方面,如果只解决市场质量问题,这可能会导致产品几乎没有美学吸引力,只能满足市场的需求。此外,从手段的角度来看,只想到投资回报并不总是明智的。仅从财务角度考虑,制造"流水线"式的产品,对市场不具有美学吸引力,例如对基础设施的前期投资不足。

　　换言之,这里存在将等角三角形保持在一起的张力。张力可以绊倒这个过程,但三个角也可以相互加强。强大的市场质量(整合为对市场需求的响应)可以赋予城市地区更多支撑性用途和活动的潜力,这对收入方面产生了积极影响。因为可以使用更多的财务手段投资该地区,反过来可能支持提升吸引力(空间质量)的措施。

　　三角形中的三个点代表某些专业学科。各方会采用哪种学科以及专业人员,如何(广泛地)解释他们的任务,视情况而异。各种学科有时聚集在同一个单元内,或者具体某个人可能负责一个以上的学科。

在城市地区开发中,空间质量主要是城市规划师和相关设计学科的领域。市场质量涉及对市场的洞察力以及将其转化为城市地区开发产品的技能。从广义层面看,它涉及对该地区的经济和社会功能(或功能质量)的洞察力。各种"手段"中的行动者关注他们与土地政策和金融体系的关系。与此相关的学科可以代表各类公共和/或私人方参与到城市地区开发的实际过程。

但是,在此过程中所需的不同技能和学科不得被指定为单一专业学科的责任。为了实现城市地区开发的成功,有关各方超越自己的门户是至关重要的。城市规划师必须不断扪心自问,市场需求对空间设计可能产生特殊的结果;反之亦然,市场专业人士必须关注具有吸引力的空间质量。

在荷兰,传统上城市开发项目(包括住宅区、办公地点和商业园区)是在由市政当局在城市规划部门和财务部门之间相互协调的基础上进行的。彼时,城市规划师(负责空间质量)和市政房地产部门(负责预算)就规划内容相互磋商。在最糟糕的情况下,他们打了一场激烈的战斗;在最好的情况下,他们满足于三个角中的两个。所谓的规划指标(其中包括与居民人数有关)用于确定项目的必要质量和功能属性(如住宅数量、商业园区面积、商店的楼板面积等),这种方法已不再适用,因为它没有考虑市场需求及其内部的发展。甚至可以说,市场需求的评估必须先于空间质量和财务手段的考虑,因为没有市场需求,开发项目没有多大意义。仍有一些城市主要采用传统方法,市场因素是事后的想法。公私合作是解决这个问题的可能办法。但总的来说,双边进程已经让位给三边进程(或三角方法)。

我们已经注意到,对于现有城市地区的重建,还必须认真考虑现有的功能关系。这意味着经济、社会、其他结构和网络不能被城市地区开发的空间干预不加思索地或暂时地切断。我们的三角方法可以补充一个额外的维度(或限定因素),以确保慎重的态度:长期的视角。这意味着空间质量必须持久,市场质量必须能够容纳市场趋势转变,所采用的手段必须能转化为长期投资(Van't Verlaat,1997)。

在城市地区开发中,应用三角形方法不仅对于完善规划过程、实现理想结果非常重要,在实施阶段保持三个角的一致性同样重要。由于各种不可预见的发展,这往往更加困难。在实施阶段,三角形处于巨大的压力之下,其面临的威胁是三角形扭曲到失去其等角的状态。一路上可能遇到各种问题,如财务上的周折、不合时宜的土地供给等。这可能会产生对市场质量或空间质量做出让步的倾向。然而,情况也可能是市场发展与预期完全不同,从而对其他角度增加压力。在此,我们看到最初的总图规划与规划实施之间有必要保持灵活性。如何应对这些问题,是实施阶段的重要挑战之一。

4.7 阶段

城市地区开发的整个过程分为四个可识别的阶段:

- 启动阶段;
- 规划阶段;
- 实施阶段;
- 维护阶段。

在维护阶段,可以选择进行彻底的重建。在这种情况下,从启动阶段开始,整个过程重新开始一遍。上述每个阶段都需要不同专业的参与。因此,聘请合适的组织人才来满足每个阶段的不同需求是至关重要的。

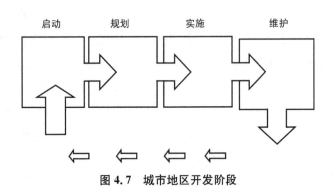

图 4.7 城市地区开发阶段

启动阶段

启动阶段是城市地区开发设想提出的阶段。这可以视为对问题(例如衰败地区),对出现的新机会(例如高铁在本地设立站点),或其他类型城市转型影响的响应。城市地区开发设想的首次提出可以由私营部门和公共部门发起。

在这个阶段,必须建立城市地区开发的雄心。一个具有现实性的抱负,必须评估社会和政治背景(见第1章和第2章),以及基础设施的适当条件。必须根据这些背景和条件来确定该地区的目标:相关的社会趋势会影响该地区和周围环境,应考虑到各个层面的相关政策,哪些基础设施是成功转型的基础(未来也许具备这些设施),具体的外部条件是什么。这些因素决定了特定地区所设想的转型是否可行。实现抱负必须在受影响者和参与方之间寻求支持。在起步阶段和后续阶段,雄心必须成为所有行动者运作的共同基础。正如荷兰人所言,组织性人才成为这一阶段的重要因素,即"让每个人都朝着同一个方向前进"。

规划阶段

规划阶段始于共同制定目标之后,一直持续到建筑工程的开始。在这个阶段,所有部类和层面都被整合到一个规划中,即它们具有最佳的空间和功能质量,以及可实施的手段。这是一个重要的阶段,因为它对后续阶段的成功具有很大的影响。

不同行动者的角色因情况而异。土地和建筑开发的风险如何在公共部门和私营部门之间分配将在很大程度上决定行动者的角色。虽然实际开发将在下一阶段开始,但必须在规划阶段就风险分配达成协议。此时,组织性人才调动各方为项目的整体目标和利益共同出力。众多利益和专业方法将整合在一起,推进规划的过程和最终成果的落实。

实施阶段

在实施阶段,该规划由前两个阶段达成协议的相关各方实施。此阶段通常不是简单执行之前构思和规划的内容,可能会出现各类问题(有时是紧急)需要解决。这需要有关各方的组织性人才。

这一阶段的特点是与建造相关的具体活动,涉及建筑商和承包商。必须编制招标书(欧洲招投标法很重要,见第5章),必须在开展建筑工程前清理受污染土壤,必须签署建筑合同,必须以适当的方式监管建筑工地。

地区开发通常历时多年,并且由于环境可能会发生变化(考虑市场波动),一个规划很少能按照设想的方式执行。因此,这一阶段的特点是,在已编制的规划(例如总图规划)与不断发展的规划之间如何处理彼此的差异,执行阶段所需的灵活性存在某种紧张关系。

在此阶段,为各种问题寻找创造性的解决方案至关重要,必须果断地解决许多实际问题。现实存在各种各样的潜在延误。例如,在开发地区的考古发现了生活在那里的濒危动物物种、土壤污染的存在等。然而,这个过程必须跟上步伐!组织性人才被要求以适当的方式解决紧张关系。

维护阶段

维护阶段出现在该地区实施阶段之后。在这个阶段,建筑物的维护和公共空间的维护之间存在区别。建筑维护通常被称为建筑利用(building exploitation)。与前几个阶段一样,必须同意哪些参与方负责哪些维护。

这一阶段的特点还在于其自身的特殊问题。房地产的维护需要特定的技能,例如必须具备特定技能来起草商业或技术维护方案。对于商业园区而言,可以进行园区管理建设(park-management construction)。停车场设施具有其特定的维护结构。历史建筑和纪念碑需要专门的维护。市中心的维护有其特殊性:例如,如何与店主和业主协会协商管理该中心?

一个地区的维护并不像建造活动那样吸引人。然而,组织才能也是成功的先决条件。当项目建成后,维护一个地区的财务投入与实施完成后已发生改变的优先政策之间经常存在紧张关系。犯罪和安全问题日益受到城市地区的关注,解决这些问题需要采取一种方法,将预防和安全措施纳入地区维护。

人们普遍认为维护是一项防御性的任务,仅涉及修补和维修。但是,我们也可以看到一种进取性的方法,其中维护是一个持续的过程,及时反映出缺点和机会,以及提出和引导改善措施。在这种情况下,维护也可以是对一个地区进行更彻底的改造,这称为重建(restructuring)。重建涉及拆除技术上或经济上已衰败的建筑物,并在同一地点进行大量重建(因此保留原始用途),有时结合对公共空间、新通道、额外绿地等的改造。在更激进的更新情况下,我们可以考虑再开发(redevelopment),它结束了阶段的循环,并开始了一个启动阶段的新周期。顺带一提,很难确定维护、重建和再开发之间的确切界限。可将其视为梯度,其中最激烈的变化形式可被视为城市地区开发过程。

一个重要的问题是何时为正式再开发的最佳时机。早期干预通常比任由负面变化自行发展更好。维护阶段应当预测负面发展(一个地区衰败的开始),但它也应该预测积极的发展(例如一个地区内出现了第一个高档化迹象)。最终没有"最佳时间"来启动正式的再开发,因为每个地区都必须根据自身的优势或衰败进行评估,并且判断必须转化为量身定制的方法。

需要重点指出,在连续阶段的进程中,从启动、规划、实施到维护,现实往往比最初想象的更不稳定。在项目期间,无论是否由于政治层面的变化(例如新当选的市议会),参与方可能会退出进程,新的参与方可能会加入——所有这些都可能导致一个项目必须与新的参与方以新的进程重新启动。

参考文献

Kloosterman, R. (2001). "De stad als ruimte voor reflectie," *Stedebouw en Ruimtelijke Ordening*, vol. 5.

Kooijman, D. and Wigmans, G. (2003). "Managing the city. Flows and spaces at Rotterdam Central Station," *City*, vol. 7, no. 3, pp. 301-326.

Kreukels, T. (2003). "Voorbij de verzorgingsstaatplanologie," *Stedebouw en Ruimtelijke Ordening*, vol. 2.

Louw, E. and Van der Toorn Vrijthoff, W. (2002). "Integrale gebiedsontwikkeling. What's in a name?," *Real Estate Magazine*, vol.20, pp. 14-19.

Pol, P.M.J. (2002). *A Renaissance of Stations, Railways and Cities*. Delft: DUP Science.

Sassen, S. (1991). *The Global City. New York, London, Tokyo*. Princeton: University Press.

Van't Verlaat, J. (1997). *Productontwikkeling binnen Regiomarketing*. Rotterdam: Erasmus Universiteit.

5 法律框架

莫妮卡·朝-多伊维斯（Monika Chao-Duivis）、弗雷德·霍马（Fred Hobma）和彼得·扬（Pieter Jong）

5.1 简介

本章围绕城市地区开发最重要的法律背景，根据城市地区不同发展阶段的相关立法分别展开讨论。欧洲立法涵盖了城市地区开发的众多要素，在每个阶段中，我们尽可能从欧洲语境（也就是欧盟对这个主题）的法律约束开始阐述，接着讨论荷兰关于这一主题的规定。这种编排的原因在于，欧洲立法主要由指令（Directives）组成，成员国必须在规定时限内，将指令中规定的义务作为本国法律制度的一部分，并在本国立法中加以执行。同时成员国还必须监测承担欧洲指令义务的情况，如果出现矛盾，国家法官必须确保对欧洲法律做出正确的解释。

在本章关于各个阶段的讨论中，将反复遇到三个法律领域，即环境法（environmental law）、空间规划法（spatial planning law）和私人建筑法（private construction law）。环境法在城市发展中的作用远超许多人想象。许多环境因素，如自然保护和空气质量，以及外部安全和噪声、水和土壤质量造成的妨害等，都对在特定地点实施城市地区开发项目的可行性造成决定性的影响。除可行性方面，环境方面也考虑健康的生活环境。新的《荷兰环境和规划法》（2021年）（Dutch Environment and Planning Act, 2021）旨在改善健康状况。根据新的立法，在城市规划过程中努力实现更健康的城市环境成为基本目标。

在空间规划法的框架内，环境规划（荷兰语：omgevingsplan）作为一种法定规划工具发挥着重要作用。此外，城市开发所需要的许可证，以及与土地征用和土地价格相关的事项也属于这一法律范围。私人建筑法规定了各方(如开发商和承包商)可以获得城市地区开发工作的合同或分包合同，与合作伙伴协议(partnership agreements)有关的事项也属于这一法律领域。

5.2 起始阶段

意向协议

在起始阶段，委托方(通常指市政当局)将首先确定是否需要对相关场地进行可行性研究或类似调查。如果答案是肯定的，那么可行性研究将在这一阶段开展。市政当局可自行考虑土地的开发，或响应第三方[如土地所有者或项目开发商(可能拥有或不拥有该土地)]的建议。在起始阶段，市政当局将考虑是否与某一方签署意向协议；如果签署，该意向协议的条款将约束将要进行的可行性研究。如果意向协议不包括受《招投标法》(Tendering Law)约束的任何工程，市政当局可自由与其希望选择的任何一方签订此类协议。本协议的签署标志着在起始阶段向可行性研究或其他研究的过渡。

为了了解项目的可行性，市政当局一般会与项目开发商签订意向协议。如上所述，如果意向协议不包括任何必须进行招标的工程或因任何其他原因须遵守招标规则的工程，市政府可自由与任何一方签订此类协议。在实践中，市政当局往往设立一个甄选程序，将其用以找到合适的合作伙伴。

意向协议没有标准格式。每一份意向书的起草都是为了满足有关个案的要求。然而，在这方面可以提出一些通用的要点。应明确区分意向协议和侧重规划工程执行的合同。正如"意向"一词所示，该文件提供了一个各方共同调查相关地区开发可能性的框架。如果调查的结果是积极的，那么双方将愿意就此项目开展合作。这些具体活动都属于合作范畴，意向协议的当事方可能已经确定合作阶段应包括规划阶段、建设阶段和完成阶段。各方在意向协议中承诺如何在合作阶段确定其联合活动。

可行性研究涉及特定的活动(特别是调查)，其费用将由双方承担。双方通常会自行承担费用，但外部费用(例如由第三方进行可行性研究时产生的费用)可以在预先安排的基础上分摊。城市发展规划的制定、市场调研、获取土地和进行可行性研究等必要的活动将部分由各方自行进行，部分分配给第三方进行。就此类活动需要达成协议,以便明确各方的责任。

非常重要的是,应明确规定双方结束合作的情况。例如,如果市议会在一定时期内未批准拟议的后续活动,则可以规定该协议在法律上终止。还应就协议解除后如何分摊账目达成一致,以避免出现这种情况时进行谈判,因为在这种情况下各方之间的关系可能会受到损害。

应当强调的是,意向协议与其他任何协议一样,是具有法律强制力的。虽然各方承担的许多义务可以被视为对做出相关努力的承诺,而不是做出对履行义务的承诺,但如果其中一方未能做出必要的努力,其他合约方可以要求适当的法律补救措施,例如履行令(compliance order)、损害赔偿或终止协议。需要指出的是,当事各方可以在协议中表明,他们是否希望在民事法院或仲裁委员会处理争端。

专栏5.1

默伊登裁定

阿姆斯特丹法院于2007年4月17日做出的初步裁决为说明各方受此类协议约束的方式提供了一个很好的例子(ECLI:NL:RBAMS:2007:BA3675,Rechtbank Amsterdam,364118 / KG ZA 07-361 SR/HB)。默伊登市政府已与一个项目开发商就在一个正在开发的地区建设的住宅数量达成协议。市政当局随后决定减少住宅数量,并声称不受与项目开发商达成的意向协议的约束。法官不同意这种看法:他承认在所需作出努力的承诺中将要建造的住房数量有一定的灵活性,但这并没有解除市长和议员为实现协议目标需尽最大努力的义务。他说:"如果这项工作按照最初的协议进行,并且最终证明建造住宅的数量不可能达到预期,市政当局不会受到任何指控。但是,如果市政当局没有真正为实现预期住房数量做出努力,则可能会为此承担责任。"根据这项裁决,法官将双方送到谈判桌上,试图友好地解决他们的问题。

在起始阶段,各方还将考虑如何在起始阶段结束后形成合作。他们可以在意向书中提出拟议的合作模式。各种合作模式(发展权模式、合资模式和特许权模式)将在第5.3节详述。

在可行性研究阶段委托顾问工程师、建筑师或财务专家对项目的特定方面展开调查,如果市政当局委托此类工作并且所涉及的费用处于《招投标法》的范围内,则适用《招投标法》。但是,如果私营主体通过第三方服务开展此类活动,则《招投标法》不适用。在这方面,私营主体不被视为订约当局(contracting authority)。然而,如果市政当局对设计和执行的内容和方式有很大的发言权(意思是:行使超出其公法权力的影响力),即被视为一个变相的委托,应接受招标程序。这在很大程度上取决于当事方之间的协议是如何制定的。例如,如果市政当局和一个项目开发商在达成意向协议后,打算彼此缔结合作伙伴协议,其中开发商从事意向协议条款下的相关工作(例如自行开展某些调查)将获得报酬,这实际上是一种变相的委托,确实必须进行招标。

《招投标法》

当涉及订约当局和必须进行招标的合同时,适用《招投标法》。如果其中任何一个条件没有得到满足,就没有必要进行招标。如果满足这些条件,还必须确定是否适用欧洲采购规则(European procurement rules)。

欧盟指令 2014/24 第 1 条第 9 项给出了订约当局的定义:

"国家、区域或地方当局、受公法管辖的机构或由一个或多个此类当局或一个或多个受公法管辖的此类机构组成的协会。"该指令进一步阐述了公共机构(public establishments)的概念,在任何情况下,一个市政府必然属于这一类。

并不是所有的合同都需要提交投标——见欧盟指令 2014/24 第 1 条,详情如下:

(5)"公共合同"是指一个或多个经济经营者与一个或多个订约当局以书面形式签订的以工程实施、产品供应或提供服务为目的的经济利益合同。

(6)"公共工程合同"是指出于下列任一目的的公共合同:

(a) 与附件二所指任一活动相关的工程的实施,或设计与实施;

(b) 一项工程的实施,或设计与实施;

(c) 通过任何方式实现与订约当局规定要求相对应的工程,订约当局对工程的类型或设计具有决定性影响。

(7)"工程"(work)是指建筑或土木工程作为一个本身足以实现经济或技术功能的整体结果。

(8)"公共供应合同"是指以购买、租借、租赁或分期付款购买(有或无购买选择权)产品为目的的公共合同。公共供应合同可以附带包括选址和安装作业。

(9)"公共服务合同"是指以提供第(6)点所指服务以外的以服务为目标的公共合同。

市政当局是否需要将某一合同进行招标,取决于市政当局希望合约方做什么,以及市政当局是否将就有关工作向(私人)合约方付款。应当指出,任何绕过这些要求的企图,例如将应付给合约方的报酬(因为我们在这里讨论的是经济利益合同)转移到未来,或将土地购买价格人为地定在低水平,一般都注定失败。法院将严格执行相关立法规定的要求。

一旦确定合同需要招标,下一个问题就是是否适用欧洲或国家采购规则。这个问题的答案取决于合同的价值。阈值(欧洲采购规则适用的阈值)定期更新,可在专业采购组织和各政府部门的网站上找到。在本书编写时,阈值如下:

适用欧洲采购规则的2020年政府项目阈值:

	中央政府	地方政府
工程	€ 4 845 000	€ 4 845 000
服务	€ 125 000	€ 193 000
供应	€ 125 000	€ 193 000

即使合同的价值低于上述阈值,并不意味订约当局在寻找执行合同的合约方时可以任意行事,因为除某些例外情况,对于低于欧洲阈值的合同,《招投标法》依然适用,因此必须考虑采购法不歧视、透明等原则。此外,如果一份合同的价值低于欧洲的阈值,但有跨界的利益,则必须将合同投入欧洲市场。

《欧洲公共采购指令》在荷兰通过《招投标法》(2016年修订)实施。

战略环境评价

欧洲背景

空间发展规划会对自然和环境产生一系列的有害影响,如噪声干扰、空气污染和对自然的破坏(包括鸟类、各种昆虫、两栖动物等;例如在荷兰和英国,凤尾蟾蜍是受保护的物种)。欧洲通过了一项"战略环境评估"指令,以确保在考虑欧盟内部规划的开发活动时考虑到环境问题。① 该指令主要适用于大规模建造活动,例如大于2 000套住宅的建设项目、产生大量交通量的项目以及公路和铁路的建设。欧盟成员国有义务确保,在制定此类规划或方案之前,有关当局已事先获知可能对环境造成损害(和其他解决办法)的信息,并已将这些信息纳入规划的决策过程,若造成环境过度破坏可能会取消规划或项目。此做法的目的是使规划和方案(在合理的成本限制内)尽可能做到环境友好。

这里需要区分:

- 早期规划阶段或起始阶段的战略环境评估(Strategic Environmental Assessment,SEA)有时也被称为"规划环境影响评估"(Planning Environmental Impact Assessment,Planning EIA)。战略环境评估涉及对电力供应、废物管理和河流空间(河床拓宽)等方面的评估,有助于验证未来项目或活动确切位置的战略选择。
- 在更具体的规划或项目层面则开展环境影响评估(EIA)(见第5.3节,规划阶段),例如高速公路、机场、港口、工业区等项目。

在任何情况下,在实际开展预期工作之前进行环境影响评估,旨在起到预防作用。有可能一个新的待建地区进行了战略环境评估,随后对该地区的一个具体项目进行环境影响评估。先行的战略环境评估提供地区内更大地理范围内的环境信息,随后的环境影响评估提供了在项目层面更小尺度、更细致的环境信息。

荷兰法规

《荷兰环境和规划法》(2021年)(Dutch Environment and Planning Act,2021)落实了关于环境影响评估的欧洲指令。对于某些预期的活动、规划和决定,必须进行环境影响评估。对于其他预期的活动、规划和决定,主管机关有义务判断是否有必要进行环境评估。

---

① 关于评估某些规划和方案对环境影响的第2001/42/EC号指令(一般称为"战略环境评估指令")。

> **专栏 5.2**
>
> **海牙宾克霍斯特遗址**
> **(the Binckhorst site in The Hague)的战略环境评估**
>
> 宾克霍斯特遗址是海牙的一个老工业区,位于市中心附近,占地 130 hm²,由连接海牙、乌特勒支(Utrecht)和特列克夫利特运河(Trekvliet Canal)的铁路线包围。海牙市政府于 2007 年决定,希望在未来 20~30 年内将这一地区改造成一个生机勃勃的新社区,提供住宅、商业设施、公园和休闲设施,并与周围的公路和铁路网有良好的联系,为此一些新的环境规划正在筹划。战略环境评估是强制性的,因为该地区规划的活动属于需要进行环境影响评估和战略环境评估的范畴。

自然保护

欧洲背景

自然保护是欧洲环境政策的一个组成部分,对城市地区的发展具有重大影响。它严格限制了成员国国家政府决定土地(和水体)用途的自由。因此,欧洲有关自然保护的立法是城市地区发展的坚实条件之一,必须在起始阶段加以解决。相关立法如下:

- 《鸟类指令》(1979 年);
- 《栖息地指令》(Habitats Directive)(1992 年)。

这两项指令保护欧洲的自然环境(包括野生鸟类,以及受《栖息地指令》保护的动植物物种)免受建筑和道路建设等活动的伤害。一个名为"Natura 2000"的自然保护区网络(如《栖息地指令》所述)正在欧盟成员国领土上建立。它构成了欧洲的生态支柱,反映了成员国对自然生境和野生动植物(包括鸟类)提供充分保护的义务。[①]

主管机关(如正在制定环境规划的市政当局)必须检查任何可能对"Natura 2000"自然保护区产生重大影响的规划或项目。此类规划或项目只能在根据场地的保护目标对场地的影响进行适当评估后进行。这种有害影响的检查程序称为"适宜性评估"(appropriate assessment)。只有在确定不会对场地造成不利影

[①] 受保护的物种("优先物种")列在《栖息地指令》附件四中,而《鸟类指令》规定"野生状态下所有自然发生的鸟类物种"都将受到保护。

响后，主管机关才能批准该规划或项目。如果"Natura 2000"自然保护区以外的项目和规划会对自然保护区产生影响，也同样适用。只有出于压倒一切的公共利益(包括社会或经济)理由时，才允许某项规划或项目对"Natura 2000"地区造成损害。在这种情况下，成员国必须采取一切补偿措施，确保"Natura 2000"的整体一致性得到保护(Art. 6，Para. 4)。这一规定作为《栖息地指令》第6条第3款的例外情形，应进行严格解释。

> **专栏5.3**
>
> **马斯夫拉特(Maasvlakte)工业区**
>
> 2009年11月4日，国务委员会行政管辖司关于"Maasvlakte 2"的裁决是一个成功的自然补偿项目的例子。南荷兰省行政长官决定批准鹿特丹市"Maasvlakte 2"规划。此规划需要在鹿特丹市以外的地方扩大工业区。在这种情况下，没有其他解决办法。欧盟委员会的结论是，实现"Maasvlakte 2"必须有压倒一切的公共利益理由。补偿措施在"代尔弗兰德沙丘补偿规划"(Compensation Plan Dunes in Delfland)中详细阐述。该补偿规划包括34 hm^2 的新沙丘地区开发。

自然保护议题需要在城市地区开发项目的起始阶段(有时也是规划阶段)加以解决，因为它们对选址有着至关重要的影响。

荷兰法规

《荷兰环境和规划法》执行了《鸟类指令》和《栖息地指令》。指定受保护的"Natura 2000"自然保护区会涉及私有财产和国家土地。自然政策已下发到各省。自2017年1月1日起，省级有关部门制定了本省自然保护的规章制度。省级行政人员负责建立和维持一个具有凝聚力的全国性网络。

许多荷兰建设项目普遍遇到的问题是，在项目场地内意外出现包括两栖动物、昆虫等在内的各种受保护物种，或未能以其他方式遵守《栖息地指令》的要求。对该类案件的调查表明，此类意外的唯一不利影响往往是项目的延误，但并非总是如此。只要对这个问题进行充分和彻底的研究，并采取适当的措施来减轻其影响，这个项目最终往往会被允许进行下去。然而，这一领域的立法复杂，开发商在实践中难以应对。

> **专栏 5.4**
>
> **波兰(经波罗的海)穿过罗斯普达山谷的高速公路**
>
> 2007年3月21日,欧盟委员会为保护受威胁的野生动物栖息地将波兰告上法庭。
>
> 欧盟委员会就修建奥古斯托和瓦西尔科夫公路绕行罗斯普达山谷一事将波兰告上欧洲法院。这两条道路的修建将破坏重要的自然区域,如原始林地和其他在欧洲具有重要性的自然栖息地。委员会支持波兰公路基础设施的升级,但不接受外环路(对环境)造成不合理、不可逆转的损害。由于这两个建设项目的工程已经启动,委员会同样要求法院采取临时措施,要求波兰立即暂停工程。
>
> (摘自欧盟委员会新闻稿)

空气质量

欧洲背景

四分之三的欧洲人生活在城市地区。与乡村地区相比,城市地区的空气污染程度普遍较高。空气质量要求可以通过多种不同的方式对城市地区的发展产生影响。一方面,项目本身会造成空气污染(如吸引更多的交通量进入开发地区);另一方面,住房和学校等"敏感目标"对空气质量可能有特定的要求。这些与健康相关的欧洲标准已在欧洲立法中规定,其目的是将空气污染降到低水平,从而将对健康和环境的整体危害降到最低。城市开发地区的选址会受到空气质量因素的强烈影响,正如我们前文看到的,自然保护问题也会影响到选址。相关指令如下:

欧洲环境空气质量和空气清洁指令(2008/50)。

该欧盟指令规定了环境空气中污染物浓度超过附件中规定的人类健康保护限值或目标值的地区或城市群的空气质量规划。在《环境和规划条例》(Staatscourant 2019, nr. 56288, 22 November 2019)中,这些城市群被指定为:阿姆斯特丹/哈莱姆、海牙/莱顿、鹿特丹/多德雷赫特和乌特勒支。对于空气中二氧化硫、二氧化氮、PM_{10}、$PM_{2.5}$、铅、苯和一氧化碳含量低于空气质量指令附件中规定限值的地区和城市群,成员国有义务将这些物质的含量保持在限值以下,并努力保护与可持续发展相适应的最佳空气质量(《欧洲空气质量指令》第 12 条)。

荷兰法规

空气质量是荷兰各地的一个问题,因为各地都没有达到标准。由于建设和城市发展规划(尤其是选址和基础设施因素的选择)对空气质量的影响以及其他可能的要求,调查需要事先开展。[①] 紧邻高速公路地区经常遇到与颗粒物(PM_{10})、有时与二氧化氮有关的空气质量问题。在城市改造项目中,特别是在市中心可能会出现类似的问题。市政当局必须寻找解决这些问题的办法。如果无法解决,可能有必要重新考虑这个项目。

荷兰现行的空气质量法规在《荷兰环境和规划法》中作了规定。

专栏 5.5

斯基维斯特(Schieveste)场地

斯希丹市和鹿特丹市联合采取行动,重新开发斯基维斯特场地。目标是在未来几年内,把一个处在两个城市交通最便利地区的破旧工业区改造成富有吸引力的居住、工作和休闲环境。围绕斯希丹火车站周边 16 hm^2 的土地,同时位于市中心和 A20 高速公路之间,正在被改造成一个繁荣的新社区。空气质量标准构成了该地区总体规划的出发点,该地区位于高速公路和铁路线之间,极易受到空气污染。荷兰应用科学研究组织(Dutch Organisation for Applied Scientific Research,TNO)进行的风洞测试已用于确定本规划中的空气质量。这一做法已得到省政府和部长的批准。该项目已进入建设阶段。

起始阶段环境法规的总结

我们对荷兰环境法规的审查在城市开发项目的起始阶段具有重要意义,其揭示了一些需要考虑的关键因素——所有这些都基于欧洲(环境)立法。首先应该强调的是,任何情况下都必须遵守欧洲环境标准。在起始阶段考虑这些因素有助于在早期提供一个更安全的选址。

土地获得

只有在享有有关土地确切权利的情况下,城市地区才有可能发展。当前市

[①] 政府机构(地方当局)负责确保满足空间规划要求。

政当局是通过地方环境规划(荷兰语：omgevingsplan)拥有一定的土地发言权——规划规定了市政当局(管辖)边界内某一特定区域的土地可以使用的功能,并规定了土地上可能发生的建筑工程。土地所有者必须遵守环境规划的要求。然而,环境规划并不意味着土地所有者有义务积极实现规划中所述的目标。规划的目的是防止任何与规划冲突的新建筑物的建造。土地所有者没有义务通过提交环境许可证申请等方式实现规划。这就是为什么(市政当局)除了通过环境规划对土地用途进行行政规定外,还需要享有对土地某种形式的(私法)权利,土地才能用于城市地区开发项目。最重要的权利形式自然是土地所有权。因此,想要开发一个地区的公、私主体(通常分别是市政当局和开发商)需要在开发之前获得土地。土地获得可以在起始阶段进行,但也可以在规划阶段进行。值得注意的是,与其他一些国家不同,在荷兰,市政当局通常拥有待开发的土地。

为了获得土地,市政当局有各种各样的法律文书可供其使用。首先,如果土地所有者愿意将土地出售给市政当局,那么可以根据民法(私法)签订购买协议。

或者,市政当局可以根据《荷兰环境和规划法》行使其优先购买权(pre-emption right)以获得土地。市政当局有权对某些指定的土地行使优先购买权。市政府行使优先购买权后,有出售计划的土地所有者必须首先向市政当局出售土地和土地上的建筑物。同时,市政当局有义务向业主提供有竞争力的土地价格,在这方面,卖方不因优先购买权而处于不利地位。

优先购买权只有在所有者希望出售其财产时才有效。如果土地所有者没有出售土地的计划,而转让土地所有权给市政当局符合公共利益,市政当局可以行使强制购买权(compulsory purchase)。这一程序的法律依据可在《荷兰环境与规划法》中找到。在这种情况下,业主也会收到土地和建筑物的市场价值。在荷兰,向业主支付的赔偿由法院(而不是政府)决定。

荷兰地方当局通常在城市地区开发项目中使用上述任一种土地购买方法(购买协议、行使优先购买权和强制购买权)。

与市政当局不同的是,开发商只适用于一项法律工具,即通过购买土地(以及可能存在的任何建筑物)来获得土地所有权。一般而言,开发商在开发项目筹划或市政当局规划的起始阶段就积极购买土地。获得土地所有权使私人开发商具有战略优势,因为他们有机会与地方当局就有关地区的开发展开对话。如上文所述，城市开发项目只有在相关土地所有人希望参与该项目或将其土地所有权（自愿或被迫）转让给市政当局时才能进行。开发商可以被视为能够在原则上愿意参与某一地区开发的土地所有者，其对项目的参与可以产生回报，并最终获得利润。作为相关土地的所有者，开发商有权与市政当局讨论开发项目的各个方面，例如工程方案和旨在达到的空间质量。开发商的目标是与市政当局就上述要点达成协议，并开发（部分）相关区域，协议的细节将在合同中规定。根据荷兰的法理，如果土地所有者愿意并能够参与实施（部分）环境规划，则市政当局原则上无权通过强制购买权获得土地。因此，当涉及一个地区的开发时，作为土地所有者的开发商将拥有强大的法律地位。

5.3 规划阶段

合作协议

如果起始阶段达成积极的结果（发展规划可行），那么市政当局和项目开发商将必须起草一份合作协议。在实践中，通常采用三种模式：发展权模式、合资企业模式和特许经营模式。现在将依次简要讨论这些模型。

为了避免误解，需要说明合作协议并非市政当局与开发商密切合作的唯一方式。一方面，市政当局与开发商合作的另一种选择是（市政当局）将土地出售给开发商。在这一备选方案中，市政当局将自己的行为限定在公法的范畴内，即编制环境规划。另一方面，开发商与市政当局密切合作的另一种选择是指开发环境规划框架内的地块。如果预期开发不符合环境规划，开发商可申请偏离环境规划。

但是，如果市政当局和开发商打算共同开发一个地区，可以使用以下三种模式之一。每一种模式都可以看作是公私合作伙伴关系（public-private partnership）的一种形式。

在发展权模式（development rights model）中，已获得土地的私营主体（开发商）承诺以每平方米固定价格将土地转让给市政当局，作为回报，市政当局在适当时候会将一定数量整理好用于建设的地块分配给私营主体。市政当局向开发商支付的土地价格比开发商支付给原所有者的价格低得多，开发商则通过获得分配给他们的地块发展权以弥补之前的收益差价。在这种合作模式下，正如市政当局以自己的名义积极购买土地一样，原则上金融风险完全由市政当局承担。

发展权模式适用于土地所有权(待开发区域)分散在许多私营主体之间而每个地块本身不适合开发的情况。

在合资企业模式(joint venture model)中,市政当局和市场参与者成立了一个或多个土地开发公司,将(各自拥有的)规划区内的土地转让给公司。然后,该公司负责整备拟建设和占用的土地,并将其用于进一步开发。金融风险由市政当局和市场参与者共同承担,土地开发公司通常也进一步参与选址规划。

在第三种模式——特许经营模式(concession model)中,市政当局授予私营主体在发展用地(私营主体向原业主或市政当局购买)上的特许经营权。准备用于建造和占用的土地由市场参与者自行承担风险,正是这一点使特许经营模式与前两种模式有所区别。市政当局在场地安排方面的任务仅限于制定一份"要求一览表",市政当局和开发商对其内容展开磋商,开发商在开发过程中必须遵循该表。根据市政当局规定的质量要求,公共空间的建设由私营主体承担费用和风险。

合伙协议

市政当局承包的工程往往需要招标。如果是市政当局和私营主体之间的合资企业,则必须确定为此目的成立的公司是否可以被视为订约当局,以及工程是否符合招标规则。在肯定的情况下,合资企业还必须就相关工程开展招投标。如果发展权模式下承包的工程符合招标规则,也必须进行招标。不存在通过订约当局和承包商之间插入另一个组织来规避这一义务的可能。随后在招标规则之下将与订约当局就如何通过各种方式实现工程进行谈判。第5.2节已经讨论了投标法的有关方面。

合作协议通常要求各主体就知识、经验和市场洞察力进行共享,共同努力推进规划的发展。这些任务必须被清晰界定并作出明确的规定,该阶段已不再是只注重意图的提出而不重视实际的执行。此外还应制定一个时间计划,在可能的情况下有必要具体说明如果在最后期限未能完成将实施的处罚。

此外,合作协议还会涉及协议终止,及双方有权要求暂停协议的情况。协议中还规定一个组织性的框架,详细说明各方行使的权力、某些情况下的咨询程序细节、公关政策(可能是集体的,也可能不是集体的)以及如果整个规划被取消时将采取的行动。此时还应再次考虑是否由法院或仲裁委员会解决争端。有些合作协议还规定当合作协议生效时,意向协议即告终止。

如果起始阶段还没有获得开发土地,土地开发公司(该公司随后将土地转让给购买人)或市政当局(在发展权模式中把土地整备好后重新出售给开发商)将在规划阶段进行收购。在任何时候如果市政当局以低于市场的价格将土地出售给项目中的一个合作伙伴,这将构成政府对该公司购买土地的支持,而这是欧盟法律(国家援助)禁止的。为避免这种风险,双方还应就土地价格达成协议。

在这一阶段,市政当局和项目开发商作为甲方将得到各种专家的协助,如财务顾问、建筑师、咨询工程师、规划顾问等。在荷兰,甲方与技术专家之间的法律关系一般受 DNR 2011(2005)[De Nieuwe Regeling/The New Rules, 2011(2005)]管制。这些规则规定了甲方、顾问或其他专家的一般义务以及后者的责任,还包括关于(提前)终止合同和知识产权问题的规定。2005 年 DNR 由荷兰皇家建筑师协会(Royal Institute of Dutch Architects, BNA)和荷兰顾问工程师协会(Dutch Association of Consulting Engineers, ONRI,现称为"nlingeneurs")共同起草,其平衡了各方的权利和责任。

土壤

出于各种原因,土壤环境质量和地下水质量的相关问题十分重要,其在城市发展的几个阶段都起着重要作用。荷兰的土壤污染风险相对较高,而且地下水位往往很高,这带来了地下水污染的相关风险。指定用于开发地区的土壤经常受到污染,通常是因为这些地区以前是工业区。大多数情况下在开发工作开始之前,根据相关法定义务规定需要对场地进行清理。① 在规划阶段,要明确有关地区的土壤污染水平应达到规定的指标,该指标可以基于历史数据的研究获得,从而在适合的时机为保证土壤清洁做好规划,为施工阶段做准备。确保土壤清洁是授予环境许可证的必要条件,土壤清洁标志着项目从规划阶段向建设阶段的过渡。土壤的实际清理通常只在施工阶段进行。

欧洲背景

有几个与地下水和土壤质量有关的欧洲指令,例如:

- 水框架指令(2000/60/EU);

---

① 如果有地下水污染的风险。

- 地下水指令(2006/118/EU)。

为了使欧盟法律更易于执行(管控适当和绩效计划),欧盟委员会于2014年撤回了一项关于土壤框架指令的提案。这一提案遭到了许多反对,而荷兰各省和自治市则表示,土壤问题主要是一个地方问题,欧洲层面的过多监管不符合辅助性原则。

荷兰法规

《荷兰环境和规划法》(2021年)包含有关土壤的规则。新的土壤法律条文基于三个原则:

第一,防止新的污染或恶化(预防);

第二,将土壤质量作为功能性物质生活环境质量全面评估的一部分加以考虑(指定的功能);

第三,以可持续和有效的方式管理残余的历史污染(管理历史土壤污染)。

由于不存在完全洁净的土壤,因此土壤的清洁程度取决于指定的空间功能。例如,用于停车的建筑物土壤质量不需要与住宅花园相同。新的法律框架使功能和土壤质量匹配成为可能。地下水方面,以地区为导向的政策为:各省与市政府、饮用水公司和水管理者一起,在"地区档案"(area dossiers)中确定饮用水水源的风险。

专栏5.6

斯海尔托亨博斯('s-Hertogenbosch)的宫殿区(Paleiskwartier)

斯海尔托亨博斯市在宫殿区地区重建的早期发现:八家地方公司占用的场地存在严重的土壤和地下水污染问题。从法律角度看,这些公司要承担清理土壤污染的费用。与此同时,市政当局要使这一地区的土地达到预期的(目标)用途,清理土壤的工作必不可少,且地下水污染的严重程度使清理工作成为当务之急。因此使相关公司共同参与到清洁计划对市政当局非常重要。相关公司成立了一个专门的协会"VVE De Wolfsdonken"(De Wolfsdonken 用户协会),为共同解决整个工业区的土壤污染问题(包括清理和管理措施)提供了一个平台。同时在该地区拥有土地的市政当局也参与了该项目。按照事先约定,公司所需承担的清洁费用将在土地交易的金额中被扣除。市政府非常重视相关公司在清洁计划中达成合作,市政府为此花费的时间、金钱和人力也构成了一项极好的投资。

环境规划

《荷兰环境和规划法》要求市政当局通过环境规划"均衡地分配场地功能"。基于此,环境规划需要对规划的环境方面作出解释,这种必要的解释须考虑到所有相关的环境因素,并且敏感的土地用途得到了合理的保护。敏感的土地用途包括住房、学校、托儿所、退休人员之家和医院,在市政当局批准环境规划之前需要通过环境研究证明此类功能得到了切实的保护。例如,在噪声污染程度很高的情况下,选择布置办公楼(非噪声敏感功能)比新住宅(噪声敏感功能)更容易被接受。这里要强调的是,敏感的功能必须受到保护。

每个欧洲国家都有特定的地方规划,其中规定了土地使用的条件,在荷兰被称为环境规划(荷兰语:omgevingsplan)。

荷兰全域被环境规划所覆盖。根据《荷兰环境和规划法》第2.4条,各地市议会必须制定一份环境规划,其中包括有关物质生活环境的规则。环境规划对于城市地区开发的主要意义在于其为特定地点的土地用途制定了具有约束力的规则,例如住房建设、购物中心或混合项目。环境规划还进一步规定了一些开发指标,如建筑物的最大高度或房屋密度。环境规划的法律约束通过环境许可证实现:如果拟议的开发与环境规划相冲突,将被拒绝授予许可证(《荷兰环境和规划法》第5.21条)。

土地利用规划在特定方面确实加强了市政当局处理城市地区开发问题的能力。除非项目开发商的开发目标(如建造新住房)符合环境规划,否则无法开发其所获得的土地。另一方面,市政当局单方面制定的土地利用规划可能用处不大。例如,项目开发商或住房协会可以不去申请环境许可证,因为环境规划无法实现其发展企图。在这种情况下,环境规划不会达到其目的,或只是部分达到。因此,在城市地区开发的规划阶段,市政当局和项目开发商有一种合作的趋势,以便制定一部得到市政当局和相关开发商支持的环境规划。此类规划比市政当局单方面推行的规划更有成功实现的可能,并为开发商提供更大的投资诱因。在这种"发展规划"的现代方式中,我们的环境规划不是由市政当局单方面推行,只用于审批私人开发申请,它还是一个由公共部门和私营部门相互作用产生的规划。

传统的做法是,市政当局必须以"总体规划"(master plan)的形式(重新)制定地区的发展愿景。随后总体规划构成了新环境规划的基础。一旦环境规划获得批准，就具有法律约束力，而最初的总体规划并没有法律效力。但是，需要注意的是，"总体规划—环境规划"的顺序不是强制性的。荷兰立法没有关于这一过程的任何规定，事实上，也没有制定总体规划的法律义务。

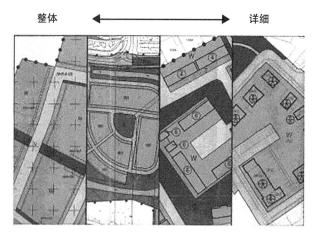

图 5.1　土地利用规划：整体和细节

(资料来源：Wissing Stedebouw en Ruimtelijke vormgeving, 2010)

经常发生的情况是，拟议的(再)开发不符合现有的环境规划，例如拟议的(再)开发是住房建设，但环境规划规定有关土地用于农业或工业用途。如果开发符合公共利益，市政府有权修改环境规划，使开发成为可能。

需要指出的是，上述总体规划可以由市政府单独起草，也可以与私人开发商协商制定，这两种可能性都可以在实践中找到。如果有关地区的开发是基于市政当局和开发商之间的公私合作伙伴关系，则通常采用联合编制总体规划的办法。随后市政府将把联合编制的总体规划规定转化为环境规划，并根据《荷兰环境和规划法》规定的正常审批程序进行审批。

5.4　建设阶段

建设合同

市政当局和项目开发商所签协议的各项内容在建设阶段变得密切相关，这也是由规划(通过实际的建设工作或通过最终确定规划并在此基础上完成工作)向现实转变的基点。

此处一个重要问题是开发项目所需的工程是否需要招标，而这将再一次取决于所涉及的项目类型。住宅或商业办公楼的建设不必招标；而公共设施的建造、市政当局对建筑物的外观或其他特征有详细要求的建筑物建造则需要招标。

施工合同可能受通用条款的约束，其中荷兰最著名的是 UAV 2012(1989)[《工程和技术服务实施统一管理条件》,2012(1989)]和 UAV-GC 2005(《综合合同格式统一管理条件》,2005;预计在 2024 年制定一套通用条件的新版本)。UAV 2012(1989)涵盖委托人(principal)负责设计和承包商执行工程的情况,承包商的行为因此受到监管。UAV-GC 2005 则包括了承包商同时设计和实施项目的情况,因此原则上不需要委托人进行监控。

与设计、咨询工程师或其他顾问签订的合同受 DNR 2011(2005)[De Nieuwe Regeling/The New Rules,2011(2005);见第 3.1 节]约束,其中包含了双方权利和义务、必须达成协议的主题、责任限制、终止合同所需的行动、版权、咨询费用等事项的全部细节。

在建设阶段,市政当局和项目开发商还必须就土地开发和风险分摊达成协议。项目开发商要保证在(未来)某个时间将以某一价格购买土地。各方的任务分工及项目内部组织也将是协议的主题。应进一步拟定利益分配协议,以确保市政当局在实际出售房地产的利润超过合同预期利润时,能获得公平的份额。合同还应包括在协议提前终止和不可预见的意外情况下采取行动的安排。此类合同没有一般规则,每一事项都必须根据案件的具体要求加以调整。

环境许可证

环境许可证被视为规划阶段与建设阶段之间的纽带。每一个欧洲国家在规划项目实施之前都需要由(地方)当局签发某种形式的许可证。然而,欧洲并没有就这一点进行相关立法。因此,本节仅限于讨论环境许可证制度在荷兰的运作情况。

环境许可证(荷兰语：omgevingsverging)包含在《荷兰环境和规划法》中。荷兰立法中设立许可证制度(环境许可证)以管控对自然环境造成影响的活动。许可证制度设立的目的是提供一套简易的程序和专门的主管机构,服务于申请许可的个人或企业,而他们的活动会对物质环境造成影响。2010 年以来,荷兰在建成环境中的所有活动都只需要一个许可证。2010 年以前,开发商需要申请多个许可证,每个许可证都有特定的申请程序。与 2010 年前相比,简化的许可证制度大大减轻了开发商的行政和程序负担。绝大多数情况下,市政当局将有权颁发许可证。

列明实现建设项目需要进行的所有活动是申请程序的一部分,是申请人(及其建筑师或顾问)的任务和责任。拆除(建、构筑物)、砍伐树木或对保护建筑造成影响也可能涉及其中。申请人将以电子表格的形式申请许可证。软件中将指出申请许可证需要上传的统计数据和图纸。许可程序规定了一个标准程序(用于"一般项目"和"简易项目")和一个延长程序(用于涉及环境问题的"复杂项目")。

如果申请与环境规划没有冲突,则由市政当局签发与建筑物建造相关的环境许可证。申请中的明显冲突可能表现在以下方面:第一,环境规划中规定的土地利用功能;第二,环境规划中规定的建筑高度、容积率和其他建筑法规;第三,"关于外观的合理要求"(荷兰语:redelike eisen van welstand),即"建筑美学"的主题。这些标准是环境规划的一部分,通常因社区而异。

在建设阶段,环境因素也可能是相关的,例如:

——项目开发商和建筑商必须履行保护自然的责任(《荷兰环境和规划法》)。例如,砍伐有鸟巢的树木必须推迟到繁殖季节之后。

——如果在住宅(或其他噪声敏感功能)外部的环境噪声(隔离)措施不足以保证住宅内部达到最低要求的"宁静水平",则必须在住宅外立面采取额外的隔音措施。

5.5 程序管理

本章对城市地区开发的法律框架进行简要回顾,清楚说明了活跃在这一领域的公民所要考虑的大部分法律及其复杂性。因此,除了项目管理之外,还需要一个单独的管理分支,我们称之为程序管理(procedure management)。本章中,我们可以将程序管理定义为旨在有效处理城市开发过程中涉及的法律程序的管理活动。程序管理在任何情况下都包括以下活动:

- 清点城市地区开发过程所需的决策(许可、豁免、批准、规划等);
- 清点提出上述决策所需遵循的程序,以及做出决策所需的时间;

- 清点负责每项决策的主管机构；
- 清点在每个程序中需要提供给有关当局的技术文件和其他信息,如环境影响评估、测量数据、补偿计划、考古报告、水评估结果等；
- 计划启动规划程序,必须申请环境许可证,必须提供技术文件和其他信息的时间节点；
- 在正式申请许可证和启动规划程序之前咨询相关当局；
- 起草并提交环境许可和其他决策的正式申请；
- 识别每个程序所涉及的风险；
- 跟踪申请和规划程序的进展情况；
- 选择参与开发项目的私营主体(设计师、开发商、建筑承包商等),必要或需要时,对工程开展招标程序。

良好的程序管理对城市开发项目的重要性不可低估。例如,若未能及时获得必要的许可证或延迟提供必要的技术信息(如环境影响评估)可能会大大减缓项目的进程,并可能进一步产生重大的财务影响。程序管理的目的是避免这种不良情况的发生。

《荷兰环境和规划法》将利益相关者纳入这些程序。个人、组织、企业或其他行政当局等利益相关者将参与项目决策过程的早期阶段。利益相关者有可能参与程序,并有权提出异议。①

深入阅读

F. A. M. Hobma and P. Jong, *Planning and Development Law in the Netherlands-An Introduction*. Den Haag (Instituut voor Bouwrecht), 2016

Regina Koning, History of Environmental Law in the Netherlands. In: Yuka Shiba, Mami Oosugi, Kazuko Goto (eds.), *Quality of life: Legal and tax systems to implement Sustainable Development Goals (SDGS) in Japan and the Netherlands*, Shizuoka (ITSC Co., Ltd.), 2019

M. A. B. Chao-Duivis, E. M. Bruggeman, A. Z. R. Koning, A. M. Ubink, *A Practical*

---

① 《荷兰环境和规划法》(非官方)翻译,解释性备忘录,第13页。

Guide to Dutch construction contracts. Den Haag (Instituut voor Bouwrecht), 2018.

Proportionality Guide, 1st review, April 2016, https://www.ibr.nl/wp-content/uploads/2019/05/gids-proportionaliteit_inhoudsopgave.pdf.

6 流程管理

艾格尼丝·弗兰岑(Agnes Franzen)

6.1 简介

城市地区开发的流程管理是指在具有特定目标的单个项目范围内,管理地区或社区尺度中的活动。这包括彻底研究一个地区的发展,确保积极参与和支持,但至关重要的是设计一个有效的决策过程,从而实现可持续的城市地区发展。流程管理是一种管理形式,为实现这一目标提供了框架。本章将更详细地解释流程管理的概念和项目管理者在此范围内的作用,并就如何应用流程管理提出一些建议。

6.2 城市地区开发中的委托方

20世纪可以被称为政府世纪,政府是传统的委托方。在这个世纪里,提供良好的公共住房是一个重要的政策目标,房地产部门被作为实现这一(社会)目标的发展工具。战后重建的重点是提供住房数量,随着20世纪70年代和80年代初的城市更新,城市住房的质量变得更加重要。在20世纪80年代后期,荷兰规划学科在政策制定方面转向开发规划。具体地区的发展后来成为城市开发规划的实际应用。在地方一级,这被转化为城市地区开发,这种方法综合了规划和实施,需要政府和私人合作方之间的合作(De Zeeuw, Franzen, 2009)。今天,房地产仍然是推动发展的工具,尽管基础设施、环境和水管理等新的因素也被证明是发展的推动因素。

房地产开发是一个循环过程。在一个地区建造新的房地产后,使用和管理阶段开始,在此期间可能会采取新的变革举措。目前大多数房地产交易都涉及现有存量房地产。显然,未来房地产管理将主要包括房地产再开发(Den Heijer,2010)。这种再开发需要多重任务。亚历山大·登·海耶(Alexandra den Heijer)区分了11项服务于房地产周期的任务,她将这些称为建造过程功能。流程管理和项目管理被定义为管理主题下的独立功能。另一个功能是由"委托方"开展的工作。无论哪个人或组织负责让球(或其他功能)滚动起来,都适用此状态。委托方可以是一个或多个行动者,在城市地区开发的情况下,通常涉及多个行动者。

在规划专业中,谁拥有委托方地位并不明确。虽然传统上这可能是一个管理机构,但由于涉及各种行动者,情况已不再如此。如前所述,治理将始终涉及某个层面的管理机构,但这并不意味着政府始终是管理或治理的一方。在《城市联系》(*The Urban Connection*)中,卢克·博伦斯(Boelens,2009)描述了政府与其他行动者在当代规划中合作的重要性。他认为在地区规划过程中,几乎总会存在一个行动者网络,他们有时会就特定的议题在不同的领域进行合作。这不仅涉及政府机构,还涉及私人、社会组织和私人群体。在其他领域,我们也可以看到一种"民主三角"的趋势[①],其中国家、市场和民间社会各自发挥作用。

由于各种组织和机构都参与了城市地区开发,能否还提单一的"委托方"?我们将城市地区开发的委托方定义为地区或社区发展规划的项目业主。根据项目的性质及其所处的阶段,项目所有权可能由一个或多个公共和/或私人行动者承担。城市地区开发项目的所有权可以来自财产/土地的所有权[②]、开发权、开发的发起方或实施方,或者委托方的授权代表。

委托方身份的性质因涉及的参与方而异。公共委托方在公共责任的基础上开展工作,权衡更广泛的利益和政治优先权。私人委托方在实现一定的投资回报,降低风险和创造价值的基础上行事。我们还可以看到民间社团的项目所有

---

① "民主三角"是一个术语,由鹿特丹伊拉斯姆斯大学原社会学教授安东·泽德费尔德(Anton Zijderveld)介绍。

② 比起其他欧洲国家,荷兰的政府作为开发者的频率高于其他欧洲国家。除其他因素外,这与20世纪爆发性的城市化以及人口规模所需的空间供应有关。

权形式。例如荷兰自然保护协会(Vereniging Natuurmonumenten),其拥有、开发和管理荷兰的自然区域。英国的国家信托同样拥有、开发和管理英国的遗产地。委托方的角色也可以由居民社区集体或区域环境发展基金来充当。最后,还有个人委托方角色或自我实现。在这里,委托方可以由一个或多个私人组成,他们分别或共同拥有、购买或租赁土地并进行开发。

在城市地区开发的背景下,委托方的角色意味着指导决策的过程和内容,进而组织行动者之间的交流和互动。委托方的工作是在多个层面上发挥作用。除了自己的项目层面,还有组织层面(公共、私营、非政府组织、私人发起)和政策制定。

城市地区开发的日常管理发生在城市地区开发项目自身的层面。决策权取决于项目组织的管理,它可能属于地方当局,但在公私合作伙伴关系的情况下,它也可以是政府-私营合作伙伴关系。组织层面是指所涉及的独立机构、公司、私人发起者或涉及的协会,每一方在城市地区开发中都有自己的目标、行动和利益。正式的决策权由有关组织的管理委员会负责。

政策层面所指是城市和城市网络,在这些网络中管理有关城市地区开发的政策制定。委托方是该网络的一部分。一些作者将此称为网络管理(De Bruijn et al.,2002;Koppenjan, Klijn,2009)。在此背景下,鉴于发展的不确定性,委托方的目标是在战略和体制层面产生集体行动。决策通过临时合作伙伴关系、管理协议和约定进行。①

6.3 线性管理、项目管理和流程管理之间的差异

"管理"一词起源于公共行政和组织理论。第一批小型、简单的组织有一个做出决策的管理委员会(或业主)和一个执行这些决策的行政部门(或员工)。该决策以口头或书面形式做出。然而事情不再如此简单:现在有各种各样的管理者充当组织中决策层和执行层之间的中间人。

当组织达到一定的规模和复杂性时,一个管理和行政之间新的专业团体就会介入。这些线性管理者的目的是确保管理决策被实施。它是一个自上而下的

---

① 在这种意义上的合作伙伴关系是一种临时合作,例如,在一些城市之间为了实现一个共同的政策目标。管理协议有法律基础,而约定是以意愿为基础的。

层级结构。当组织开始专注于特定领域时,就需要另一个专业化的层面。对产出(从广义上讲:产品、服务、创新等)的多学科要求也意味着管理者需要管理组织内的专业活动和协调各方专家。为了实现充分的管理,从项目以及项目管理的角度进行思考变得普遍起来。线性管理主要基于常规,而项目管理的特点是其临时性和建立新团队的必要性,以及所有相关规则。一个项目是一个临时的组织,通常表示为一个矩阵。

流程管理是一种相对较新的管理形式,在20世纪90年代,管理文献将其确定为一个专业领域,这与治理概念的引入有关。对于组织而言,难以控制的外部因素影响越来越显著。这方面的例子包括外部人士对项目实效性和必要性的意见发生变化,财务状况的变化,该项目与其他项目的矛盾,或其他各方将该项目与自己的项目联系起来的意愿发生变化。除了简单地保护自己的项目免受这些风险之外,还可以将这些外部变量视为挑战,作为新发展和新机遇的刺激因素。这就是一个流程管理者所做的。流程管理要回应网络形成和社会动态以及不断扩大的社会抱负。与项目管理相比,流程管理没有明确的预定或特定目标:其目标可以改变或被改变。这意味着流程管理的时间周期是不可预测的。图6.1表现了组织间网络的流程组织(Hall, Tolbert, 2004),其特点是相互平等的立场。

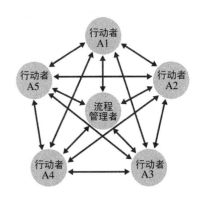

图6.1 在一个组织间网络中的流程管理者(PCM)
A1 到 A5:具有不同利益的行动者

除了线性管理、项目管理和流程管理(如表6.1),还有计划管理。计划管理就像项目管理一样是暂时的,但项目管理是以结果为导向的,而计划管理则是以目标为导向的。一项计划是"临时、独特和复杂的目标合成,资源有限的人们朝着一个共同目标一起努力"(Van der Tak, Wijnen, 2007)。计划管理旨在以目标导向的方式组织事务,甚至涉及在不同组织中运作的人员。计划管理有助于实现凝聚力和确定优先事项,从而可以有效地开展许多项目和其他活动。这使组织政策目标更加接近。当目标已经实现并且工作可以转移到现有组织(无论是线性组织、项目组织还是流程组织)时,就可以终止计划管理。

表 6.1　线性管理、项目管理和流程管理的要素

要素	线性管理	项目管理	流程管理
问题/解决方案的定义	清晰的	清晰的	象征性的
结果	成效和成本是明确的	成效和成本不太明确	成效和成本不明确
时间	持续的	清晰的截止时间	开放的截止时间
产出	不超出限度	在临时组织内	在跨组织领域
管理	在文化和互动中同质化	在文化和互动中异质化	在文化和互动中异质化、模糊不清以及动态变化

6.4　建成环境管理

在建筑和房地产领域,各方在开发和实施方面的合作伙伴关系是在目标、项目组合和地区层面上形成的。在城市地区开发中,与霍尔(Hall)和托尔伯特(Tolbert)的图表不同,各方并不总是处于平等地位(Bruil et al., 2004)。有各种不同类型的网络和联盟,联盟的类型取决于任务的性质以及流程发生的阶段(启动、规划、实施或维护)。大多数城市地区开发项目都有自己的组织形式,因为它们是一个长期的过程。在市级,它们通常作为一个独立的项目,其内部组织依情况而定。通常该组织的负责人担任市政当局的正式委托方。根据所选的合作形式,在可行性和实施阶段,有时还有一个独立的项目主管或采取共同管理的方式(公共或私人)。

管理如此复杂的联盟,不可能由单一主体完成这些职责和必要的任务。然而,确实需要管理包含这些联盟、职责和任务的过程,这就是流程管理发挥作用的地方。各种其他政府机构、社会组织、私营企业家和专业团体(均在第 1 章中讨论)将被邀请参加。这些利益相关方共同达成了一种整合规划和空间投资的方式,最终引导城市地区开发项目的实施。

各种组织和行动者的参与意味着城市地区开发往往涉及复杂的过程。流程管理者是这些复杂决策过程的专家。根据德·布鲁因等人(De Bruijn et al., 2002)的说法,这种复杂性主要是社会性的。人员和组织相互学习、改变和反应。决策需要时间,在此期间可能会有很多变化。当今管理者面对的世界不再存在一个单一强大、能够监督某个决策的所有结果以及强加其意志的中心。权力在

现代社会中变得分散,结果是结盟、联盟和多数派通过积极的互动形成。决策作为项目的一部分是不可预测的(无论是何时做出决策以及做出何种决策),因为它们部分是社会动态的产物。内向的视角已不再适用,我们还需要持续关注外部环境,以及关注产生外部环境的相互作用(De Bruijn et al., 2002:6)。

6.5 理论与实践

城市地区开发是一个相对较新的研究领域。与城市地区开发相关的学科和研究领域包括房地产理论、城市设计、管理理论、规划、组织理论、土地政策、经济学和法律。因此,学术知识与城市地区开发实践之间的相互作用难以在单一的分析框架内确定(Klosterman et al., 2009)。傅以斌(Flyvbjerg, 2001)指出了在执行社会任务时可以通过社会科学而增加价值,他强调跨学科思维的重要性以及更多理论方法和实践经验之间的相互作用。这就是为什么最近人们越来越关注研究学习过程,或者如何从理论知识和实际应用的结合中学习(Flyvbjerg, 2001; De Bruijn et al., 2002),这当然有助于理解城市地区开发过程的管理。因此,本章将根据理论研究和更多以实践为导向的文献来研究流程管理,特别是系统理论和价值理性原则。

管理理论为我们提供了相关的见解,例如,通过与一个或多个基于项目的方法相比较来分析流程管理。如提图斯·贝克林等人(Bekkering et al., 2001)将项目管理描述为封闭系统的内部控制,这与基于过程的方法不同,后者更适合于管理外部因素和理解环境(开放系统)。项目管理者的任务是交付商定的结果,因此他被授权管理主要的控制性因素:财务、组织、时间、信息和质量(Finance, Organisation, Time, Information, Quality, FOTIQ)。但是,在这个封闭的系统之外,有外部因素(委托方、管理高层、融资人等)无法由项目管理者直接控制。他依赖这些外部因素,但充其量只能影响或引导它们,这种影响关系到指导项目进展所必需的决策。为此,不再存在一个内部商定的结果可以使用控制的方式进行监控,而是一个涉及多个相关方、合作伙伴的决策过程。

彼得·圣吉(Senge, 1992)提出了系统理论(systems theory),该理论起源于20世纪50年代并在20世纪90年代释放出新生命。系统理论对事物相互关系的原理进行演绎研究,或研究与所有学科相关的系统之间相互依存关系。圣吉将系统理论视为一门多学科研究,该研究试图理解系统之间和系统内部的复杂性和相互依赖性。他提出了"学习型组织"(learning organisations)的概念并认为这与传统的"控制型组织"(controlling organisations)不同。学习型组织不仅利用系统思考(一个能够看到系统中各种因素如何相互影响的过程),还利用自我超越(personal mastery)、心智模型(mental models),建立共同愿景和团队学习。对于圣吉而言,系统理论是一种可以揭示模式并且(通过所揭示的知识)可以改变模式的工具。这些模式可能在组织内部,但它们也可能涉及社会议题,例如环境可持续性和实现它所需的模式(或系统化)。圣吉寻求脱离因果关系上的思考,并在相互联系、变化过程和反馈方面更多地思考。创建模型有助于理清连接的网络并简化流程以实现目标或抱负。

吉尔特·泰斯曼(Teisman,2005:134)详细阐述了圣吉的理论。他发现公共领域更加关注流程和流程管理,例如在互动政策制定、公私合作和跨管理协作方面。在《混乱与秩序边界上的公共管理》(*Public Management on the Border of Chaos and Order*)中,泰斯曼提出了一种多重管理方法。在他看来,决策是自我指导和指导行动之间相互作用的产物。泰斯曼确定了两种典型的管理者类型:"寻求秩序的管理者"和"联络型管理者"。前者主要是考虑到统一性以及可识别与可分割的系统,但后者承认复合系统的复杂性。这类似于基于项目的方法和基于流程的方法之间的区别。在基于流程的方法中,领导层(在我们的分析中通常指委托方)通过与其他相关方的交互来实现目标。泰斯曼(Teisman,2005:141)强调,关于这两个类别还有很多东西需要学习。当理解复杂管理系统的发展需要有序(稳定)和动态(允许发展)行之有效地组合时,更需要我们去学习。这种组合只有在规则领域(组织和规则)内的管理者、创新领域内的管理者(链、网络和流程)以及联系他们的管理者都联合起来并向同一方向推动时才会出现。

从系统理论的角度看,流程管理在封闭系统和开放系统之间运行,并且关注在复杂系统中所出现的模式和起初的变化。在德·布鲁因(De Bruijn)的方法中,管理行动者的利益构成了流程管理的基本原则。这与项目管理形成对比,项目管理的基本原则是实现预定目标。德·布鲁因(De Bruijn,2002:22)通过将流程管理的概念与基于内容的项目管理方法进行对比来进行进一步探讨。他的方法强调了"棘手问题"的非结构化特征。这些问题是没有明确或权威的解决方案。原因有两方面:

- 没有可客观性的信息；
- 没有对解决问题必须采用的标准达成共识。

在城市地区开发中存在大量的利益相关方,由此会导致第二个问题。为了推进项目,必须权衡各个部门、学科和行动者的意见(或组织和个人的标准),这个过程会自动引发关于每个标准权重的讨论。棘手问题的另一个特征是它们的动态性:问题随着时间的推移而变化。对此的逻辑推论是,问题的潜在解决方案也会随着时间的推移而发生变化。根据德·布鲁因(De Bruijn et al.,2002)的观点,如果选择基于内容的项目方法,只会产生冲突。采取主动的一方必须接受不同的当事方以不同的方式解释证据,并且可能同样有效地论证这些证据。解决方案永远不会是可客观性的,但有可能达成一个令各方都信服(authoritative)的解决方案。这要求各方参与问题和解决方案的形成过程,从而创造"谈判知识",我们可以将其定义为由相关利益方在贡献自己的信息和价值过程中产生的知识。

管理研究中的这些方法如何与城市地区开发实践关联？在更多实践导向的文献中,流程管理被定义为实施一个已经被预先设计的流程架构(Wolting,2006)。这个流程架构有三个核心方面——

- 流程状态：有哪些相关方参与？如何展开沟通(内部和外部)？如何建立组织？哪方准备为该过程做出贡献？流程管理者的任务是为城市地区开发优化流程状态。
- 活动：在没有明确项目的情况下,无法清楚地确定所需的最终结果,但是可以在流程架构中指示必要的过程步骤。实现结果需要哪些活动？
- 分阶段：在什么时候应该做出哪个决定？决策是在基准的基础上进行的(Wolting,2006：152)。

根据泰斯曼(Teisman)的方法,我

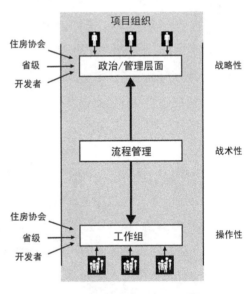

图6.2 将流程管理者定位为联系战略层面和操作层面的桥梁

们可以看到基于项目和基于流程方法之间的联系。流程管理者显然在项目组织中占有一席之地,此外他被视为决策战略层面(指导小组)与详细实施层面(工作组)之间的桥梁。流程管理者确定指导小组需要开展的分析和讨论,并将其转化为工作组的项目任务。伯特·沃尔廷(Wolting,2006:154)将规划的制定视为内容的发展,并将其视为一种管理工具,可根据预期目标进行评估。沃尔廷还发现,流程管理者根据不同参与者的联系以及随之而来的利益和目标进行引导。在这种背景下,他将项目内部和外部环境中的动机、权力以及利益视为重要力量。

6.6 内容、流程和沟通

我们前面提到,很难在一个单一框架内确定城市地区开发,城市地区开发中的流程管理也是如此。这是因为城市地区开发的因素既可变又无法控制。例如,弗里索·德·齐乌(De Zeeuw,Franzen,2009)将方案(房地产)、成本和收益、概念(设计)和利益管理视为重要和不确定的变量,这些变量可以被管理,异于宏观社会经济趋势、政治环境、立法和法规(国家或欧洲)(这些内容在第1章、第2章、第5章和第11章中讨论)。流程管理的艺术是有意识地努力平衡这一背景,并采取行动整合三个不同的领域:流程(决策制定和程序)、内容(方案、概念、成本和收益)和沟通(支持、信任、透明度)。

流程管理者在城市地区开发过程中的任务是组织、连接和指导这些领域。项目相关的议题通常更容易预估,因此也更容易管理。流程管理旨在为处理难以管理的议题提供一个概念框架,这意味着处理不确定性。项目管理在组织安排和相关任务方面可能会有所帮助。例如,通过建立一个清晰的咨询架构,委托方或流程管理人员实现信息交换或做出决策。这可以在战略层面、战术层面或操作层面进行(见第7章)。项目管理还可以帮助交换信息并指导各种产品(或其中的要素)的生产。但项目管理中的主导思想是线性的,一系列步骤都被清晰地识别出来,每一个步骤由连贯的行动或行为构成。而流程管理通过反馈监控进度,更具迭代特性,利用新的见解批判性地重新审视早期的决策。

作为委托方的授权代表,城市地区开发项目的流程管理者负责将各种活动联系起来,并在项目组织与环境之间,以及在管理战略与实施运作之间进行切换。因此,流程管理很复杂,流程管理者的角色不仅需要理论知识,还需要经验和直觉。

6.7　流程管理者的职位和技能

委托方的任务和流程管理者的任务如何关联是一个重要的问题。在城市地区开发项目中,经常有几个具有委托方地位的行动者。在启动阶段,具有这种地位通常是公共机构,例如市政府、省政府或几个地方政府组合。随着实施阶段的临近,委托状态转向公私领域。我们将流程管理者视为负责特定任务的委托方的授权代表。这项任务的确切性质取决于项目的复杂性,流程管理者与管理联盟及项目团队一起工作,其中包括一系列专业学科。在一个经常使用的模式中,流程管理者处于项目组织中枢,充当项目组织与外部世界(组织层面和政策层面)之间的中介。该任务需要广泛的知识和权威,流程管理者成为各种持不同价值观的行动者和学科之间的桥梁。另一种模式由商定的合作伙伴关系,把任务区分为两个层面——在战略层面的流程管理(例如,由委托方授权的流程管理者负责)以及在运作和战术层面基于内容的整合(例如,由城市设计师负责)。

流程管理者的确切任务和角色还取决于项目所处的阶段,他所在的组织以及与其他(授权的)委托方的角色划分。每个启动、规划、实现和维护阶段都有其需求。虽然这种阶段划分假设该过程将遵循线性进展,但现实并非如此有序。城市地区开发过程往往以其混乱的发展为特征。要通过流程管理实现变更和改善建筑环境,需要了解流程、项目的知识,以及专业知识。沃尔廷(Wolting)基于项目的工作,对一些政策领域的基本知识、个人技能,政治和管理态度以及主题知识进行了辨析。

流程管理的一个显著特征是雄心壮志会随着时间的推移而发展(Hutten,2009)。这种抱负可以被视作保证整个过程在规定航道的方向舵,它经常以空间设计的方式表达。为此里克·巴克(Bakker,1998)将设计描述为整个过程的载体。变化的过程具有物理方面(场地的质量改进)和社会文化方面(人与人之间的协作过程)。在此范围内,变化的属性和变化的过程(各种组织和人群是如何组织这个变化的)应该联系起来。

6.8 将设计作为开发过程的载体

第7章在空间质量的背景下更详细地讨论了城市设计作为一种职业。本节从一般性的角度讨论基于设计的方法如何支持和服务城市地区开发过程。基于设计的方法本质上结合了来自不同学科和参与者的各种观点。参与者通过设计和制定规划来实现共同的目标,这种方法将设计视为管理:通过设计行为进行不同维度的交互和连接。换言之,当行动者之间的沟通涉及基于内容的解决方案以及他们将设计理解为一个决策制定过程时,设计行为本身就是一种交流和分享见解的方式。这需要对各个阶段相关流程的设计和组织有所了解。

在启动阶段,重要的是通过设计确定调查方法的程序和管理范围。如果要正确分析和制定项目,设计师在这个(早期)阶段的参与是至关重要的。通过基于设计的研究可以确定紧迫性,并界定真正的问题。

在规划阶段,基于启动阶段的结果开展工作,同时也明确了参与地区发展和问题解决的各方。城市设计师与这些参与方合作,探讨综合的解决方案,确保这些解决方案在各方看来是可行、可负担和可持续的。该阶段最终会优选一个方案或多个方案。

随后在实现阶段,优选的解决方案付诸实施并在政策、财务和技术等方面充实细节,以促进方案实施。其结果是一项共同的计划或目标,可作为实施中各方之间合作伙伴协议的基础。具体的程度取决于所选择的合作模式。例如,传统的政府管理模式比合资项目模式需要更具体的规划。

基于设计的方法可以用来打破陷入僵局的决策过程,或者使利益不同的参与者达成一个共同的抱负和计划。该方法让参与者了解一个地点的可能性与局限性和一个地区的特定品质,以及参与者彼此的利益。设计师的附加价值在于他或她的创造力,跨学科的工作方法和概念化的能力,使他能够将各方认为重要的品质和价值可视化。描述机会、阐述困境、提出可以消除意见分歧的解决方案等通常是分阶段进行的,并且会有草拟的备选方案以供讨论。比如,设计师的工作会使用场景(未来的可选机会)、策略(逐步制定规划以实现理想的未来情况)、"机会图表"和概念图像。

其结果既是一个(临时性的)规划,也是各方之间的有效沟通,同时在所有各方在场的情况下,朝着决策制定的方向迈出了一步。这些参与方可以包括任何领域的公共、私人或社会组织。这种"设计作为管理"的方法实现的结果在每个阶段，甚至是一个阶段内的每个环节都有所不同。设计师在早期阶段的参与有助于有效地分析和制定任务（问题定义）。该规划可以代表一个地区的核心理念，提供对可行性（计算和图纸）的见解，并作为政策制定（实施框架）和/或实施（技术工具产品）的基础。此外，优秀的设计在质量和当代文化表达方面均具有内在的文化价值（文化产品）。

规划、参与者和过程之间的联系意味着设计师可以通过基于设计的研究将当地情况和（在整个阶段中一直变化的）地方利益结合起来。研究内容包括对部门利益和所涉及的相关尺度的理解，当所有这些综合起来时，就会显示出机会和瓶颈。在此背景下，设计过程的目标是：

- 定义或重新定义问题和/或任务；
- 识别、指定、比较和整合一系列不同的利益（和潜在的价值观点）；
- 定义、明确，并表达项目质量和期望的（政策）目标和计划。

这是一个基于具体决策，富有创意和反复迭代的过程。因此，设计师的角色是各方间的中介。根据项目的规模、项目的进展以及设计师的知识和能力，设计师与过程管理者在规划的不同阶段共同发挥指导作用。设计人员使用图像连接组织和个人，而过程管理者通过决策来实现这一点。集体或过程管理者完成对规划、程序和组织形式的管理。理想情况下，他们将共同定义规划过程和期望的集体进展（desired collective progress）。过程管理者也必须具备处理设计过程迭代特性的经验，因为即使遵循上述步骤，每个阶段都需要反复将抽象图像与具体设计联系起来，探索或重新探索任务，发掘或重新发掘解决方案。与过程管理一样，设计不是一个线性流程，而是一个自我定义目标的流程。它涉及朝着共同的目标一步步地努力，这是通过与利益相关的各方合作并通过设计和交互来完成的。

将设计展示给没有直接参与的各方或普通公众需要一种特殊的沟通方式。所展示的设计是概要还是具体的也取决于阶段、目标群体和目的。在任何情况下，都必须特别考虑如何呈现设计或规划，因为需要让那些没有直接参与的人了解规划实现的过程。[1]

---

[1] 本节的部分内容早前发布于维基百科，用于介绍荷兰高出水面（Nederland Boven Water）项目（2008）。感谢希尔德·布兰克（Hilde Blank）、詹纳马里·德·容（Jannemarie de Jonge）和玛丽埃特·舍恩梅克斯（Mariet Schoenmakers）对本节的贡献。

6.9 流程架构、分析模型和干预策略

流程管理的必要程度取决于任务的性质和复杂程度,以及所涉及的参与者。一般而言,启动和规划阶段最为开放。这些阶段的过程管理涉及分析任务的内容和过程,建立联系,对内容、决策过程和沟通进行过程干预。所有这些都是为了帮助达成有关各参与方支持并能够承诺的定性决策(qualitative decisions)。

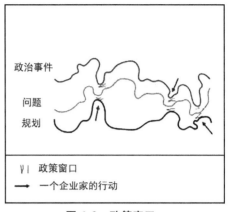

图 6.3 政策窗口
(资料来源:Kingdon, 1995)

在第 6.8 节中,我们讨论了如何通过基于设计的方法链接内容和流程。本节介绍流程架构(process architecture)、分析模型以及可能的干预策略。

沃尔廷(Wolting, 2006: 151)指出流程架构的核心有三个:流程状态、活动本身和阶段。他谈到了从流程架构到流程管理的过渡,或者说,流程状态(有关各方、组织、沟通)的优化,对要采取的过程步骤进行纵览,以及参考一系列基准划分决策的阶段。

这与系统理论相对应:我们可以将流程架构视为一个典型的组织流程模型,这个模型是现实的简化表达。在此过程中,根据流程中产生的见解进行调整。城市地区开发当然是复杂的,无法简化。系统理论可以做的,是通过体现可能的现实模型来提供一个框架。

沃尔廷的过程分析模型使用了一个分析性方法(analytical approach)和一个规范性方法(prescriptive approach)。基于分析性方法的模型是参与者分析;规定性方法的例子是划分决策过程的阶段。

泰斯曼(Teisman, 2005)指出了城市地区发展的两个现实:一个更加有计划和组织性的现实,以及一个更加混乱和不可预测的现实。第一个是规范性模型,尽管这个模型也必须考虑到不可预见的情况或所谓的"黑天鹅"(Hutten, 2009)。遇到黑天鹅的可能性很小,但如果它们确实出现,它们将会极大地影响进程。

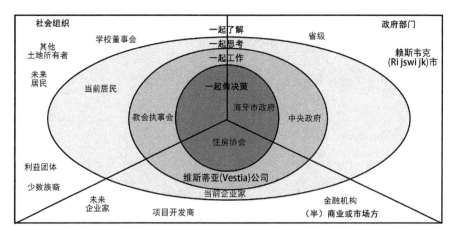

图 6.4 利益相关者在流程中的角色分析

约翰·金登(John Kingdon)也为我们提供了一个有用的模型(见图 6.3),它描述了所谓的"机会之窗",指的是各种流聚集在一起的时刻。在这样的时刻,可以创建一个"可涉渡的浅滩",项目通过该浅滩可以获得推进。识别和利用这些时刻取决于流程管理者(或者用金登的话说叫做"企业家")的落实。

两种常用的分析模型是 SWOT 分析(见第 3 章)和参与者分析。图 6.4 是参与者分析的表达,显示了各方在过程中的影响。贝尔宾(Belbin)的人格测试或大五类人格特征(the Big Five)等可以在沟通领域提供一个概念性的框架。将团队聚集在一起时,对人格类型的了解有助于管理社交动态和流程。

所有这些模型都涉及用于指导流程、内容和沟通三个领域的工具。现实是无序的,城市地区开发的过程充满了不确定性。

亨利·明茨伯格等人(Henry Mintzberg et al.,2005)将结构化的决策过程与自发形成的决策过程区分开来。在他们看来,战略是在回顾决策制定时,提炼出来的一种模式。基于各种价值观,城市地区开发过程包括一些理性的正式过程和非正式的、不确定的过程。经验和直觉在第二类过程中起着至关重要的作用。在这种情况下,战略可被视为在不确定的过程中提供方向的行动。利用布恩斯特拉和德·卡路维(Boonstra, De Caluwé,2006)的成果,我们可以辨析以下战略行动的基本原则:

- 有限的可实现性;
- 现实是分层的、多重的;

- 改变为集体行动；
- 给出目的和意义。

如前所述，我们将城市地区开发中的流程管理视为对内容、流程和沟通这三个领域的管理。这个过程的一部分是处理这些领域之间的连接。在第6.8节中，我们描述了如何通过设计连接内容和过程。专栏6.1中，我们参考情景方法进一步详细说明了这一点。

参考范·兰德拉特(Van Randeraat, 2006；2010)关于城市地区开发和复杂性的研究，我们以可能的战略干预为例总结本节。范·兰德拉特(Van Randeraat)通过将泰斯曼(Teisman)所采用的复杂性理论应用于城市地区开发的不确定过程，为该领域做出了创新性贡献。他的研究重点是城市地区开发过程的启动阶段。

根据流程管理理论，这个启动阶段不是线性形式：进展并不稳定。在这些过程中，各利益相关方寻找一个共同的图景。如果各方能在这个图景中看到自己的利益，那么这个共同的图景就会得到各方的支持。一旦主要行动者认同他们自己的利益和大家的共同利益，这个过程就会经历一个发展的飞跃或系统的飞跃。由于复杂城市地区转型的启动阶段具有不稳定性，不确定性也无处不在，事先无法知道过程将如何发展，哪些行动者将会变得重要，什么样的产品会被产出，以及启动阶段将持续多久。这使得每个城市地区的发展过程都独一无二。然而，这些城市地区发展过程的启动阶段似乎有一种反复出现的模式：市政当局、私人投资者和其他利益相关者确定目标，制定一套指导原则，为综合(总体)规划做准备，以及分配开发用地，包括随之而来的关于建设准备的法律协议。

所有这些因素(以及更多)在城市地区开发实践中反复出现。然而，不清楚的是它们在何时以何种形式出现。图6.5是复杂城市转型地区启动阶段的过程结构示意图，表现了这些不变的要素(不规则的黑色上升线)。

复杂城市转型地区在启动阶段似乎在原地打转，并没有(以规定的步骤：初步调查、总体规划和方案深化)往前迈进。从一轮到下一轮的过渡是在所谓的"系统飞跃"的基础上进行的。"系统飞跃"这一术语意味着向前发展(进步)，但在实际操作中，系统飞跃并不总是转化为直接进步。因此，"翻转时刻"一词似乎比系统飞跃更合适，翻转时刻也可能意味着迭代。然而，系统飞跃没有在理想方

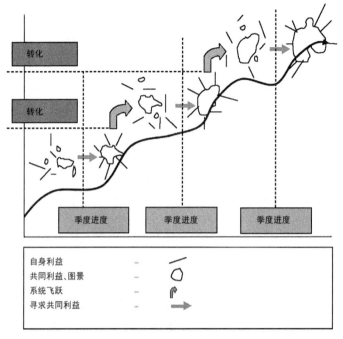

图 6.5 复杂城市转型地区中启动阶段的过程结构

向上飞跃不一定会导致该过程的延迟和复杂化。突破现有系统的惯性似乎也需要这些系统飞跃。

操控要素(Steering Element)

如果行动者为寻求共同利益,建立了有意义的联系并产生进步和加速,那么行动者必须致力于创造这些有意义的联系和共同的未来图景。该领域的经验表明,为了更有效地寻求共同的兴趣,通过开放过程增加联系的可能性,在适当的时刻使行动者之间的互动最大化,加速互动的发生,以及提高互动的质量都是有所裨益的。因此在寻求共同利益时,操控要素可以描述为:开放、加强、加速和提高。一旦出现了一个共同的愿景并且随之发生系统性飞跃,重要的是保持这个来之不易的成果并将其推向下一个周期。

专栏 6.1

情景提供了未来可能的图像,在情景中解释决策可能的长期影响。由壳牌公司在 20 世纪 70 年代开发的情景方法,本质是一个坐标系,它列出了两个最重要的社会经济不确定性。该坐标系描绘了四种可能的极端未来情景。这些未来情景,作为可能的行动方针,提供了一个指导内容、流程和沟通领域的框架。

使用这种方法的一个例子是荷兰林堡省的帕克斯塔德(Parkstad)的四种情景。直到20世纪80年代初,帕克斯塔德一直是一个重要的矿区。自关闭矿区以来,该地区经济地位变得薄弱,自身定位成为一个重要问题。市政府和地方政府面临的一个重要政策问题是如何处理人口下降。有关的发展充满了不确定性。

林堡省通过研究德国和英国在人口下降地区已经应用的空间战略,寻求符合长期社会经济视角的空间战略干预措施。设计策略不仅关注"集合"(ensembles,地区重构中经常使用的策略),还关注各种尺度的研究和设计,并利用各种程序和标准来预测可能的趋势。最重要的不确定因素是人口可能下降的程度以及该地区可能采取的定位。

鉴于这些不确定性,四种可能的未来情景被构建起来。第一个情景是新秋季(New Autumn),预测人口老龄化和相关的老年人经济。医疗保健是这种情况下的一个重要因素。第二个情景是帕克斯塔德重装(Parkstad Reloade),由于技术发展,矿山在能源供应方面获得了新的角色。第三个情景是休闲景观(Leisure Landscapes),假设采矿完全消失,通过挖掘该地区的景观遗产和娱乐潜力进行开发。它试图增加游客人数,刺激经济发展。最后一个情景是帕克斯塔德国际知识中心(Parkstad International Knowledge Centre)。这个情境假设为来自埃因霍温(Eindhoven)、鲁汶(Leuven)和亚琛(Aachen)等附近大学城的知识行业和知识工作者开发一个具有吸引力的环境。

操控要素与进入下一轮转化相关联。要实现系统性飞跃,所有相关的行动者都必须理解共同的利益,并感到自己的利益得到了充分的体现。转化本身就是一个过程,需要嵌入操控组织的现有流程结构中,以便每个人都能接受新的共同利益,继续开始工作。嵌入操控要素是为了确保开发过程的接受度和实质进展。

正如布恩斯特拉和德·卡路维(Boonstra, De Caluwé, 2006)所描述的那样,所有这些操控要素实际上都是战略干预,适用于不确定过程的管理。在第

6.8节中,他们还通过基于设计的方法为链接过程(决策制定)和内容提供了一个概念框架。他们说明了整合内部和外部人际沟通的重要性。操控要素远不止上面所列,其他可能的操控干预包括镜像、共享语言和过程记忆(Peek,2006)。

6.10 结论

根据项目的复杂性及其所处的阶段,流程管理可由一个或多个人执行。我们将流程管理者视为委托方的官方授权代表,其任务是确保项目得到彻底研究,并获得充分参与和支持,使其成为可持续的城市地区开发。这种流程管理是荷兰的创新,在其他欧洲国家,它通常被视为项目管理的一个组成部分。城市地区开发过程的复杂和不确定性使得流程管理本身成为一种有价值的方法。它容纳了各类行动者和学科,使城市地区开发在启动阶段具

图 6.6 荷兰林堡省帕克斯塔德(Parkstad)的四种场景

有开放性,是连接战略和操作层面的建设性方式。流程管理的艺术是将组织层面联系起来,进而指导内容、流程和沟通的领域。这些不同的领域和层面意味着通常会并行发生许多流程。这些流程部分是静态的,部分是动态的,这是项目管理和流程管理相互补充的地方。在此流程中可以使用基于设计的方法来探索任务,表达共同的目标,以及分析和塑造该流程。除了这些操控工具之外,流程管理者还可以利用各种操控要素(或干预策略)更有效地指导流程,实现预期的变化,从而与利益相关方一起,实现可持续的城市地区发展。

参考文献

Arends, E. (2009). *Krimp! Een ontwerpstrategie voor parkstad Limburg.* Rotterdam: Academie voor Bouwkunst.
Bakker, R. (1998). *15 500 000 Collega's.* Inaugural lecture, Eindhoven University of Technology.
Bekkering, T., Glas, H., Klaassen, D. and Walter, Jaap (2001). *Management van processen: Succesvol realiseren van complexe initiatieven.* Utrecht: Het Spectrum.

Boelens, L. (2009). *The Urban Connection. An actor relational approach to urban planning*. Rotterdam: Uitgeverij 010.

Boonstra, J. and De Caluwé, L. (2006). *Interveniëren en veranderen zoeken naar betekenis in interactie*. Deventer: Kluwer.

Bruil, I., Hobma, F., Peek, G -J. and Wigmans, G., Eds. (2004). *Integrale gebiedsontwikkeling. Het stationsgebied 's-Hertogenbosch*. Amsterdam: Uitgeverij SUN.

Den Heijer, A. (2010). *Vastgoedmanagement*. Delft: University Press.

De Zeeuw, F. and Franzen, A. (2009). "Urban area development: towards room for entrepeneurship," *Urban Planning International*, pp. 30-33.

De Bruijn, H., Ten Heuvelhof, E. and In 't Veld, R. (2002). *Procesmanagement. over procesontwerp en besluitvorming*. The Hague: Academic Service Sdu.

Flyvbjerg, B. (2001). *Why Social Sciences Matter. Why social inquiry fails and how it can succeed again*. Cambridge: Cambridge University Press.

Franzen, A. and De Zeeuw, F. (2009). *De engel uit graniet*. Delft: University Press.

Hall, R.H. and Tolbert, P. (2004). *Organizations. Structures, Processes, and Outcomes*. Upper Saddle River: Prentice Hall.

Hutten, J. (2009). *Complexiteit begrijpbaar. Een krachtig visueel instrument voor actieve reframing interventie*. Delft/Rotterdam: MCD.

Kingdon, John W. (1995). *Agendas, Alternatives, and Public Policies*. New York: HarperCollins College Publishers.

Klosterman, J. et al. (2009). *Breien aan gebiedsontwikkeling*. Wageningen: Wageningen UR.

Koppenjan, J. and Klijn, E-H. (2004). *Managing uncertainties in networks*. London/New York: Routledge.

Mintzberg, H., Ahlstrand, B. and Lampel, J. (2005). *Strategy Safari. A Guided Tour Through the Wilds of Strategy Management*. New York: Free Press.

Peek, G -J. (2006). *Locatie synergie. Een participatieve start van de herontwikkeling van binnenstedelijke stationslocaties*. Delft: Eburon.

Senge, P.M. (1992). *De vijfde discipline. De kunst en praktijk van de lerende organisatie*. Schiedam: Scriptum Management.

Teisman, G. (2005). *Publiek management op de grens van chaos en orde. Over leidinggeven en organiseren in complexiteit*, Academic Services. The Hague: Sdu Publishers.

Van der Tak, T. and Wijnen, G. (2007). *Programmamanagement sturen op samenhang*. Deventer: Kluwer.

Van Randeraat, G. (2006). *Sturen in complexiteit van binnenstedelijke gebiedsontwikkeling*. Delft/Rotterdam: MCD.

Van Randeraat, G. (2010). "*Steering Model for the Complex Progress of Urban Area Development*," BOSS Magazine, no. 38, pp. 46-52.

Wolting, B. (2006). *PPS en gebiedsontwikkeling*. The Hague: Sdu Publishers.

7 空间质量管理

艾格尼丝·弗兰岑(Agnes Franzen)和杰拉德·维格曼(Gerard Wigmans)

7.1 简介

空间质量是与城市地区开发相关的一个常用术语。① 在这个跨学科领域,空间质量知识非常重要,因为空间质量通常是城市地区开发或再开发的主要目标。很多学者都强调了这样一个事实,即空间质量会使得人们对生活环境产生积极的评价,从而创造一个对企业具有吸引力的地方(Van den Berg et al., 1999; Trip, 2007)。第 3 章研究了这个想法,主要关注市场质量。城市地区开发的一个重要特征是价值创造。第 9 章将更详细地介绍由于某个区域功能的变化而创造的价值。本章将研究空间质量,它与空间干预产生的价值创造有关。概念的发展和市场知识的使用在价值创造中发挥着重要作用(De Zeeuw, 2007)。②

第 6 章介绍了委托方的相关定义。该章解释在启动、开发、创建和管理城市地区的过程中,委托方的作用是多变的。确保质量的过程在每个阶段都是不同的。如第 3 章所述,要在建成区进行变更,首先需要具备组织能力,但光有组织能力还远远不够。危险的是这个过程本身可能成为一个目标,而丢失了任务的要义。成为有效委托方的艺术恰恰是把实质内容、过程和沟通联系在一起。质

---

① 我们在本章中明确地将内容聚焦于空间质量,并且不打算探索"质量"的广泛定义或各种与之相关的观点。关于城市"生活质量"和"场所质量"的观点——仅仅是社会质量方面更具体的表述,比如可持续性等——本章不展开讨论。

② 笼统而言,我们在这里指的是随着过程推进,空间质量的提高以某种方式表现为房地产和建成环境的附加经济价值。我们没有进一步研究这个含糊概念(指价值创造)的不确定属性。

量是通过实质内容之间的整合和凝聚、行动者之间的互动和协作以及通过沟通建立共同纽带来实现的。这发生在三个不同的层面：战略层面、战术层面和运作层面。

在战略层面，重点在于决策过程，该过程与所要达到的质量和价值创造程度相关。根据项目的性质和委托方，可以着重关注经济或社会回报。在公共领域，主要体现在政党的计划中，这些计划在副市长、城市议员的文件，或者至少在围绕城市空间环境质量议题的文件中出现。

战术层面涉及在战略和运作层面的知识基础上制定决策的过程。

对政策部门和学科的了解是运作层面的核心。在这些不同的层面以及它们交互过程中需要明确质量的含义。

城市规划学、景观学和建筑学是可以在运作和战略层面贡献专业知识的学科，目的是建立明确的质量定义。直到20世纪80年代中期，城市规划学和景观学的作用才被公共部门认可。这些学科在整合各种空间政策领域并将其转化为实际的城市规划方案上发挥了重要作用。自20世纪80年代后期以来，这种专业知识部分属于私营部门的范畴。幸好有这种转变以及欧洲关于招标程序的规定，委托方和接受委托的各方对城市规划的看法，逐渐被区分开来。另一种趋势是专业化，一系列公司开始出现，包括致力于整合政策知识的公司，制定需求和设计计划的公司，以及拥有土木工程知识和经验的更具实践性的公司。

在本章中，我们从更理论的角度以及从设计和流程管理实践的角度强调空间质量。在描述完空间质量这一术语之后，我们将分析杰伦·韦巴特(Verbart,2004)四种关于空间质量的方法：富有魅力的愿景、综合规划、客观标准和通过流程管理的空间质量。本章最后解释了静态和动态质量的管理，并提供了一个实际的案例。

7.2　什么是空间质量？

城市地区开发意味着采取综合方法来开发或重建城市地区。这使得它与现代主义的方法不同，在后者的方法下，功能被隔离，例如由科内利斯·范·埃斯特伦(Cornelis van Eesteren)在20世纪30年代中期制定的阿姆斯特丹一般扩张规划(Algemeen Uitbreidings Plan，AUP)和阿姆斯特丹的一般扩张规划(General Expansion Plan for Amsterdam)。空间质量这一术语的重要来源之一是《建筑十书》(De architectura)。在该书中，罗马的维特鲁威(Vitruvius)介绍了著名的三要素：坚固、实用和美观。建筑物必须满足稳定性要求，符合功能标准，并符合某些美学标准。这三个要素几乎在所有关于空间质量的观点中反复被提及(Nelissen, Ten Cate, 2009)。

在荷兰中央政府的政策文件中，空间规划以"用户价值""体验价值"和"未来价值"来表示。这三个价值共同决定了空间质量，最终还是基于维特鲁威的观点。三个价值指向了功能、形式和时间。

第一个维度是功能，将建筑艺术与其他艺术形式区分开来。这也适用于较大规模的建成环境。它的价值不能独立于其用途，这涉及公共价值以及个人价值。霍伊迈耶、克朗和卢蒂克(Hooijmeijer et al., 2000)通过将功能价值、体验价值和未来价值与社会、生态、经济和文化价值相结合，实践了这一理念。前三个价值观——社会、生态和经济——与约翰·艾尔金顿(John Elkington)于1995年引入的可持续性定义相关，即人、地球和利润。这些价值不仅涉及空间质量，还涉及非空间质量，如意象、社会凝聚力或水的质量。如果将这些不同的价值或方面放在一个图表中，它们可以形成一个分析框架，分析影响建成地区质量的各种因素。

第二个维度是形式，与美的概念有关。功能可以通过可测量的数量观测，但对于形式和美的维度则非如此。这是一个规范的概念。虽然美可以成为一个目标，但并不一定如此：它本身也可以是一种价值。关于美的观点在理性形成的同时，还受到经验、接受度和想象力的影响。在许多现代主义规划中，美可以在建筑或城市结构的理性中找到。后现代主义赋予了美更多价值。

第三个维度是时间。建成环境是生活中的事实——我们生活的现状。但我们可以对其投射自己的观点并指引其向特定方向发展；我们可以影响未来对建成环境的使用和认知。城市地区开发的本质是带来变革，以帮助实现更好的未来。城市地区开发基于一个假设，即任何城市地区的重建都将导致该地区的质量得到改善。塑造这一进步是一个过程。定义这一过程的质量是在当下，但也需要考虑未来的需求。从这个时间的角度来看，文化和可持续性是一枚硬币的两面。

多方参与了城市地区的开发，各方都有不同的利益、目标和资源，这就是为什么他们参与城市地区开发的过程中对质量有不同的理解视角，同时对质量有多样化的要求。判断质量是创造共同价值的一种方式，因为这种判断是通过讨论、比较和参考来实现的(Scruton，1980)。判断质量的过程为：

- 与视角相关：例如，政治家的观点和知识异于城市规划师或计划经济学家的观点和知识；
- 与文化相关：例如，荷兰人通常认为的高空间质量可能在法国被视为低标准；
- 与背景相关：例如，一个空置圩田的潜在品质与城市地区不同；
- 与时间有关：例如，目前被认为具有良好空间质量的场所可能在30年后不再被认为具有良好空间质量。

当足够多的使用人群在足够长的时间内珍视某个地区时，该地区的空间质量也会随之提升。广义"使用者"可能包括：当地居民、购物者和店主、员工以及无家可归者。我们可以区分"用户链"。在许多情况下，使用者的观点很难直接确定，因此在这些问题上做出判断的是政治家和官员、专业人士和舆论界人士：政治家会对生活环境质量做出判断，经济事务部门的官员也会对一个地区的经济质量表达意见。他们的意见表明了可以取得的改善：他们的意见越一致，越积极，大多数居民也越有可能得到满足。因此，我们可以说空间质量是主观的（或相互主观的），做出判断的人属于各种社会文化群体，传统可能因国家和背景而异，对质量的观念可能因时间因素而发生变化。

上述讨论表明，就空间干预达成意见是一件复杂的事情。就什么构成质量的提案达成一致意见可能更难。然而，这是委托方和参与城市地区开发的其他人所必须面临的挑战。他们必须对提案形成一个观点，而该观点并不能确定这些提案是否可以实现，或者这些提案将如何实现或产生何种影响，或者随后对这些提案进行评估的质量标准。空间质量位于愿景、设计以及未来用户的三者之间的紧张地带。

鉴于人们普遍接受空间质量的重要性，如何实现空间质量是一个有趣的问题。关于空间质量以及如何创建它，有四种理想化的观点。这些观点在关于"空间干预质量"的讨论中经常出现，既有一致也有相互矛盾之处。在实践中，观点

会重叠。但是,有必要区分它们以保证对空间质量的明确控制。创造空间质量的理想方法是:

- 设计师富有魅力的愿景;
- 保障一个整体规划;
- 使用目标清单;
- 通过良好的流程管理实现空间质量。

7.3　设计师富有魅力的愿景

根据第一种观点,空间质量是通过富有想象力的设计创造出来的,这种设计是设计师的技能带来的结果。尼尔和赖恩多普(Nio, Reijndorp, 1997)区分了四种类型的设计:形态设计(morphological design)、形式设计(formal design)、概念设计和战略设计。这些与设计师如何处理设计任务有关。

对于形态学的方法,现有的景观或城市结构被视作起点。目前大力推崇这种方法的代表是城市规划公司 Palmbout Urban Landscapes。采用这种方法开发的案例为阿姆斯特丹的 IJburg。

设计和咨询公司 Heeling Krop Bekkering 在 20 世纪 80 年代重新发现了形式设计。他们不以景观或社会现实为参考,而是以城市形式本身的类型学为参考。另一位代表是来自卢森堡的设计师罗伯·克里尔(Rob Krier),他在荷兰通过赫尔蒙德(Helmond)的布兰德夫特(Brandevoort)项目成名。

概念设计通常与建筑师在城市规划中发挥越来越多的作用有关。这种方法聚焦于发展新的城市概念。倡导者包括 West 8 和 MVRDV。图 7.1 展示了 West 8 的阿姆斯特丹婆罗洲斯波伦堡(Borneo Sporenburg)项目,这是一个拥有大量房屋的海洋。

尼尔和赖恩多普将战略性城市规划视为一种管理战略。他们指出,战略设计旨在建立共识。韦巴特(Verbart)将此描述为"保障一个整体规划"。下一节将对此做出更详细的讨论。

前三种方法如果没有相关学科的参与或者没有相关人员制定明确可行的需求时间表,在项目流程早期就以最终版本的形式呈现,可能会出现问题。其预期的质量将具有静态特征,最终版本要尽可能接近早期版本,因为项目是在这些早

图 7.1　概念设计示例：阿姆斯特丹婆罗洲斯波伦堡

(资料来源：West 8. Urban Design & Landscape Architects)

图 7.2　香槟杯(Champagne Glasses)中央车站由英国建筑师威廉·阿尔索普(William Alsop)提出

(资料来源：Alsop Architects with Combined Design Team,
Rotterdam Centraal. Design Masterplan. Rotterdam-London, 2001)

期版本的基础上销售的。然而，由于社会反感或供求不匹配，实际结果往往不乐观。总之，设计师富有魅力的愿景意味着：

- 形式是关键；
- 最终愿景是富有魅力的；
- 关于质量的观点是静态；

7.4 保障一个整体规划

关于如何实现质量的第二种观点基于一个前提,即高质量是通过确认、识别、汇集和整合所有利益各方,然后严格遵守设计创造的。这种观点可以从城市规划的沟通性趋势中看出,它试图回应具体情况和当今的社会需求。

规划是一种协调和汇集措施的手段,这些措施构成了城市地区开发的基础。城市发展规划可以在这里发挥重要的协调作用,其框架有助于邀请各方参与。城市规划的最佳设计应该通过协商来制定,这样利益相关各方就能清楚地知道他们自己的责任是什么。在这里,"设计是单个设计师的个人创造性成果"的理念被"城市设计(包括其他人提出的设计)应该是互动过程的结果"这一观念所取代。

这一城市规划的观点于1998年由里克·巴克(Bakker, 1998: 44)在城市规划演讲中提出。她是一位著名的城市规划专家,作为地区规划的指导者,她对开发过程的管理给予了极大的关注:

> 城市规划师的角色发生了变化。他(城市规划师)所从事的领域变得更加复杂和广泛,他所代表的利益是多样的,这些利益在不同的层级上运作。因此,城市规划师必须成为一个能够在城市规划过程中发挥关键作用的多学科专家。该过程涉及能够识别、确认并汇集相关各方(及其利益),适当地处理手头的任务,并确定总体起点。

这种观点是从利益相关方的角度来看待质量:城市规划师的工作除本职外,还涉及识别、确认和汇集相关各方的能力。[①] 巴克可被视为一位以过程为导向的城市规划师。这位指导者或主导过程的管理者与城市规划师一起工作。只有在特殊情况下才能将所有这些品质统一在一个人身上。设计师的技能是通过对话来实现的,这造成了一种天然的紧张关系,城市规划师不仅在创造愿景的过程中,而且在此之后要保护开发的空间质量。在这种情况下,我们经常看到这样的步骤:首先,制定一个整体设计,然后保证设计的质量(Talstra, 2003)。为了保证质量,相关各方使用质量手册等工具,其中描述了高质量的标准,以及一群

---

① 与此同时,关于质量的专业定义很重要:"我要强调一个好的规划也应该是一个好的实质性的规划。设计师的技巧应该是毋庸置疑的,过程和内容是同等重要的。"(Bakker, 1988: 34-35)

人组成了质量团队,这些团队作为规划委员会之类的审查机构。

总而言之,通过一个迭代(见第6.8节)、互动和保障的过程实现空间质量,涉及以下几点:

- 设计必须符合利益相关者的意愿和利益;
- 一个互动的设计过程,包括其他人提出的设计;
- 识别、确认、汇集和整合有关各方的利益;
- 接下来就是严格保障达成的共识(这种共识是静态的);
- 规划作为主旨的大纲在实施过程中保持不变。

7.5 使用目标清单

关于创造高质量水平的第三种观点涉及如何用一些相对客观的固定标准来表达质量。采用这些标准检测规划,原则上可以确保任何干预措施都具有高质量。韩·迈耶等人(Meyer et al., 2008)对许可、条件和激励,以及竞争和选择进行了区分。他们确定了城市规划工具中的四个领域:

- 公法;
- 私法;
- 被政府批准的城市规划文件;
- 财务(此主题不在此处考虑)。

基于公法的约束可以强加给参与开发过程的各方,并对公民具有约束力。私法仅适用于合同中的相关方。公共部门和私营部门之间签订城市规划协议的一个例子是特许权合同,本节末尾将对此进行讨论。

公法的一个重要工具是土地利用规划(见第5.3节)。设计师必须能够将总体规划的空间本质传达给法律专家,以便他们能够将其转化为法律文件。土地利用不仅旨在规定规划中的功能要素,而且还包括其空间特征。这意味着,建筑物的高度、可视线、要保留的现状建筑物、建筑控制线、地块布局和密度都包含在规划中,以区划地图进行可视化表达(Khandekar, Vivier, 2004: 152)。因此,土地利用规划包含了目标要求(一个目标清单),作为城市地区开发的指南。

在法定要求最终确定之前,通常需要制定城市规划设计以供市政当局批准。总平面图通常包括以下内容:

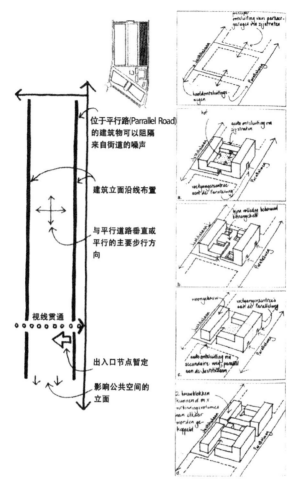

图 7.3 位于斯海尔托亨博斯('s-Hertogenbosch)市的宫殿区(Paleiskwartier)东侧建筑的限制条件

(资料来源: Buro voor Stadsontwerp ir. S. V. Khandekar BV,

Het Paleiskwartier, Het Paleiskwartier, Beeldkwaliteitsplan, 1998)

- 公共区域和私人土地之间的界限;
- 新发展地区的目标(一般性术语);
- 新建设区的性质(一般性术语):建筑物的体量、高度和类型(一般性术语)、公共和私人停车位的比例;
- 公共区域的功能(一般性术语);

- 一般性的操作指示(Meyer et al.,2008:97)。

更多细节将在关于设计质量标准的补充文件中找到。这是荷兰实践中的一个常见文件,称为"图像质量规划"(beeldkwaliteitsplan),它更详细地展示了总平面图的各个方面,如可视线、体量及其与公共空间的关系、建筑类型、使用的材料、使用的颜色、外墙等等。这个详细的规划可以被视为建筑师和景观设计师的一个设计蓝图,可以添加与纵向和横向截面有关的指引和愿望,例如与外部空间布局相关的要求,如街道设施(Khandekar,Vivier,2004:152)。

除了基于规划的指引外,还有更多与基础设施(包括地下基础设施)、水以及环境和安全法规相关的技术指南。

质量标准的最后一个例子是特许合同。这适用于某种公私合作伙伴关系,其中市政当局与私营部门达成协议(特许经营或运营协议),使其具有一定独立性能够开发某个地区(或其中一部分),但要受市政府规定的条件限制。这种特许权包括一套指南,其形式是市政当局制定的一份公共需求表并适用于有关私营部门。

所制定的条件举例如下:

- 土地利用规划(例如关于建筑物最大高度或密度的法律规定);
- 设计质量标准(可视线、体量、公共空间、建筑类型、使用的材料等);
- 规划先决条件(计划、主要规划结构、公私转型、停车设施、建筑);
- 技术法规(基础设施、水、环境、安全);
- 授予私营方的具体特许合同。

总而言之,假设可以通过客观标准实现空间质量:

- 质量可以用几个固定标准表示;
- 这些标准或多或少是客观的,原则上可用于评估任何规划或项目。

7.6 组合方法

在第7.3节至第7.5节中已经研究了各种创造空间质量方法,所有这些方法都有其优点和缺点。

如果质量仅仅被视为个体设计师的产品,则存在将重点局限于物质层面设计的风险,并且在开发过程中忽略设计的重要性(或进一步的结果)。然而,这些方法向我们表明,为了使质量得以创造和发展,赋予设计师一定的空间进行发挥是很重要的。他们的创造力应该被挖掘,但他们的设计不该"一成不变"。

一套质量标准可用作讨论和评估空间质量的指示性框架。然而,使用静态标准并不能完全符合质量的多功能、动态和主观的性质。将所有相关方的利益纳入一个规划,并保障该规划中所有与质量相关的要求当然是一种有价值的方法,但这种方法也有其局限性。该规划存在缺乏灵活性的风险。质量在规划中的特定时刻是确定的,但问题在于过程能否明确地分阶段进行。在公对公的流程之后,是公私合作的流程,在某些情况下,一项倡议实际上是从私人计划开始的。在此背景下,将质量与所涉行动者的满意程度等同起来就显得过于严格。问题仍然存在——这些行动者在多大程度上考虑了所有相关的质量要求。

从流程导向的角度来看,公共管理者指出,流程质量是产品质量的先决条件。需要关注的重点是流程的复杂性以及流程中的停滞和瓶颈。为了提高质量,这些瓶颈问题应得到解决。因此,空间干预的质量不是(或不只是)局限于城市规划师的创造性设计、目标清单、整合规划或相关方的满意程度,而通常是通过这些要素的组合以及良好的流程管理实现。

7.7 通过良好的流程管理实现空间质量

第四种空间质量观点认为,相关各方对流程及其结果的满意程度反映了空间质量的水平。如第 6 章所述,良好的流程管理有助于创造高水平的空间质量。流程方法提供了有用的参考点,因为它在政策或项目的质量和流程(以及流程如何构建)之间建立了连接(有时是明确的,有时更隐藏的)。

但是,对质量标准存在一些保留意见。虽然我们之前曾以不同的方式处理和强调空间质量这一术语,并为管理和塑造空间质量提供了参考点,但仍有一些领域尚未理清,仍需讨论。首先就有关确定质量标准的问题,评估满意度的标准仅涵盖参与过程的各方意见。然而,空间项目通常需要很长时间才能开发完成,在此之后还有很长一段时间的使用过程,不同类型的行动者在不同阶段参与,或者对过程及其结果产生兴趣。许多用户(个人,无组织的居民团体、游客)只有在项目完成后才能体验该项目,这时他们才第一次有机会(对该项目)发表意见。

在许多情况下,没有参与开发的行动者(其他用户、官员、企业、政治家、研究人员)决定了项目是否经得起时间的考验。基于实用主义的角度,将观点限制在直接的行动者中,在某种程度上是合理的(研究人员无法看到未被代表的利益,而利益相关者只有实质参与才能评价是否满意)。但是,至少在可能的情况下,用户的意见和政治代表的反应,舆论界人士和未参与开发的专业人士的反馈可以对此进行补充。但是,如何平衡专家(建筑师或城市规划师)与政治家或市民的意见呢?①

这一点再次表明,关于空间质量的观点不断变化,并且比较和权衡差异是困难的。我们可以通过某种方式来定义空间质量,但没有标准答案。

7.8 管理静态和动态质量

皮尔西格(Pirsig,1994)指出,静态和动态质量之间的区别与质量控制相关,包括在流程和内容方面。在皮尔西格的解释中,静态质量主要是一个规则的问题,一种我们做出判断希望保护的质量。要保留什么(什么是好的)比要改变什么引起的争议更少,所以在这种情况下做出集体判断更容易。继皮尔西格之后,马里耶·塔尔斯特拉(Marije Talstra)表示,对质量的追求不仅仅是发现什么是最终的静态标准。质量也是一个动态的概念。动态质量关注变化和发现变化中的观点。塔尔斯特拉(Talstra,2003)明确指出,静态和动态定义各自都有其指导空间质量的视野。②

在第三个空间质量观点(见第7.5节)中,涉及使用目标清单,假设质量可以以各种标准的形式表达和列出。换言之,质量可以预先操作和量化。塔尔斯特拉将此描述为质量的静态定义,其中质量在特定要求中静态设定。这并不意味着在此过程中不会发生更多的空间质量变化。在开发过程启动时定义的空间质量可能与项目的财务指标相冲突。在这种情况下,有必要修改定义空间质量属性的要求。

在第7.7节中,空间质量在一定程度上等同于空间规划为各方利益带来附加值的程度。但是,质量的概念只有在相关各方达成一致时才有价值。这种空

---

① 阿尔布雷希茨和德纳耶(Albrechts,Denayer,2001)比较分析了基于哈贝马斯理论的交往式规划,和基于福柯(Foucault)、罗蒂(Rorty)等思想的后现代主义规划方法,阐明了行动者之间平等所产生的问题。

② 见塔尔斯特拉(Talstra,2003)研究监管者在控制空间质量时的作用。另见她在布鲁尔等人(Bruil et al.,2004:162-164)的研究中所做的解释。

间质量的定义假设各个相关方对其有共识,在此情况下,空间质量应通过各方协商确定,并且可能事先并未达成一致。

这一定义符合以下观点:空间质量概念的模式化和量化通常是不可能的,特别是在开发过程启动时,并且有关各方应在每个独立的情形下就如何澄清空间质量概念达成一致。塔尔斯特拉将此描述为质量的动态定义。此处的动态描述了在规划流程启动时无法在操作要求中设定的那部分空间质量,并且必须在该流程中由相关各方澄清。这个定义背后的理念是各方需要达成共识和提供支持,才能实现高水平的空间质量。此外,他们的创造性投入和实践知识在提高质量水平方面发挥着重要作用。

在城市地区开发过程中,质量的静态和动态定义都是相关的。它们相互补充。由于各方相互依赖,任何一方都无法单方面确定如何定义质量。这意味着在流程开始运作时空间质量不会被应用;而在过程中,各方必须就空间质量的构成达成一致意见。在这个运作过程中,空间质量的某些方面将会被提前定义。该过程启动时的一个特征是关于项目功能性的陈述,随后是建筑等方面。在该流程开始时,空间质量将以抽象术语描述,只有少数方面被包含在操作要求中。此时,质量的动态定义将占主导地位,但在整个过程中,越来越多的空间质量考虑将转化为具体要求。最终,质量的动态定义将成为一个静态的定义。

这个过程发生的时间以及由谁来决定,部分取决于政策制定(公共)和执行(私人)各方决定合作的方式。例如,对于传统的开发模式,市政当局分配地块用于建造工程启动,在委托给予签约方之前,项目的很多方面已经确定。而前面提到的特许权模式中,市政当局只是定义项目的关键因素,项目很多的具体方面尚未落实。合资模式又有所不同:公私双方共同制定规划。

图7.4表达了质量的动态定义如何在规划过程中逐步变为静态定义。与此同时,美学和技术部分可被视为空间质量定义的一部分。应该指出的是,无论是通过文字还是图像,美或美学的方面永远无法被定义。这意味着它只能在有限的程度上进行操作和量

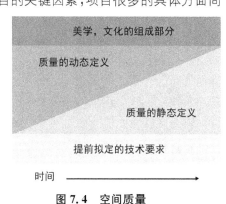

图7.4 空间质量

(资料来源:Talstra,2003)

化，并且空间质量概念的美学组成部分不能构成质量静态定义的完整部分。

7.9 在实践中管理空间质量

斯海尔托亨博斯的宫殿区（Paleiskwartier）是一个公共部门提出的规划，市政当局与一些私人团体建立合资模式。夏姆·坎德卡（Shyam Khandekar）被合资企业任命为城市规划主管。他对宫殿区的设计可以被描述为一个正式的城市规划。坎德卡表示，在这个过程的开始阶段，除了他作为设计师的角色之外，城市规划师首先必须是一个倾听者（Talstra，2003）。"倾听参与规划的众多人，他们的想法、目标和条件。项目的实质、主题必须来自所有不同的意见和陈述。"也就是说，在这个过程的开始，没有明确定义质量的概念。所有各方都有自己关于这个地区建成后将会如何的想法。根据坎德卡的说法，城市规划师一开始总想在一个地区实现自己的想法。"如果你闭上眼睛，你就可以看到它。"但是，这个最终图像是在探索该地区、听取各方的意愿和审查功能方案之后才出现的。实际上，坎德卡认为，如果没有各方的投入和要求，就无法创建愿景。根据坎德卡的说法，各方沟通后关于实现宫殿区空间质量的核心概念是"城市化"。

坎德卡说他也意识到了质量的动态定义。他倾听各方的意见，并支持将质量概念付诸实践的过程。此外，他为空间质量的讨论做出了一个重要贡献。通过运用这种方法，尽管坎德卡并未调用所有可用的资源，但仍部分使用了较宽松的控制概念，例如，没有组织联合设计会议。

在总平面规划的空间转译中，坎德卡将空间质量的一部分作为静态质量。确定了以下方面：

- 道路结构；
- 公共空间和绿地的位置；
- 地块；
- 建筑物的高度；
- 用途；
- 保留现有建筑物。

与此同时，还决定了以下要素：

- 宫殿区规划区域外侧的硬质化城市边缘；
- 位于规划区域内侧周边的软质公园区。

这些细节随后在关于设计质量标准的文件中制定。

以可视化方式表达的设计质量标准的文件，安排了该地区大体上的布局。此外，空间质量通过意向图片表达，这些图像为建筑和公共空间提供了灵感。定义了以下方面：

- 建筑物的具体形象；
- 建筑群中的重点；
- 建筑物的类型；
- 公共空间的具体形象；
- 公共空间的类型。

坎德卡首先使用设计质量标准告知设计师和委托方有关质量的愿景。然后将设计质量标准用作可以对建筑方案进行测试和评估的文件。由此坎德卡就能够使用更严格的控制概念。坎德卡说，建筑师的选择也是确保质量的重要手段。"我们对建筑师的选择有重大影响，名单上的许多建筑师都是我们提出的，我们确实拥有否决权。"

7.10 结论

我们不能完全定义空间质量，但我们可以尽量去定义。空间干预的质量不是(或不只是)局限于城市规划师的创造性设计、目标清单、综合规划或相关各方的满意程度。要把这些模块整合起来，配合良好的流程管理才能实现空间质量。这种管理可以分为两种类型：一种静态质量管理，另一种动态质量管理。较宽松的控制概念可用于控制动态质量，因此通常在规划过程开始时使用此概念。可以通过以下方式使用宽松的控制形式实现空间质量：

- 对定义和塑造质量概念的联合过程提供实质性的支持，让尽可能多的参与方参加进来，并采取动态和选择的过程；
- 在动态环境中建立寻找机会的新方法；
- 激励、鼓励设计师。

这种控制概念符合流程管理控制方法。实践中,通常会举行工作坊或讨论会的形式。哪些行动者出席将取决于委托方、项目的阶段和任务的性质。为确保质量,所有相关方必须清楚该过程的体系结构。

可以使用更严格的控制概念来强制实施质量的静态定义。随着规划过程的推进,这种质量定义的重要性不断增加。在更严格的控制概念下,质量可以通过以下方式实现:

- 通过提出质量要求来确定最终结果,并根据这些质量要求监测结果;
- 预先确定何时进行检查;
- 选择能够实现已定义结果的设计师;
- 确保设计师之间交换相关信息;
- 激励、鼓励设计师。

这种控制概念也符合项目管理控制方法。适用这种概念的最佳时机部分取决于公共和私人方之间的合作伙伴关系类型。图 7.5 显示了在规划过程中两个控制概念相互关系的演变。

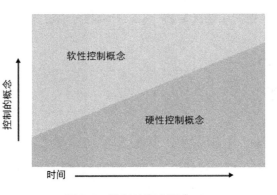

图 7.5　控制的两个概念

(资料来源:Talstra,2001)

除了功能性和稳固性外,维特鲁威(Vitruvius)还将美观视为其任务的一部分。在当今的建筑备忘录中,政策制定者将其解读为文化价值和/或体验价值。美观或美学不适用于静态质量或动态质量来表达。设计师具有空间质量领域的特定知识,始终包含个人因素——任何特定设计的美感。良好的城市地区设计基于在共同的流程中把专业知识和专注度结合,旨在为新空间赋予意义。要以长远的视角来看项目的设计和空间质量。项目在现在和过去,在现在和未来,都有不同的文化意义。

参考文献

Albrechts, L. and Denayer, W. (2001). "Communicative planning, emancipatory politics and postmodernism, " *Handbook of Urban Studies,* ed. R. Paddison. London: Sage, pp. 369-384.
Bakker, R. (1998). *15 500 000 Collega's*. Oratie: Technische Universiteit Eindhoven.
Bruil, I., Hobma, F., Peek, G -J. and Wigmans, G., eds. (2004). Integrale gebiedsontwikkeling. Het stationsgebied 's-Hertogenbosch. Amsterdam: Uitgeverij SUN.
Castells, M. (1975). "La function sociale de la planification urbain," Recherches sociologiques. Espace et théorie sociologie, dl. VI, no. 3, pp. 401-426.
De Zeeuw, F. (2007). De engel uit het marmer (The Angel of Marble). 4th ed.; Delft: University Press.
Hooijmeijer, P., Kroon, H. and Luttik, J (2000). Kwaliteit in Meervoud. Habiforum.
Khandekar, S. and Vivier, L. (2004). "Van visie tot detail," *Integrale gebiedsontwikkeling. Het stationsgebied 's-Hertogenbosch,* eds. Bruil et al. Amsterdam: Uitgeverij SUN, pp. 146-156.
Meyer, H., Westrik, J. and Hoekstra M.J. (2008). *Stedenbouwkundige regels van het bouwen*. Amsterdam: Uitgeverij SUN.
Nio, I. and Reijndorp, A. (1997). *Groeten uit Zoetermeer*. Rotterdam: NAi Uitgevers.
Nelissen, N. and Ten Cate, F. (2009). *Mooi Europa*. Amsterdam: Uitgeverij Sun/Federatie van Welstand.
Pirsig, R.M. (1994). *Lila. een onderzoek naar zeden*. Amsterdam: Prometheus/Bakker.
Scruton, R. (1980). *The Aesthetics of Architecture*. Princeton: University Press.
Talstra, M. (2003). *De supervisor. Sturen op ruimtelijke kwaliteit*. Delft: University Press.
Trip, J.J. (2007). *What makes a city? Planning for quality of place*. Amsterdam: IOS Press.
Van den Berg, L., Van der Meer, J. and Otgaar, H.J. (1999). *De aantrekkelijke stad. Katalysator voor economische ontwikkeling en sociale revitalisatie*. EURICUR: Erasmus University Rotterdam.
Verbart, J. (2004). *Management van ruimtelijke kwaliteit. De ontwikkeling en verankering van inrichtingsconcepten in het Utrechtse stationsgebied*. Delft: Eburon.
Wigmans, G. (1982). *The Urban Plan*. Delft: University Press.

8 市场研究和可行性研究

达莫·霍尔特(Damo Holt)

8.1 引言[①]

在对城市地区开发的核心方面进行有关评估时,市场研究起到了主要作用(Franzen, De Zeeuw,2009)。市场研究的最终目标是创造价值。市场研究考虑最终用户的需求和利益,因为这些最终用户将产生,体验项目创造的价值并从中受益。除了增加价值的目标外,市场研究还涉及维持价值,因此也涉及风险管理。事实上,可持续性和风险管理是同一枚硬币的两面。

市场研究可以发挥多种作用。例如,在过程之初,它可以帮助确定哪些目标合适以及哪些设计可能成功。随后,它可用于测试所选模型是否真正满足市场需求。本章将讨论市场中发挥作用的相关方面:

- 项目的初步概念和设计(完整性、创造性和市场性方面);
- 计划和组织(雄心、紧迫性、灵活性);
- 项目的成本、收益和风险(附加值创造、合理的商业案例和风险分配)。

这些要素通过有效管理汇集在一起,该有效管理包括合作和良好的利益相关者的管理(勇气、专业、信任和支持)。

本章将讨论市场研究的重要性,包括其在城市地区开发中的作用,与城市地区营销、价值创造以及价值创造过程的各个阶段的关系。我们将研究不同的市

[①] 感谢克里斯汀·奥德·维尔德伊斯(Christine Oude Veldhuis)和巴特·斯特克(Bart Stek),他们都为 Ecorys 工作。

场及其机制,以及用于了解这些市场情况的研究方法和技术。最后,我们将研究创新思维的重要性。毕竟新的城市开发地区必须能够捕捉来自新市场的潜在用户的想象力,并支持他们之间的协同作用。

城市地区开发是一个复杂的过程。这种复杂性源于所涉及的大量参与者及其利益的多样性,开发项目的长期性和多变性,内容、过程和程序的组合,以及不同层次政府(国家、区域、城市、地方、地方下一级)的参与。公共和私人团体经常共同开展集体事业,这导致个人利益与公共利益趋同,而这种趋同必须经得起时间的考验。空间发展的过程从一开始就涉及风险和机遇。所需的投资和牺牲通常是相当大的,投资的回报只能在稍后阶段才能显现。在规划过程中会逐步廓清哪些用户和消费者将成为开发过程的目标,规划会涉及哪些风险,能得到什么样的回报。从长远来看,由于人口、经济、法律或政策的发展,可能有必要修改项目或重新定义其目标,所有这些都基于市场研究。

8.2 市场需求的作用

一个地区的位置、质量和形象可能会影响开发过程中的机会、瓶颈或风险。其他因素也发挥着重要作用,例如当前如何使用该地区,业主和其他参与者(如市政当局)是否愿意并能够更改该用途以及如何进行更改。这意味着与特定开发相关的风险是根据地区特征而确定的,开发中最重要的有形产品——房地产——不是一种灵活的商品,这一事实强化了前述观点。开发涉及创建各种房地产[如住房、商店、办公室、商业场所和社会性房地产(如医疗保健建筑、学校、福利中心和文化建筑)],但房地产是不可移动的。它不能与其位置分离,这意味着特定位置必须对特定房地产有所需求。更重要的是,房地产通常只适用于某一特定目的(例如商业办公),并且很难转换为其他目的(如住房)。房地产也具有有限的流动性——将房地产转换为货币(出售)可能非常复杂并且涉及许多额外成本(顾问、税收)。所需投资的规模(通常为数百万欧元,有时更多)意味着买家数量也有限。最后,房地产开发也需要很长时间,从最初的规划阶段到建筑物最终完工可能需时多年,而在一个复杂的城市地区开发项目中,这个过程甚至可能需要数十年。房地产的灵活性和流动性有限,加上所需较长的开发时间,造成与之相关的特定风险。当然,随着城市地区的长期发展,市场条件必然会随着项目的开发而发生变化。一开始看似很好的项目可能后来被证明是无法销售的，需要重新思考其开发过程。出于同样的原因，建筑物原始规划的用途可能需要更改。

8.3 营销一个地区和市场研究

市场研究需要与市场营销密切协调。他们共同影响了城市地区开发项目的成功。市场研究的作用是确定市场需求。本质上，这是一个终端用户是否愿意进入该领域并消费正在开发的"产品"的问题。市场营销也在这个过程中发挥作用，涉及将一个地区(包括它可以提供的产品)投放市场并推向预期的目标群体。好的营销需要明确定义目标群体，这可以通过市场研究来实现。同样，除非得到有效的营销支持，否则好的市场研究可能无法达到预期的效果。

营销对于所有拥有目标群体的组织来说都是有意义的，特别是这些目标群体可以做出选择的时候。毕竟，所有交易都是在自由选择的基础上进行的，因此产品的吸引力是一个重要因素。这也适用于城市地区的开发和所涉及的参与者。最终用户的角色和愿望至关重要，他们必须被说服来到这个地区生活、工作、购物或休闲。这被称为地区营销①。

有效的市场研究使开发地区可能提供的所有内容与潜在目标群体的愿望和要求相匹配。有效的营销会把开发地区提供的所有内容转化为满足目标市场或团体特定要求的条件。通过这种方式，开发在市场中获得"定位"。定位是营销组合的五"P"之一：产品(product)、地点(place)、价格(price)、促销(promotion)和定位(position)(Kolter et al.,2008)。一旦项目在市场中获得定位，其余元素就可以尽可能地针对目标市场和目标群体进行定制；产品的设计、价格和促销都要符合研究的需要。市场研究有助于更清楚地了解目标群体及其需求，以及他们的规模(数量)和类型(质量)。有了这些信息，就可以确定最理想的产品：

- 该地区的设计(其在空间规划、定位、基础设施、行人路线、可视线等方面的统一性);

---

① 在布尔斯和范·温格登(Buhrs,Van Wingerden,2008)的著作中可以看到地区营销的详细方法。

- 房地产的设计（建造物、建筑）；
- 其他设计元素（视觉吸引点和公共空间、绿地、水、基础设施的位置）；
- 价格范围。

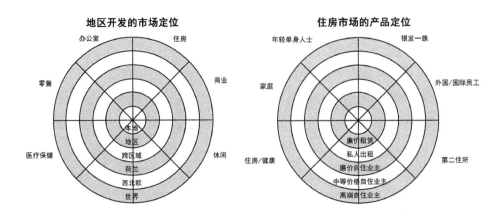

图 8.1 地区定位和产品定位的基本示例
（资料来源：Ecorys，2010）

市场研究还可以促进与目标群体更好地沟通，以及有助于推广产品和选择最有效的分销渠道。

"地区品牌"逐渐成为地区营销的一个特定分支。目标是通过促进该地区的某个概念来吸引人们、企业和组织前来该地区，因为许多开发项目（例如前码头区、前工业区、车站周边区域）并不位于居民、游客或娱乐消费者经常到访的地点——或者如果位于的话，也可能只是在消极的情况下。因此，需要为待开发的地区创建一个品牌——一个人们乐意将自己与之联系起来的品牌。市场研究在这个过程中变得越来越重要。市场研究是一个必不可少的基础，因为当开发产品、部署资源和确定项目最终成功时，主观标准（消费者偏好）变得比客观标准（市场缺口）更重要。市场研究的各种方法和技术（定量和定性）将在第8.7节中详细讨论。

8.4 城市地区开发的价值链

每个城市地区开发项目都源于一个基本理念的种子。可以有各种各样的开发理由：有时候一个新的地区可供使用（甚至只是一种可供使用的可能性），或者需要重新开发一个城镇的现有区域,或对某种空间类型需求提升,或(解决)特定的空间经济问题(如旧港口、旧工业区、车站附近的破败区域)。从这个起点(或起始阶段)开始,便有了更广泛的视野,它提供了解决方案的总体方向。在这个启动阶段,市场研究更具探索性和概念性的特征。是否可以找到市场上的缺口,使开发能够吸引新的消费者?哪些计划将有助于该地区的定位和发展?

下一阶段(规划阶段)涉及一个探索和讨论过程,该过程将制定空间功能规划和计划,例如总体规划、整体发展规划或结构愿景。这是一个复杂的过程,更密切地关注开发的本质以及所涉及的角色和程序。城市空间规划、市场营销和金融经济方面的研究在这里发挥着至关重要的作用。在需要集体实施的规划中,需要一个良好的发展战略才能实现预期的结果。

在完成规划并做出所有必要的决定之后,下一阶段是将这些规划付诸实施(实现阶段):准备开展项目,然后实际执行。这里的任务通常细分为:例如,特定地块的建设规划/设计和部分再区划程序(完成法律程序要求),以及考虑时间和市场环境的议题。

一旦房地产出售或租赁,该地区和房地产就开始进入长期运营(维护阶段)。每隔一段时间,该地区的某些用途、建筑物或基础设施将被进一步更新或重建。市场研究也将在这些时候发挥作用,例如通过重新评估确定市场需求。毕竟实现可持续城市地区发展的工作意味着这个过程必须达到最小的资产损失,并最大程度增值资产。

从这个对城市地区开发过程的简要描述中,我们可以区分四个开发阶段——启动、规划、实现和维护阶段。每一阶段都可以增加价值,因此有必要专门针对创造价值进行研究。有时,保留价值也很重要,甚至是开发的主要目标。每个阶段都要决定是否继续进行开发。这通常涉及风险分析,包括与市场相关的风险。因此,市场研究具有双重作用的特点在这里得到了体现——旨在创造价值,同时管理风险。

价值链的基本功能是优化价值创造。这个价值可以用货币形式量化并产生财务回报,但当然,这种价值也可能是难以用货币量化的价值——例如,投资回报可能具有社会特征,如改善社会凝聚力、生活质量和安全。

图8.2展示了在城市地区开发中如何创造价值。相对而言,在地区开发过

程的启动阶段增加的价值最大。毕竟正是在这个阶段——尽管只是在纸面上，在绘图板上和人们心目中——一个旧的、空的或功能不良的地区转变为一个新的和有吸引力的区域。该过程通过汇集来自多个专业领域的知识、技能和商业见解从而增加了相当大的价值，这些知识、技能和见解将创建新的、真实的经济、社会和房地产资产。

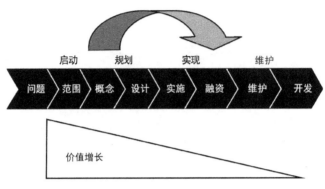

图8.2　城市地区开发的价值创造

（资料来源：Roestenberg,2007）

每阶段市场研究的作用

结合城市地区开发过程的每个阶段，我们将分析市场研究在实现价值创造和风险管理这两个目标中的作用。

启动阶段

这一阶段主要涉及探索该地区的内在机遇、问题和可能性。该阶段制定了粗略的指导方针，作为地区开发的市场定位基础。这一阶段的最终产品通常是初始纲要或区域愿景，它给出了一个地区发展大致的轮廓。这涉及为该地区及其房地产制定一个大致的概念，在城市背景下，在城市边界之外更广泛的竞争框架内，对开发(该地区的功能、目标市场、目标群体)进行定位。项目计划(在功能、数量和措施方面)主要用一般术语进行描述，并且通常基于在物质层面可以实现的内容。一般包括根据相关行动者的投入(他们自己的财务可行性研究或实际上的集体可行性研究)所获得的个体和整体收入机会(来自土地和建筑物)，以及由城市规划师制定的后续设计需求清单。

> **专栏 8.1**
>
> **示例：鹿特丹马斯河（River Meuse）北岸**
> **斯塔哈文斯（Stadhavens）港口开发项目的**
> **初期开发，该项目被称为"工作城"**
>
> 为了重建鹿特丹 Stadhavens 北部（位于马斯河北岸），一些市场行动者聚集到一起提出了一个创新概念。这成了该地区后续开发的指南。开发商选择将鹿特丹定位为工人阶级城市，该定位成为地区发展理念的基础。由于鹿特丹中低档的住房市场需求特别强劲，加上从事手工工作的中小型企业需要额外的劳动力，因此开发概念是复兴已拆除的贸易学校的最初理念：结合工作经验学习贸易技能。发展所依据的原则如下：在生活、工作和学习之间建立联系；在该地区创造就业机会（在学习、生活和工作方面）；加强与水的联系。目标群体（就居民和企业而言）的实际需求被放在第一位。这意味着这一开发概念不同于收益最大化和瞄准高端住房市场的标准做法。该地区应不断为人们生活的下一阶段提供新的机会，为无论是学童、学生、居民还是商人在教育、住房和工作方面提供了大量向上流动的机会。工作城市的核心概念吸引并汇集了好几个目标群体，这些群体相互补充。

规划阶段

规划阶段将进一步发展启动阶段确定的政策目标和原则。该阶段的目的是改进、测试和发展启动阶段的概念。成果通常体现为总体规划、发展战略或结构愿景。可以包括：

- 城市规划设计；
- 方案（针对市场、用途类型、用地面积、市场细分）；
- 分阶段划分的子项目；
- 地区（土地和房地产）的用途和财务（风险）分析；
- 设计质量标准；
- 吸引用户的策略。

在此基础上，使用例如建筑师的需求表来制定发展战略。

在此阶段，市场研究用于选址、确定可能的楼板面积，进行市场细分（昂贵、便宜）和定价（价格范围）并表现在以下方面：

- 市场和次分市场(办公室、商店、公寓、休闲设施、社会住宅);
- 功能(例如出售住宅、租赁住宅、购物中心类型、学校类型);
- 目标群体(例如单身人士、家庭、老年人、国际总部,区域性的后台办公室、小规模小众商店)。

首先(通常在这个阶段的早期)可以采取更具探索性的方法,解决诸如这个地区的需求是什么和这个地区适合做什么的问题。随后(通常在这个阶段相对后期)这个过程可以用来测试一些已经选择的功能,例如测试收入的潜力,市场对提供的价格范围会做出什么反应,以及市场上对每种类型、市场细分和目标群体还有多少发展空间(数量和面积方面)。

这个阶段通常包括讨论可提供的面积数量,它可以容纳的项目类型,需要多少面积以满足潜在使用者的想法以及当前的市场需求水平。在概念和设计(绘图、城市规划),项目安排和阶段划分(市场研究),以及成本、收益和风险(会计、财务)的并行过程中,双重视角(雄心与市场现实)在不断相互平衡。

规划阶段的最终产品是一份规划——例如总体规划或发展战略。总体规划实际上并不需要包含明确的开发时间表。事实上,开发的诀窍在于制定一个灵活的发展战略,具有足够清晰和具有吸引力的最终目标,以便在发展过程中永远不会失去中心目标,并能持续多年。从长远来看,市场研究在这一过程中发挥着重要而持久的作用。

实现阶段

在此阶段,至关重要的是将整个规划(例如总体规划或结构愿景)分解为每个分片区的具体建筑和设计规划。城市和/或设计规划可以包括:

- 将土地划分为建筑物地块的明确规划;
- 对住房和存量城市地区的设施进行的明确设计、草图设计和最终设计,并制作的施工计划;
- 详细的住宅分类;
- 公共空间、绿地、停车场、道路的设计和质量;
- 每个分区或每个施工计划的财务细节。

在提交实际施工计划之前,以及在施工开始之前,非常有必要对规划的产品

(无论是住房、公寓、商店还是办公室)进行可销售性检查。这是一个关于测试、监测和微调的问题。如果有明确的迹象表明,由于市场情况(例如经济衰退,当地市场疲软或市场门类出现问题——如办公室或商业市场)对建造项目提供的产品(包括向消费者预售或出租,向零售连锁店预售,向投资者销售)需求不足,则有充分理由部分或全部重新检查规划,推迟或以不同方式分阶段进行建设。

在此阶段必须特别考虑的两个因素是了解竞争以及营销和销售策略。深入了解可预期的竞争对于优化时机和确定可销售性非常重要。此外,市场营销和销售策略对于每个房地产销售都至关重要,特别是如果在开发概念和/或区域品牌方面付出了大量努力(见第8.3节),并因此针对具体的、定性和个体的消费者标准进行开发。随着时间的推移,有些因素很容易发生变化(如因为时尚的变化),为此需要针对目标群体充分定制。在考虑供需的情况下,对特定群体进行全面分析,可以在市场营销和销售策略开始之前进行更好的定位。

维护阶段

此阶段使用和管理该地区和房地产。该阶段重要的是继续监测和针对整个地区(特别是该地区的房地产)的特定市场进行定位。该地区的质量取决于良好的管理和维护,良好的管理和维护能确保该地区在感知和体验方面保持既有价值。对于房地产本身而言,租赁管理或资产管理对单个房地产单位或综合体都非常重要。这个阶段可以有很多变动:租户来去匆匆,业主改变,房地产买卖。对于业主(如投资者和公司),在此阶段的市场调查可以使他们监控他们所拥有房地产的市场定位,因而提高房地产价值,以及提高房地产出租和/或销售(并且可能转换为流动资本)的长期市场潜力。提高这些价值在很大程度上取决于该地区的整体发展方式。如果需要进行任何改变以重新定位或振兴房地产,或进行激进的重组工作,甚至进行全面的重建和改造,必须及时完成。通过市场研究可以发现是否需要进行这些变革。

正如我们已经看到的那样,在每个阶段都有许多可以使用的市场研究工具,这有助于地区开发实现价值创造和风险管理的目标。

8.5 市场和市场机制

根据定义,城市地区的开发是开发一个复杂但连贯的地区,该地区有各种房地产产品。这些房地产产品具有不同的功能,可以针对不同的市场进行开发,吸引不同价格范围内的不同类型的买家。它们也可以由不同的团体开发,并以不同的方式提供资金(因此在不同的财务参数范围内)。

为了更好地理解这种复杂情况,可以使用市场细分技术。最常见的市场细分示例是根据以下要素开展的:

- 市场次分门类(用途):住房市场(根据类型和种类)、办公楼市场(包括小规模、中等规模、大规模、环境和地点)、商业市场(小型和中型商业)、零售空间市场(底层商店、购物街、购物中心)、地点类型(黄金地段、当地购物中心)、休闲房地产市场(第二居所、假日公园、主题公园、电影院等)、停车场市场(多层停车场)、社会性房地产市场(学校、医疗保健、福利、文化和各种其他细分服务供应);
- 地理规模和服务半径:国际、国家、区域、本地、本地细分或邻里地区市场;
- 用户或购买者的类型:租赁市场、销售市场,包括公司市场、机构投资市场、其他私人/商业市场(个人投资者、企业、房地产所有者)、购买者的特征(他们所处的市场门类,例如家庭类型、公司办公室类型,对零售空间的需求方案);
- 供应者和参与者:房地产开发市场、企业市场、机构投资市场、其他私人/商业市场(个人投资、企业、房地产所有者),包括根据市场和功能类型的专业从业者(如适用);
- 价格:可支付、中档、高端(包括价格随时间的变化);
- 市场和财务状况:商业性地产、社会性地产。

房地产的生产或供应是因为已经证明或假设存在对房地产的需求,市场机制就是这么简单。如果没有需求,就不会建造任何东西。因此银行在准备为新房地产的建设提供资金之前,要求从销售或出租中获得一定比例的收益。没有任何开发商或公司想要建造闲置的房地产,没有投资者会购买闲置房产。这种做法必然意味着高额的利息费用。供需之间的平衡,或任何不平衡(稀缺或供过于求),决定了价格水平以及市场上实际销售的进度或类型。这可能因国家、区域、城市、村庄或地区而异,因此也受到城市地区开发项目及其子部门的影响。

8.6 市场研究的目标

对房地产的需求容易受到各种各样的影响。为了摸清准确的市场情况,必须探索这个背景的复杂性。例如,我们可能需要考虑当地的政治形势和政治观点、当地人口的构成,以及人口增长趋势、经济增长趋势、目标群体的流动性、可用于建设的空间和目前市场的现有供应。在每个市场次分门类和每个功能中,这些因素将具有不同程度的重要性。一个例子是反复出现的政治讨论,讨论新住房开发项目中社会租赁住房和销售住房的比例。然而,这是一种政治讨论,不属于市场研究范围,纯粹的市场研究本质上是关于自由市场和个人的选择。

市场研究的目标是通过使用社会人口统计、空间和经济数据(定量和定性)来生成预定区域的供需状况图。供需之间的定性或定量差异揭示了房地产行业的市场潜力。

开展市场调查的地理范围(国家、区域、城市、地区、社区、地点)取决于所涉及项目的性质。原则上,市场研究应涵盖所有地理范围,因为所有供需趋势和发展都是相关的。然而,在实践中,研究的重点将取决于房地产类型和特定市场次分门类的服务半径。

好的市场研究始于精心设计的问题,这些问题将由市场研究人员与客户协商制定。无论市场研究将关注哪个房地产市场,它将涵盖功能、地理范围、消费者、行动者和部门,研究必须回答相同的基本问题:

- 地区和区位("场所"):该地区和区位的品质是什么?有哪些用途?目标群体和部门是否适合该选址?
- 目标群体("定位"):市场上有哪些目标群体?这些群体的存在状态如何?它们如何变化(人口统计学、经济学、社会学和生活方式的发展)?他们的要求是什么(如空间、房地产特征、生活环境)?他们准备或能够支付多少钱?
- 产品:哪个产品和概念适合该地区和特定的市场?
- 价格:这个市场的价格水平和价格趋势是什么?哪个价位适合此地点、此目标群体和此目标产品?以上因素与该地区的运营和所需的投资回报有何关系?

- 推广:可以预期的竞争类型有哪些?基于这样的竞争环境,可以预期的销售率是多少?该产品应该如何营销?适合什么类型的营销活动?

在每个构成要素中,市场次分门类之间存在交互性。在某个市场次分门类中,为某些目标群体开发产品的方式(例如针对富裕老人开发的销售型豪华住房)将直接影响(或限制)该地区其他功能的市场机会(如提供给工业生产的空间)。开发的目标是在市场次分门类之间建立正确的协同作用,以便某些目标群体(例如在创意部门工作的时尚单身人士)的存在可以加强对该地区其他产品的需求(例如现代餐馆、酒店和文化设施)。

图8.3显示了与城市地区开发相关的市场研究问题的所有要素,以及要素之间如何相互关联。从本质上讲,这涉及供需匹配,起点是把整个地区当作一个整体看待,但消费者也可以自己评估房地产价值。因此,这是两个层面之间持续交互和匹配的问题。该图显示,在需求方面,一系列经济和社区因素发挥作用(房地产市场多样化的程度根据房地产的类型而变化)。在供应方面,更多涉及该地区的特征、参与者及其利益、供应的服务、该地区的形象特点(部分由于其过去和当前用途),在地区开发中供需结合在一起。图8.3显示了市场研究的主要

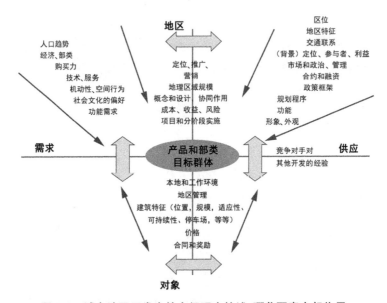

图8.3 城市地区开发中的市场研究综述;哪些要素在起作用?

(资料来源:Ecorys, 2010)

方面,从定位到概念和设计,然后从成本、收益、风险到产品、门类和目标群体。最终价格水平取决于建成环境和新房地产的特征。合同形式和各种次要条件(如各种可选附加条款)在确定价格方面也起着重要作用。

8.7 市场研究方法和技术

如第8.6节所示,市场研究为我们提供了一系列定性和定量指标,这些指标可以结合起来,尽可能地展现供需关系。定性或定量的观点使用许多不同的研究方法。通常情况下,房地产市场的每个部类都使用特定的方法。每个部类都有自己的研究类型,因为影响市场运作的因素在每个部类都不同(如公寓、零售业、办公、营业场所/商业园区、休闲、医疗保健、教育、福利、文化、体育和娱乐设施)。

专栏 8.2

社会性房地产市场研究

市场研究也经常针对非商业服务、社会目标群体(低收入个人和组织)和社会性房地产(如学校、博物馆或医疗机构)的要求进行。这背后的基本原理与商业性房地产市场完全相同。首先,有必要了解需要满足哪些要求,这些需求有多大以及特征和参数是什么,以便最大限度地利用可用的预算。社会性房地产通常能获得政府补贴,不同的规则决定了这些部类的价格水平。标准、原则和法规通常在国家、区域或城市层面达成一致,而非在自由市场(自由竞争条件)下决定。

下述常见的市场研究方法相互补充,并不互斥。它们经常组合使用,其实质仍然是确定市场、功能、目标群体(规模和类型)、价格、定位、竞争和整体销售能力。

下面描述进行市场研究的定量方法和定性方法,分别是:

定量方法

定量方法包括:

- 分销规划研究(零售业);
- 需求的理论计算(住宅);

- 偏离-份额分析(办公室和营业场所/商业园区);
- 趋势分析(住房、零售业、办公和营业场所/商业园区);
- 标杆分析法(所有部类);
- 竞争分析或参考分析(所有部类)。

定性方法

定性方法包括:

- 生活方式研究;
- 消费者固定样组(包括在线样组);
- 案例研究;
- 调查;
- 与相关行动者(包括房地产经纪人)进行访谈。

定量方法

分销规划研究(零售业)

专栏8.3对分销规划研究进行了更详细的分析。在这种类型的研究中,一个地区商店的消费潜力与当地市场可以支持的零售总面积[以平方米(m^2)为单位]相关联。

专栏8.3

零售贸易和分销规划研究

分销规划研究已经应用了几十年了。这类研究用于评估零售业的扩张潜力。市政当局经常需要这种类型的研究,以便根据当前情况和可能的未来情景测试零售发展的机会。分销规划研究在整体土地利用规划、结构愿景框架和许多其他决策中,为有关零售贸易方案的转变提供了坚实的基础。

分销规划研究的基本要素是:

- 服务区域——通过观察零售设施的供应及其未来功能,零售业发展的消费模式和使用障碍(物质的或心理的)来确定服务区域。
- 零售政策——这是对所有新零售规划和扩张进行测试的空间-经济政策工具。
- 对商业设施的需求——这是根据消费者偏好、零售数据、人口统计(当前和未来居民人数、年龄和种族人口增长)、收入水平和零售支出水平确定的。

- 基于数据库评估商店(服务区域内)的数量;此外,还需关注服务区内和周围的现有商业发展,这些发展往往可能与待开发的商业形成竞争。
- 通过分销规划计算比较供需关系,其中将服务区域的潜在营业额与现有(及未来)零售设施的营业额进行比较。
- 零售业发展对零售结构的影响以及对基础设施供应变动的影响。

需求的理论计算(住宅)

国家住房调查[荷兰中央统计局,(Centraal Bureau voor de Statistiek,CBS)]提供的统计数据可用于确定市镇和地区的收入水平和分布。因此,可以估算出该地区新住房的理论年度需求。私人家庭的可支配收入按其当前水平转换为私人家庭的总收入(意味着必须根据通货膨胀纠正所有旧数据)。这些收入类别与购买或租赁价格相关,可以得到对住房需求的总体指标。最后,这些信息被用于设计住房开发项目或评估现有项目,具体取决于项目所处的流程阶段。

偏离-份额分析(办公楼和营业场所/商业园区)

偏离-份额分析表明,在被调查地区,经济(生产、增加值)和就业机会有望得到哪些发展。通过转换要素(部类之间差异的转换)和共享要素(区域或地方差异的转换),可以将更宏观层面获取的数据(例如国家或跨区域的数据)转化为在地方层级的经济预期需求。这些结果可以转化为对办公空间和/或商业园区的需求,具体体现为每个经济部类中员工人均所需空间[平方米(m^2)或公顷(hm^2)]的数据。

趋势分析(住房、零售业、办公和营业场所/商业园区)

这种方法涉及根据销售历史和购买数据预测趋势。然而,这并不是一个直接推导信息并直接转化为未来预期的简单问题。研究总是讨论到向上或向下调整预测的考虑,因为就业机会、人口统计、政策,以及相关房地产市场、竞争发展的趋势会发生变化。趋势分析还包括根据房地产类型和市场细分及其变化对销售进行严格评估,分析包括区分长期特征或趋势(可靠规则)或短期发展(信号)。

> **专栏8.4　经济影响评估[包括置换效应(displacement effects)]**
>
> 市政当局(以及商业市场)越来越多地要求更好地了解地区开发项目可能产生的经济影响,或者在更进一步的层面上,需要了解开发可能带来的社会成本和收益。虽然经济影响评估采取了与市场研究不同的方法,前者更关注展示项目的可能结果,但进行这项研究的原因与进行市场研究的原因相当。经济影响评估调查了项目可能产生的影响,谁会受到项目的影响,谁可以从中获利以及如何获利。经济影响评估还着眼于如何使开发项目获益最大化。
>
> 通过测算经济效应,可以研究临时和永久影响(包括直接、间接和扩散影响)。这些表现在创造的就业机会、产品和附加值(包括供应商的乘数效应对吸引消费力的影响)。这类研究的一个重要方面是分析置换效应的可能性,特别是零售业的置换效应。通过这种研究,可以确定零售开发(例如大型购物中心)可能对该地区现有的购物设施产生什么影响,以及置换效应可能有多大。

标杆分析法(所有部类)

标杆分析法主要涉及将正在研究的地区与其他类似地区进行比较。至关重要的是,构成标杆的地区可以与所研究的地区进行比较,包括其概况、居民数量、地理位置、与市中心相对的位置或与其他城镇的关系。通过比较这些地区的供需情况和所经历的趋势,可以了解所研究地区的市场潜力。

竞争分析或参考分析(所有部类)

对与正在研究的规划地区大致同时进入市场的其他地区或项目进行研究,一份详细的资料能够描述项目的特征,包括其尺度、内部结构、价格、设施和可能的材料使用。该资料补充了已经投放市场并且不再被归类为竞品的项目,可以根据供应方的正面或者负面的经验,为项目提供参考。

上述市场研究方法在很大程度上都基于数据收集和数据分析。这些信息可以通过各种方式获得。对于住房市场(以及卫生、教育、文化、休闲),数据来自统计局(包括人口统计、移民、收入和购买力、建筑、价格趋势数据)、住房需求调查[荷兰住房需求(WONINGBEHOEFTE ONDERZOEK,WBO)和荷兰住房研究(WOONONDERZOEK NEDERLAND,WOON)]、地籍数据库、新的市政建设计划和当前项目的信息。关于就业问题,可以使用其他数据来源,例如荷兰中央统计局的其他类型统计数据,中央规划局的数据和预测(经济和就业机会),来自商业地产信息平台(Vastgoedmarkt,PropertyNL,Locatus),行业市场研究公司宜必思(IBIS),房地产信息交易系统(Vastgoed Transactie Informatie Systeem,VTIS)的市场数据(股票,以及购买或租赁住房的情况),采购链研究和行人路线研究。

定性方法

在荷兰,目前的趋势是传统市场研究(主要基于定量数据)加入更多基于定性数据的研究,甚至被基于定性数据的研究取代,后者的数据可能涉及生活方式分析或详细的消费者数据。主要的定性方法包括生活方式研究、消费者固定样组(包括在线样组)、案例研究、调查、与有关行动者(包括房地产经纪人)进行访谈等。这些方法可以相互搭配使用并应用在不同的空间尺度。在许多情况下,市场研究的空间范围决定了将要使用的定性研究类型。当研究涵盖更广泛的地理区域时,将使用更大规模的研究方法,如消费者固定样组和调查。对于较小的地区,除了小规模的消费者固定样组和调查外,还将采用诸如与有关行动者进行访谈等方法。生活方式研究也发挥着越来越重要的作用。以下是最常见的市场研究方法:

生活方式研究

生活方式研究(也称为动机研究)越来越受欢迎。市政当局、项目开发商、住房协会和房地产投资者通常会使用这种方法。专栏8.5提供了有关此类研究的更多信息。

消费者固定样组(包括在线样组)

当今社会的数字化意味着在线消费者的数量急剧增加。在市场研究中使用这种收集信息的方法变得越来越普遍。这种研究的优点是可以针对零售部门(例如消费品或零售设计)、住房(例如类型和位置)或工作环境,设计相应的问题。

案例研究

案例研究使得其他地区的经验教训能够应用于正在研究的地区,从而激发灵感(为新理念的产生、财务可行性,地区规划或如何确保可持续性等提供示例)或有助于理解新过程或新方法。

调查

这种研究方法类似于消费者固定样组(包括在线样组),但它实际上更适合在较小规模的地理区域使用。然而,这种方法的高成本意味着它不常使用。调查可通过非常具体的方式探索消费者对相关主题的偏好和意见。与消费者固定样组一样,可以使用数字技术修正这些方法,尽管这通常会导致更长的回应时间。

专栏8.5

生活方式研究和消费者细分

基本的社会人口统计细节,如年龄、教育、收入和财富,越来越不足以作为消费者行为的预测因素。消费者的选择更多地取决于生活方式、情感和个人价值观。为了理解消费者行为,生活方式研究以及消费者分组(称为消费者细分)被越来越多地使用。消费者细分研究可以表明在特定地区或城镇中,针对某种类型的消费者,相应类型的商店是否过多或过少。多数情况下会使用两维的心理学模型来区分个体如何体验世界(例如,个体是内向还是外向,个人主义还是群体导向)。经过验证的一组问题可以将个人和家庭置于此模型中。这两个维度随后产生四个分区,四个分区也被称为"激励因素"或体验世界的方式。横轴是社会学维度,它显示了个人主义者和群体导向者之间的差异。竖轴表示心理维度,显示外向—开放与内向—闭合之间的差异。因为消费者细分通常基于包含消费者行为数据的大型数据库,所以这实际上是一种混合方法——它侧重定性和主观,但是基于广泛的定量数据。定性生活方式研究变得越来越可靠,也可以应用于较小规模的地理区域。

与有关行动者(包括房地产经纪人)进行访谈

任何充分的市场调查都应该对参与的行动者或专家进行采访。以这种方式获得的信息通常为定性研究的发现、建立研究方法或地方知识的新视角提供坚实的基础。这是无法从其他来源获得的信息。研讨会还允许与相关行动者的意见和观点进行比较、检验和修正。

使用这些方法进行市场调查可以揭示很多信息,但不是所有信息。市场研究的另一个重要组成部分是在该地区进行实地考察,查看现有和新房地产的供应、定位和资料,以及该地区现状和未来的定位。

8.8 结论

根据定义,城市地区开发涉及在很长一段时间内,以各种功能、环境和互动形式实现一个新的城市地区。这意味着市场研究在以下方面起着非常重要的作用:

第一,对未来做出合理的预测,同时也表明何处可能存在不确定性和变化;

第二,区分市场中不变的事物和短暂(存在)的时尚;

第三,能够在地理层面(地区、城镇、区域)和市场(住房、零售、办公等)之间切换;

第四,能够借鉴其他地区的经验。

但在城市地区开发的具体背景下,市场研究还必须包括:

第一,能够可视化该地区未来景象(环境、吸引力、屏障效应)以及可能存在的机遇和威胁。(译注:屏障效应是一种通常与景观生态相关的现象,指的是道路或铁路等线性基础设施对动物运动的障碍。屏障效应在很大程度上被视为一个消极的过程,但也被发现有几个积极的影响,特别是对于较小的物种。为了减少道路或铁路的屏障效应,预留野生动物过境点被认为是最佳减灾方案之一,最好与野生动物围栏相结合。)

第二,了解该地区的协同作用——各种市场、功能和目标群体如何相互作用,如何形成整体而不仅仅是各部分的总和,以及某方面的变化如何影响其他方面的可销售性或整体发展。这种变化的例子包括从住宅区变为办公区,从零售转为休闲设施,将房屋出售改为房屋租赁、修建街道或公共空间的外观。

城市地区开发过程中的市场研究可以从定量和定性的角度揭示消费者的需求。市场研究在以下方面起着核心作用:该地区的发展(其规划的一致性、该地区的功能和分区的定位及规模、基础设施、行人路线、视线),房地产的发展(构筑物、建筑设计、规划和布局、构筑物的结构特征),该地区的环境设计(其规模、视觉质量和城市绿地的布局、水、基础设施、停车场)。特别是在确保时机、市场细分和定价(与该地区的用途相关)尽可能地响应市场需求的方面,市场研究也起着核心作用。

城市地区开发中的市场研究需要市场研究人员综合以下素质：知识（最终用户想要什么？如何发现这些需求？如何解释这些信息？）、客观性（市场研究人员不应沉湎于建筑师讲述的富有吸引力的故事，应该对潜在的风险和陷阱保持警惕）和想象力（正在开发的地区及其产品具有怎样的质量和内在统一性？有何用途、体验及未来的价值？如何优化这一价值？）。一个城市地区开发应该响应市场需求，但其项目的独特性也意味着它可以刺激新型需求的发展。

参考文献

Buhrs, M. and Van Wingerden, M. (2008). *Gebiedsmarketing. Kiezen voor een succesvolle toekomst voor locatie, wijk en stad*. Schiedam: Scriptum.

Franzen, A. and De Zeeuw, F. (2009). *De engel uit graniet. Perspectief voor gebiedsontwikkeling in tijden van crisis*. Delft: University Press.

Kotler, P., Armstrong, G. and Wong, V. (2008). *Principles of marketing*. 5th revised edition. New York: Pearson Education Limited.

9 金融工程

鲁本·胡梅尔斯（Ruben Hummels）和桑德·德·克莱克（Sander de Clerck）

9.1 简介

实现地区开发项目的前提是必须在商业上可行。这意味着至少所有产生的成本都应该从收益中收回，并且有足够的风险防范措施。在地区开发项目中，这不是一项简单的任务。大多数此类开发项目都是长期项目，涉及大量且不可预见的风险，投资规模相当庞大。实际上实施这些计划还涉及许多因素的波动，这些因素可能对该计划的可行性产生影响。金融在这些因素的相互关系中扮演关键角色。最重要的是，参与其中的众多公共和私人团体都信服商业方案的合理性。我们把在现实商业方案中各方共同制定可行计划的过程称为"金融工程"。本章将更详细地介绍金融工程的过程。

9.2 各方的视角

财务可行性没有明确的定义。确定项目是否可行的条件因房地产过程所涉及的各方而异，不仅因为各方目标不同，而且因为他们对金融和经济学的知识和理解不同。

专栏9.1概述了各方在方法上存在的一些显著差异，这可能会影响他们对财务可行性的评估。

很明显，公共或半公共机构与私营机构之间存在差异，其中最重要的是账面价值与商业利益之间的平衡。公共机构倾向于考虑历史成本——他们使用账面价值法。这可以归结为政府机构必须非常详细地追溯其支出。从纯粹的商业角度来看，评估只关注未来的价值，毕竟这是唯一可以做出决定的事情。在评估开发项目的可行性时，这些不同的方法可能导致截然不同的结论，如专栏9.2中的例子所示。

各方在风险管理方面也存在明显差异。商业团体强烈倾向于管理和降低风险，而政府机构则准备在社会讨论的基础上接受更高的风险。因此，财务可行性由各方进行不同的解释。随着公私合作伙伴关系变得越来越普遍，了解各方如何看待可行性以及如何协调各种利益和方法愈显重要。

专栏9.1　　　　　　　　**考虑财务可行性的方法**

城市
—从账面价值的角度考虑
—正当理由
—成功
—以预算为导向
—社会福利
—更关注风险

项目开发商
—营业额
—利润
—现金流/回报
—自由资本
—增加的价值
—降低风险

拨款机构
—以预算为导向
—成功
—社会福利
—控制风险

金融家
—利润率
—未来确定性
—分散风险

住房协会
—从账面价值的角度考虑
—运营价值—社会住房担保基金（Waarborgfonds Social Woningbouw，WSW）
—社会福利
—象征性的土地价格

投资者
—价值增长
—运营
—内部收益率（Internal Rate of Return，IRR）
—分散风险

专栏9.2

某方已经以高价（例如800万欧元）获得了一处开发场地。根据目前的使用情况，市场价值为400万欧元。为了更好地重建该地区，必须花费200万欧元才能使其适合建造房屋和住宅。然后可以以 700 万欧元的价格出售土地。没有外部补助金,从财务角度来看,重建是否明智?

否,一位市政官员说,他的答案基于账面价值。我的费用是 800 万欧元 + 200 万欧元 = 1000 万欧元,他只收到 700 万欧元的回报,缺口 300 万欧元。他不能把这个项目推荐给市议会。

是,一个有商业头脑的私营机构说。他可能已经投资了 800 万欧元,但他现在有两种选择。方案 1:他再投资 200 万欧元,获得 700 万欧元的回报。因此,该选项产生 500 万欧元。方案 2:他以当前状态卖出该场地,只收到 400 万欧元。因此,通过重新开发,他可以额外赚取 100 万欧元(假设这超过了重新开发可能带来的额外风险)。

9.3 地区发展的财务结构

关于"价值"的概念有不同的定义,相应就有不同的价值计算方法。这包括计算财务可行性的时间以及计算所涵盖的时间段。图 9.1 显示了财务视角的不同阶段。

图 9.1 地区开发的阶段

特定地区的开发往往涉及复杂的项目,尤其是在内城需要大量的长期投资。复杂的财务结构成为必要条件,并且根据开发的类型,存在广泛的金融风险。同时,需要确定整个地区开发项目的财务可行性。为此要进行土地开发①的计算,强化资金流动性,从而明确项目的财务要求和财务可行性。地价与房地产开发挂钩,而地价的支付由项目开发商基于土地开发的潜力来确定。

---

① 土地开发:是一个生产过程和土地价格形成过程,使土地适合建造房屋和住宅,并能适时在市场上推出。基于开发行为的本质,公共或私营部门的土地开发基本上没有区别:过程本质上是相同的(Wigmans,2002)。

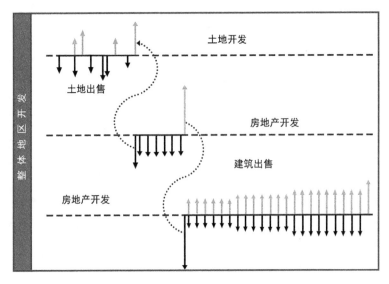

图 9.2　开发地区的现金流量图

房地产开发的财务可行性与涉及的成本和利润相关。对于项目开发，由地区开发者①支付的地价是支出的一部分。其他重要因素包括建造成本、咨询成本、利息支付以及房地产一旦完成出售的预期收益。项目开发还需要有一定的利润，具体取决于与项目相关的风险。

维护阶段涵盖房地产开发完成后的时期。这里的财务可行性涉及初始投资（房地产开发商实现的销售价格）、预期租金收入、维护成本和价格发展。可行性根据（直接和间接的）效率要求计算，该效率要求基于投资的风险概况。

在图 9.2 中，财务结构表示为现金流量图，表达了所描述的关联性。应该指出的是，各方可以在这个过程中承担不同的角色。

这种金融结构的一个显著特征是，在土地开发中通常不考虑任何基于开发风险状况的商业利润。这是因为公共部门历来在土地开发中发挥着重要的主动性。我们也越来越频繁地看到，在土地开发方面，需要考虑基于风险分析的风险防范。

9.4　成本和收益

本节讨论在地区开发的财务分析中应包含的成本和收益。

---

① 原则上，地区开发者的角色由市政当局、一个或多个开发商、公司，或这些各方的组合来执行。

购置成本

在地区开发项目中经常有许多不同类型的土地所有者。除了市政当局之外,当前的使用者(企业、农民等)和开发者通常参与其中。各方在如何使用土地方面持不同的目标,这意味着土地的价值以不同的方式进行评估。对于目前的使用者(他们首先希望延续对土地的使用)而言,会考虑迁移到类似替代地点的成本,以及支付给他们的费用,至少是补偿他们搬迁的成本。试图在地区开发项目中取得战略性地位的开发商,在此类项目中建立了关于成交量和利润的目标。与此同时,市政当局通常具有社会性的目标(例如提升一个地区的空间质量),并相应地评估土地。

考虑到上述因素,土地估价有三种方法:

- 基于当前用途的估值:这涉及目前土地的使用方式,以及它提供的潜力;
- 基于搬迁的估值;
- 基于未来用途的估值:这包括土地未来的定位及其提供的潜力。

在确定收购价格时,必须考虑征收法案。如果获取土地被认为符合公共利益,则土地或建筑物的所有者可能是强制购买规则的主体。在这种情况下,他将得到完全的补偿。在实践中,这相当于购买和重新安置到替代场址的金额,可能会结合"以新换旧"以及新场址对业务运营的影响进行修正。

评估土地的一个重要方面是与土地转让有关的成本。根据具体情况,当土地转手时,应缴纳转让税或增值税(见第9.7节)。

土地生产成本(land production costs)

土地生产成本可以细分为以下几种:

- 拆除成本:包括拆除建筑物和基础设施(包括地下基础设施)的费用。
- 清理成本:清理成本可以细分为调查成本和实际清理成本。是否需要评估土壤污染情况是基于之前的土地用途。
- 考古成本:一般要考虑到进行考古调查的必要性。还应记住,可能会有考古发现,并应考虑到考古发现将如何影响整体的可行性(延误、额外调查、保护措施、改变计划等)。
- 准备场地:这包括使场地投入建设的各种准备工作(Van de Ven,2004)。

- 准备建造住房的场地：这包括使场地为居住环境做好准备并易于管理的各种工作。
- 发展规划成本：发展规划费用主要包括市政府编制发展规划的成本，以及在起草和编制总体规划、城市设计规划时，必须进行的与交通、植物和动物群、水管理等有关的所有研究和调查的成本。还必须根据项目的规模和效应编制环境影响评估报告。
- 准备和实施监控：这是指各方在准备和监控项目实施过程中产生的成本。

基金

开发一个地区的相关成本通常不限于在该地区的改建。在许多情况下，必须在规划地区之外进行改动：这些改动包括对基础设施、水储存、环境区域等的改变。这些改动的费用可以在各种基金的资助下通过地区开发预算支付。典型的例子是开发地区以外的设施基金、基础设施改造和环境基金。这些基金可以看作是一种储蓄计划，可以为这类投资提供资金，虽然这类投资没有直接与地区开发项目相关。

应急方案

地区开发项目通常错综复杂，耗时漫长。土地开发阶段预算包括一个应急方案，随着项目的推进，意外事件发生的可能性也会减少。

出售土地准备建设

土地开发中最重要的收入项目是出售可随时建造的土地。有许多方法可以确定土地的价值（见第9.4节）。通常使用以下方法之一来评估土地的未来价值：

- 账面价值：账面价值通过将历史购买价格的成本进行加总，然后减去折旧因素来确定；
- 土地报价：根据相关房地产类型，土地价值按房地产销售价格的一定百分比来确定；
- 固定地价：根据有关房地产的类型，计算每平方米土地或地块的固定金额；

- 结余地价：在这种情况下，项目开发商根据他必须进行的投资以及开发房地产的潜在收益来计算支付土地的最大金额。

选用哪种方法来确定土地价值主要取决于开发的房地产类型，有时取决于购买土地的一方。

账面价值仅适用于开发该地区的一方没有盈利动机且仅仅因其产生的成本而收费的情况。例如，应用于社会住房机构建造房屋的情况。市政当局经常采用土地报价，以避免对每个项目进行单独的分析，这只适用于易于销售和统一的房地产。

固定地价主要用于社会用途而非商业用途的房地产。在这种情况下，经济价值往往难以确定。结余地价通常用于为商业目的而开发的房地产，因为这可以清楚地了解土地的市场价值。下面更详细地介绍该方法：

结余地价是从项目开发商的角度来看，以他可以为土地支付的最高价格而不影响其商业项目的可行性来确定的。首先估算开发商出售房地产产生的利润，然后确定开发房地产所产生的所有成本。假设开发商具有市场标准的利润率，则通过取两者之间的差值得出土地的价值。利润由房地产的销售价格决定，这可能基于房屋的无附加成本价格，也取决于出租房地产的投资价值。

投资成本

投资成本由以下部分组成：

- 建筑成本：建筑工程的直接成本。
- 额外成本：这包括聘请建筑师、设计师、安装顾问、项目管理的费用，政府征收的费用，联络成本和推广费用。
- 利息费用：将支付各种支出的利息（土地成本、准备费用、建筑成本等）。请注意，在预售房屋的情况下，施工阶段产生的利息通常会转嫁给购买者。
- 一般成本（开发商）：这包括开发商产生的所有成本。
- 利润和风险（开发商）：这包括开发商的利润和风险报酬。

资助

除了销售可随时建造的土地外,资助也可以成为重要的收入来源。特别是(无论是否在城市地区)重建项目的财务可行性在很大程度上取决于外部贡献。对于此类项目,重要的是能够证明项目的投资具有社会或经济价值。

其他收入来源

除了上面提及的类型,还有其他可能的收入来源。其中最重要的是临时出租房地产的收入和来自基金的捐助。

9.5 使项目可行并优化结果

为了使商业方案具有财务上的可行性(或经济上最优),通常需要实施一个或多个优化措施。在开发过程中仔细考虑设计的本质非常重要,以便可以立即纳入此类优化措施。优化措施的几种方式,如下所示:

- 以方案编制的方式:修改方案,例如改变租赁住房和社会住房的比例,或改变商业地产和住宅之间的比例。同样重要的是,不同的房地产类型可以产生不同的回报水平,因为决定成本和潜在收入涉及许多因素。
- 成本质量比:重要的是所追求的质量水平(以及因此的收入潜力)与成本相适应。如果该比率未得到适当平衡,则可采取优化措施来纠正此问题。
- 时间表和阶段划分:通过构建时间表和阶段划分,尽可能早地在过程中产生收入,同时尽可能延迟支付成本,在规划期间可以对资产负债表产生积极影响并使其更容易评估风险状况。
- 停车解决方案:特别是在市中心开发的情况下,停车解决方案对潜在的收益率至关重要。这在很大程度上取决于所涉地点的具体情况(土地的状况、地块划分、布局结构)。创新的解决方案可以节省成本。地下停车场通常是最昂贵的,而它产生的额外收入通常不足以抵消财务支出。

能否实现项目优化受到该项目因素的限制。这些因素包括市场需求、空间要求、政治考虑、征购时机(影响开发时序)等,考虑优化措施的组合及其可能产生的影响非常重要。

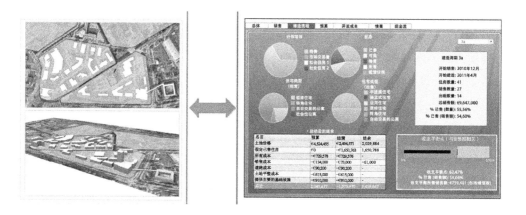

图 9.3 在地区开发项目中计算和绘制

9.6 资本要求和回报

为了使商业方案可行,各方的资金需要量(capital requirements)必须在他们可以获得的资金范围内。毕竟,开发一个地区通常会在项目开始时带来高成本,而收入只会在稍后阶段产生,从而产生"浴缸"曲线。地区开发的资产负债表进度如图 9.4 所示。

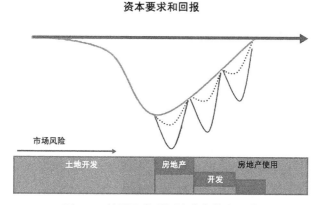

图 9.4 地区开发项目资产负债表进度

在图 9.4 中,黑线表示土地开发阶段的项目资产负债表如何进展。可以清楚地看到,成本是在项目开始时产生的,而回报只是在后期获得。房地产开发和使用阶段(灰色和浅灰色线)的"浴缸"也是可见的。例如,在房屋开发的情况下,必须首先产生成本(购买土地、投资成本),然后才能产生任何收入。虚线表明,如果开发商及时找到买家,可以大大减少筹集资金的需求。

因此,有必要检查各方的资金需要量,因为即使项目可行,必须投入的资金仍然很大。如果多方参与开发某一个地区,则必须使各方的个人现金流透明,以便明确哪一方负责资金需要量的哪一部分。在各方的收益要求中,可以牢记这些融资需要量(financial requirements)的差异。下面简要说明确定土地开发可行性最常用的与收益相关的术语:

内部收益率

内部收益率(IRR)方法是指现金流的内部收益。这意味着利率(折现率)的计算方法是现金流量的净现值等于零,这用于计算投资的净收益。当内部收益大于投资的必要收益时,那么从财务角度来看,该项目可以说是可行的。

必要收益通常根据以下因素计算:

- 对预期通货膨胀水平的补偿;
- 风险补偿;
- 投资差额/递延使用(投资者的"利润")补偿。

预先确定的贴现率

另一种选择是提前确定土地开发的收益要求,然后用这个固定的收益率决定该项目是否可行。如果现金流量的净现值大于或等于零,则该项目是可行的。市政当局经常为此采用与预期融资成本相同的利率,还可以确定加权平均资本成本(weighted average cost of capital, WACC)。

根据这种计算收益的方法,加权资本成本以必要收益率的形式计算。投资资本包括所有者权益和借入资本。利息成本包括在借入资本中,而必要收益率包含在所有者权益中。必要收益率取决于项目的风险状况。

$$WACC = \%EV \times Rev + \%VV \times Rvv$$

EV = 所有者权益　　Rev = 所有者权益的必要收益率

VV = 借入资本　　　Rvv = 借入资本的必要收益率

9.7 财政考虑

税收是地区开发的重要方面。增值税(value added tax, VAT)与财产转让税在这里扮演重要角色。以下是两种税收制度的简要概述。假设两种制度都是补充性的,增值税和财产转让税的债务都不会发生。

增值税

增值税是针对价值创造征收的。增值税税率多种多样,但对于一个地区的开发,适用最高的税率(目前在荷兰为 19%)。图 9.5 给出了在建造过程中增值税链的示例。

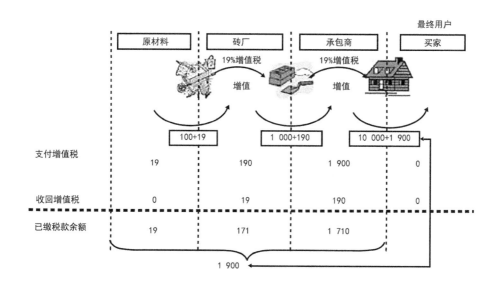

图 9.5 增值税链的示例

如上所述,税收是在创造价值时征收的。一个理解的基点是增值税可以转移。例如,砖厂必须为其增加到原材料中的价值支付增值税,但也要为其自身增加的价值索要增值税。工厂可以使这些项目(一个是成本项目,另一个是收入项目)相互抵消,总计可能无须支付或收回增值税。只有最终用户(本例中的消费者)无法抵消所欠的增值税。换言之,支付增值税的是消费者(最终用户)。

房地产的转让和租赁不承担增值税的义务,但有一些重要的例外:

- 转移准备建设的土地;
- 新房地产的转让(见图9.5中的增值税链的示例);
- 租金征收增值税的可能性,前提条件是租户开展的活动中有90%需缴纳增值税。

还有许多其他情况(例如当建筑物是空置或正在修复时)过于复杂而无法在这种背景下处理。

财产转让税

如上所述,房地产转让不需要缴纳增值税,但这并非意味着无须缴纳税款:房地产[①]转让需要缴纳财产转让税。这包括征收6%的购买价格(市场价值)。此规则也有许多例外,但它们超出了本书的范围。

9.8 风险管理

地区开发项目中的风险管理正受到越来越严格的审查。特别是城市地区的项目高度复杂,财务透明度变得越来越重要,其中一部分工作是要强调和计算风险。

风险管理旨在识别风险,并在必要时制定旨在维持或改善财务状况的措施。通过计算风险成本,明确应该保留哪些应急储备金,以便能够应对这些风险的财务影响。同时,应考虑风险之间的相互关系,例如,要减少套期保值(hedging)的风险影响。但除风险外,还有机会。风险管理一个重要特征是,它并非一个单一的行动,而是一个持续的过程。因此,风险管理应成为决策周期的一个组成部分。

风险清单

清单

已知风险的清单是基于以往类似(或其他)项目的经验制定的。然后,使用

---

① 土地,尚未开采的任何矿物,与该土地有关的任何植物或作物,以及与该土地建立了联系的任何建筑物或房屋,无论是直接地还是通过与其他建筑物或房舍的连接,都是不动产("民法典"第3:3条)。

与项目相关的信息,清点特定项目的风险。清单是一个动态列表,可以在开发项目过程中添加或删除风险。清单上的风险分为不同的风险组。

风险矩阵

风险矩阵是从不同角度展示项目的各个方面,可用于系统地识别任何风险。项目的各个方面可以根据活动、阶段、预算项目、开发地区或产品进行细分。可以从风险组或利益相关者的视角来探讨各种角度。

SWOT 分析

SWOT 分析涉及识别内部优势和劣势,以及外部机会和威胁,它们在矩阵中一起突出显示。然后通过将内部优势和劣势与外部机会和威胁联系起来,制定风险战略。

风险评估

风险映射

风险映射是通过量化风险的可能性和后果,将这些因素叠加来确定风险的优先顺序。进而根据优先事项和以这种方式显示的效果制定相关的控制措施。

敏感性分析

敏感性分析用于说明各种风险对项目资产负债表的影响。通过在运营计算中单独处理风险(例如,较慢的销售率或额外成本增加的影响),可以识别每个风险对项目资产负债表的影响。然而,这种风险分析方法存在许多缺点。例如,风险之间的相关性不包括在分析中,也没有对风险实际变现的可能性进行定量评估。概率评估只能在定性评估的基础上进行(参见风险映射方法)。

情景分析

情景分析是敏感性分析的后续步骤。使用此方法,运营成本计算中包含多个情景。这些情景包括可能发生风险的逻辑组合(例如,悲观情景和乐观情景)。结合各种情景,可以比较项目资产负债表。通过组合不同的风险,可以考虑它们之间的相关性,它提供了比单独的敏感性分析更真实的情况。

蒙特卡洛(Monte Carlo)分析

蒙特卡洛分析是一种统计模拟,通过大量模拟评估清单上的风险进行分析。它还可以比较可能存在的风险以及它们之间的相关性。该分析的最终结果包括概率分布,在此基础上可以将预期项目资产负债表中的特定范围(例如,介于-5 000 000 欧元和 3 000 000 欧元之间)连接到特定级别的概率(比方说,95%)。

风险控制

在对风险进行盘点和评估之后,非常重要的是制定控制措施以使风险状况与风险承受态度保持一致。在实施这些措施后,必须评估控制措施,看它们是否具有预期的效果。

控制措施可以细分为四类,如图 9.6 所示。

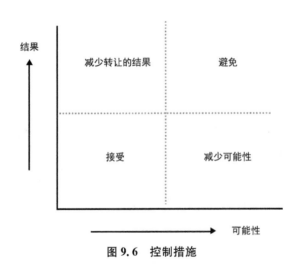

图 9.6 控制措施

9.9 开发策略

一个地区的发展是一个经年累月的过程,必须考虑到不断变化的市场环境。这些市场变化的原因可能是暂时的(十五年后,当该地区的最后一部分正在开发时,市场会是什么样子?),但也可能与未预见到的市场竞争有关。因此,创建和保护开发所能提供的独特性非常重要,并且拥有独特的概念可以明确地吸引特定目标群体。通过在早期明确这一概念,清楚地描述并在整个开发过程中坚持该概念,将会创建一个具有显著内聚力的地区。概念的形成可以涉及建筑、公共空间的设计、可持续性或建造管理。具有独特概念的地区开发示例如下:

- 赫尔蒙德(Helmond)的布兰德夫特(Brandevoort):参考传统建筑单体,提前确定建造规范,与现有景观保持协调;
- 海尔许霍瓦德(Heerhugowaard)的太阳之城(Stad van de Zon):一个寻求碳中和的住宅区,例如,将太阳能作为建筑和地块规划的标准;
- 鹿特丹的拉梅蒂(La Medi):位于鹿特丹的地中海式住宅区,建筑设计是基于预设规范进行变化。

图9.7 赫尔蒙德(Helmond)的布兰德夫特(Brandevoort)

灵活性

如上所述,重要的是要设计一个清晰的概念并坚持下去。但是,为了能够应对不断变化的情况,还需要灵活性,主要体现在以下方面:

- 方案:必要时,应该可以使方案适应不断变化的市场环境;
- 质量:与质量标准相关的灵活性也是必要的,一方面能够应对质量需求的变化,另一方面能够控制成本;
- 时间表和开发时序:变化的情况可能意味着必须修改时间表和开发时序。

以上几点说明了在需求和供应方面认清市场的重要性，以便制定发展战略。在开发项目期间经过反复调查，制定一份与时俱进且可靠的市场分析，对于任何地区开发项目的成功都至关重要。

风险与控制

在决定开发策略时，一个特定当事方力求发挥的作用，无论是促进还是参与，以及它准备承担风险的程度，都是至关重要的。换言之，这是在风险和控制之间找到平衡的问题。从地区开发者的角度来看，有四种不同类型的开发策略。

设置规范

在这种开发策略下，地区开发者（通常是某个市政当局）选择促进角色，通过设置规范来影响规划的编制。该策略具有低风险，只需要适度的投资。私人方负责项目并承担风险。进展取决于私人投资方的意愿。

激励

对于这种策略，地区开发者需要发挥有限的积极作用，其中重点仍然是促进。然而，通过温和的"刺激"，地区开发者可以在项目的运行中获得更大的发言权。例如对于小型收购或小规模房地产开发，地区开发者希望这些适度的投资将成为催化剂，激励私人团体采取行动。

分期开发

地区开发者在此策略中扮演着积极和促进的角色。开发项目的每个阶段都是单独处理的，开发者不会回避进行任何必要的投资（例如以收购的形式）。因为是分阶段投资，市政府的风险也只限于每个分期的阶段。

全有或全无

这一开发过程需要积极参与，并承担所有相关风险。目标是开发一个整体地区，通常在流程开始时进行重大投资，具有高风险。一旦该过程开始，通常无法返回。

各种开发策略如图9.8所示。它还强调了地区开发者所起的作用（促进或投资）以及规划资产负债表的进程。

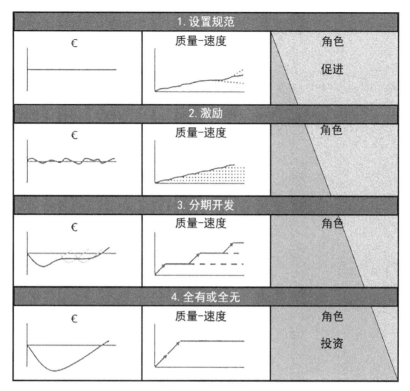

图 9.8 开发策略

9.10 结论

本章涉及的金融工程内容结合商业案例形成了评估框架,在该框架内回答了地区开发项目是否可行以及风险是否得到充分涵盖的问题。这不仅关注财务和商业可行性(成本与收益),还关注健全的发展策略(独特性、概念的形成、阶段性)以及相关各方应如何合作。同时,有必要考虑不同利益相关者在地区开发项目中所持有的各种利益、立场和方法。

参考文献

Van de Ven, F.H.M. (2004). *Beter bouw- en woonrijp maken. Een verkennend onderzoek naar het bouw- en woonrijp maken in de Nederlandse praktijk en de problematiek rondom wateroverlast op de bouwplaats*. Delft: University Press.

Wigmans, G. (2002). *De grondexploitatie*. Delft: Publicatieburo Bouwkunde, TU Delft.

10 定量城市管理手段

彼得·巴伦德斯(Peter Barendse)、舍尔德·W. 比杰莱德(Sjoerd W. Bijleveld)和彼得-保罗·范·龙(Peter-Paul van Loon)

10.1 简介

城市地区开发量化管理工具的主要目标(也称为定量城市设计和决策技术)是利用现有知识体系(一般涉及城市地区,特别是开发中已知的因素)来塑造并计算决策服务中的某些目标。定量管理工具使用计算机技术的计算和可视化能力,对城市地区开发技术和物理方面的内容进行设定。一些量化管理工具还明确考虑了城市开发决策的社会和政治方面,它认识到这些决策在城市设计和规划中发挥的重要作用,这是一项主要以模糊性、不确定性、风险和权衡为特征的活动。它还认识到这些决策本质上是复杂的,因为它们涉及多个参与者。(Chen et al.,2006;Binnekamp et al.,2006;Van Loon,1998;Van Loon et al.,2008;Teisman,1998)

本章通过引介一些用于构建设计决策过程的工具来介绍管理的工具性视野。我们涵盖了一些现有的城市量化管理工具,尤其侧重城市地区开发的两种定量管理工具:城市决策室和地区再开发设计优化实际投资计算(Real Investment Calculator Area Redevelopment Design Optimisation, RICARDO)模型。它们由房地产和住房系(代尔夫特理工大学,建筑学院)的城市地区开发小组成员开发和应用。该小组的研究重点是城市地区开发的协作方式。他们一直致力于解决城市地区开发中的专业人员在制作设计信息、量化设计决策以及将冲突的利益与解决方案相结合时遇到的问题。多年来,该小组在实践中与学生和同事进行了各种实践和理论实验。这些实验侧重城市开发团队应如何以及在何种条件下共同努力实现最佳发展的问题(Van Loon et al.,2008)。

10.2 决策过程理论

在每个面向生产的组织中,管理是伴随"流程处理"和"支持服务"的一项独立活动。这些活动中的每一项都与自身在组织内的职责范围有关。"流程处理"涉及(原始)材料的输入,材料在过程中的转换以及制造产品的输出。"支持服务"涉及人员和资源的供应和维护,不仅包括维护服务,还包括设备采购、员工招聘、培训等。管理要协调各种"流程处理"活动,协调"支持服务"与"流程处理",最重要的是,协调所有内部流程与环境的关系(In't Veld,2002:200-201)。

管理也可以基于其两个主要组成部分进行描述,即协调和控制。协调是指把不同个体的活动和决策连接起来,从而将特定的工作作为一个完整的实体进行。协调通常基于工作过程中的责任分配。控制是将过程引导到所需的方向,主要是纠正各种错误。

一般而言,经过良好管理的流程是使结果与预期值和特征保持一致。管理确保流程朝着这些结果发展。将此表达为一个简单的控制模型,管理机构确定了在处理和支持流程中需要哪些干预措施,以获得具有特定值的输出。如图10.1所示。

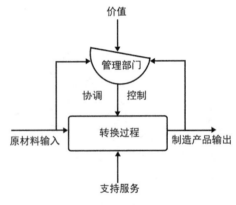

图 10.1　流程管理

(资料来源：In't Veld,2002: 47)

一开始,城市地区开发的结果是模糊不清的,因此对这一过程的管理主要侧重对结果的阐述(决定最终的设计)。此外,由于一开始并不完全知道规划流程将如何建立,管理层还必须对其构建和调整,包括阶段划分的变化、任务的重新分配、阶段之间的联系等。

关于决策理论的文献提到了许多方法来实现设计决策过程的有效建构和良好的设计决策结果(Van Loon,1998)。在这一点上,我们将简单地阐述构建设计决策过程的一般框架,使用赫伯特·西蒙(Herbert Simon)于1969年设计的模型进行决策。他的模型很简单,也因其简单而闻名。

图 10.2　决策过程的阶段

（来源：Simon，1969）

使用分阶段决策原则，可以进一步划分每个阶段。换言之，每个阶段的过程都可以分成一系列逻辑模块，并且每个行动（$a_1 - a_4$）之间都需要进行决策（$D_1 - D_4$）(见图 10.3)。

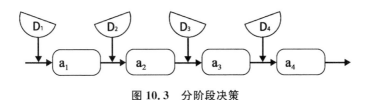

图 10.3　分阶段决策

把分阶段决策纳入城市规划师的工作结构，如图 10.4 所示。该图现在包括信息收集和决策，设计行为和决策，以及选择行为和决策。城市规划师认为，分阶段决策必须多次进行，以便有大量可行的替代解决方案。这对于为领导和用户提供多种选择，并为他们提供最佳解决方案而言是必要的："优化意味着找到所有可能方案中的最优一个。"(Faludi，1973：96)

实际上，设计决策过程的管理由不同的人执行：项目负责人，他通常也是主要项目设计者之一；协调小组，每个人都来自该项目的一个主要学科；一个或多个独立经理，他们只关注规范活动和决策，而不关心项目的内容；一个选举出来的代表作为主席，从一个相对中立的立场引导这一进程。

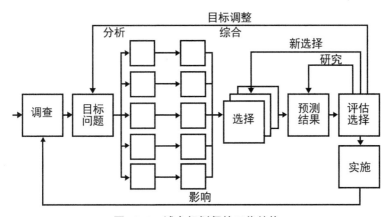

图 10.4　城市规划师的工作结构

在过去，管理的方式在很大程度上是机械式的：领导者确定政策，协调和控制执行政策所需的行动。随着时间的推移，这已被民主方法所取代：领导者提出各种建议，并与他的下属就影响他们的决策和他们应该采取的决定进行协商。

在城市地区开发中，必须采用民主的管理方法，但只靠民主是不够的。有必要更进一步，需要与实施项目的人进行公开讨论，但项目负责人必须把他们放在一个平等的地位。唯有如此，管理才能体现出城市规划过程中平等的一面。使用"方法论的个人主义"(Methodological individualism)[译注：方法论的个人主义(Methodological individualism)又称个人主义方法论，是一种哲学的研究方法，将社会的发展看作是许多个人的聚集（整体上是个人主义的一种形式），以此解读和研究许多学科。在最极端的形式上，方法论的个人主义认为"整体"只不过是"许多个体加起来的总和"(原子论)。方法论的个人主义也被称为"化约主义"(reductionism)的一种形式，因为它的解释方式是将一个大的实体化约为许许多多的小实体。值得注意的是，方法论的个人主义并不一定代表政治上的个人主义，尽管许多使用方法论的个人主义的学者，如弗里德里克·哈耶克(Friedrich Hayek)和卡尔·波普尔(Karl Popper)也都是政治个人主义的支持者。——引自百度百科]概念作为组织间的(inter-organisational)城市规划的基本前提，项目负责人只有在其任务和决策领域中才能识别出自己(Van Loon, 1998)。

这种既平等又具有个体决策能力的运作，是管理城市地区开发进程的有用方式，具有政治行动的特征，即面向整体的行动，朝着合作谈判和民主决策的方向发展。在政治科学中，对政治过程的管理(控制)有两种相反的解释(Van Loon, 1998)。第一种解释是，在一个社区(一个社会或一个组织)中，对一般事态和社区的未来总会有一些成员漠不关心。因此，作为合格代表的一些专家型领导必须对整个组织负责，并且必须指出什么是最好的、目标是什么。第二种解释假设社区的每个成员都对该社区有一些兴趣，因此将表现出对整体的兴趣。所有决定均由社区成员共同决定。当然，会有一些人或一群人处于特殊的权力地位，这使他们能够为其他人做出决定。但没有人事先知道什么对每个人是最好的。

根据第一种解释对决策过程的管理是为了聚焦于一点：领导者做出的选择是最理想、最佳的。这可以通过一系列中间步骤完成(见图10.5)。

在第二种解释中，管理层旨在实现合作，从中可以在几个方面"自发地"产生结果:每个人都有所贡献,并形成联盟。这产生了一个关系网络(见图 10.6)。

在设计方面,第一种解释意味着试图找到一种整合的、具有约束力的概念。第二种是基于这样的考虑,即不同想法的各种组合都是可能的。第二种解释与城市地区开发的本质形态最为一致。在实践中,将出现这两种极端的各种组合。

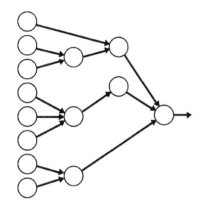

图 10.5　针对单方面的决策

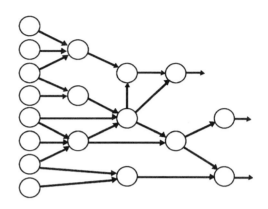

图 10.6　针对多方面的决策

10.3　定量城市管理工具概述

以下是对城市地区开发定量管理工具的选择性概述:选择的依据是城市地区开发中管理和(多方参与)决策的直接相关性,以及模拟和分析实际城市开发过程中的相关性。本节之后是对两个工具的回顾:城市决策室(Urban Decision Room,UDR)和 RICARDO。它们与其他定量工具相关。

这里没有足够的篇幅来深入讨论下面列出的每种工具。在互联网上搜索工具的名称或首字母缩略词,可以获得更多信息(Heurkens,2008)。

支持多方行动者城市决策的城市管理工具

这些工具用于准备和支持在一个行动者联盟中做出的决定。它们演绎和模拟了地区开发的实际过程(规划和设计),从而能够对具体的城市用途和对象做出决策。它们主要在建设过程的初始阶段中使用,其中一个重要的作用是分析不同主体的目标和利益。

- 城市决策室(UDR)。

- 基于偏好的城市设计(Preference Based Urban Design,PBUD)。
- 可持续决策。
- 决策的后果(Cosequences of Decisions,CODES);
- 情景规划。

应用于城市设计的城市管理工具

这些工具用于城市设计。当城市管理者必须找到综合解决方案并使其适应各种条件时,他们面临着艰巨的任务。城市设计工具可以缓解和促进这项任务,这些设计工具在启动和规划阶段特别有用,此时该地区城市组织的设计已经形成。

- 战略性红绿蓝灰(Strategic Red Green Blue Grey,RGBG)模型;
- 地图规划师4/多准则地理信息系统(Maps4 Planners/Multi-Criteria GIS, M4P/MCA GIS);
- 智能地图/设计地理信息系统(Smartmap/Ontwerp GIS,SM/OGIS);
- 空间密度分析工具(Spacemate);
- 环境最大化模型(Milieu Maximalisatie Model,MMM)(Environmental Maximisation Model);
- 整体选址开发(Integrale Lokatie Ontwikkeling)(Integral Location Development)ARIAD。

以过程为导向的城市管理工具

这些工具适用于城市开发过程的建模,这些过程可能非常棘手,难以管理,并且存在极大的不确定性。流程管理者尝试通过利用特定工具来限制这些不确定性:

- 动态参与者网络分析(Dynamic Actor Network Analysis,DANA);
- 动态参与者网络导向和控制(Dynamic Actor Network Steering and Control,DANSC)。
- 流程加速器(ProcesVersneller,ProVer)(Process Expeditor);
- 城市战略(Urban Strategies)TNO。

基于成本与效益的设计管理工具

这些工具由模型组装而成,用于计算和估算地区开发计划的可行性。有些

工具使用户能够同时进行设计和计算,并更清楚地了解规划改变的财务后果。以下工具属于这一类:

- 地区再开发设计优化实际投资计算(Real Investment Calculator Area Redevelopment Design Optimisation,RICARDO)IGOMOD;
- 战略性地理信息系统(Strate GIS);
- 城市发展项目财务状况信息软件 Pagoni。

10.4 城市决策室

城市决策室(UDR)是代尔夫特理工大学建筑学院在城市设计和规划学科中,教学和研究的传统。UDR 软件是教师开发的新设计和规划方法之一,具有自己的特定功能。UDR 专门针对城市规划实践中的决策过程,特别是复杂的城市地区开发项目(Van Loon et al.,2008)。①

图 10.7　城市决策室

基本上,城市决策室是一个交互式计算机模拟系统,可由多个行动者同时使用,以模拟复杂规划决策可供选择的结果。通过这种方式,可以在多个角色设置中以交互方式准备当前城市问题的具体规划决策。UDR 是一个基于相关城市地区数字决策支持模型的仿真系统。该模型包括基于决策的多角色城市设计议题演绎以及所考虑的城市物体(建筑物、街道等)的数值/几何演绎。由于每个城市地区开发问题都有自己的决策结构,因此针对每个问题构建了一个特定的数字 UDR 模型。

交互式 UDR 会议的行动者被要求(从他们的学科角度)为城市设计问题提

---

① UDR 用于实际研究,但也服务于代尔夫特理工大学的教育目的。

供具体的解决方案。将特定用途的偏好、地块的数量等输入到模拟模型中,然后使用计算机网络来计算所有行动者偏好的"通用解空间"。通用解空间表示所有行动者"个体"解决方案的重叠区域。

"通用解空间"被投射到中央屏幕上。这一结果通常为进一步讨论和磋商提供了基础,之后可以举行上述另一轮讨论和磋商。与传统设计团队相比,非专家也可以参与 UDR。

具有群体决策室结构的城市决策室

在结构方面,城市决策室(UDR)类似于群体决策室(Group Decision Room,GDR)。这两个软件程序都是交互式的,涉及几个人聚集在一个有几台计算机的房间里(见图 10.7)。计算机网络使行动者能够相互沟通相关主题,该软件计算正在讨论的问题的结果,并在每台计算机屏幕上显示。这些结果可能成为进一步讨论和谈判的基础。

UDR 支持必须在具体城市规划层面做出的决策。这意味着 UDR 的行动者不会被要求提供理想化的政策主题愿景,而是被要求为城市地区提出具体的解决方案。为了能够计算出一个通用的结果(参见下面关于通用解空间的部分),在 UDR 中结合相关模型语言使用一个模型作为底层的技术结构,在这个结构中,由算法规则推出最终的决定。

城市决策室作为一个以目标为导向的城市设计和规划团队

如前所述,UDR 涉及将参与城市发展规划过程的人聚集在一起。这些人可能与地方当局有联系,例如城市规划师、经济规划师和项目经理,而其他人可能来自私营部门,如项目开发商或半私营部门(如住房公司)。用户的代表(现在和将来),例如居民协会也可能被邀请参加 UDR。

UDR 的出发点是把各行动方针对开发地区的愿景与知识,转化为磋商优选项与限制条件。然后同时和交互地将这些偏好和约束输入到 UDR 中,而不是像传统设计团队那样依次处理它们,其结果不是规划的变体,而是一个通用解空间:一个解决方案空间,在该空间内可以有一组不同的优选项是具有可行性的。换言之,UDR 是寻求最终和共同目标的支持工具,而不仅仅是个别团体的目标提供者。

在 UDR 中,目标构建过程如下：UDR 的不同人员根据他们各自的偏好(偏好是个体的条件与利益的表达)提出了待开发地区的解决方案或子解决方案。理想情况下,所有个人偏好的总和是最终的联合目标。然而,在城市规划实践中不会出现这种理想的情况：换言之,将目标集中为一个,并能够公平对待所有条件是受到限制的。因此,应该尝试集中精力寻求尽可能包括上述条件的解决方案。但找到这样的解决方案并非易事：毕竟,有各种替代方案和各种解决方案的组合。为此,UDR 寻求创建一个解决方案空间,在该空间内应找到最终解决方案(等于联合目标)。

例如,如果子解 A、B、C 组合在一起,则如模型所计算的,三个都可以容纳在解决方案空间中。但是,如果子解 A、B、C 的簇群与子解 D 组合,则计算表明解空间的外部界限(给定各个条件)已被超越。因此,子解 D 不能与 A、B、C 组合。如果子解 D 要让各个行动者接受,那么需要就个人偏好和条件进行一些协商(见图 10.8)。约束条件的潜在转变可导致子解 D 成为解空间内的解决方案。在图 10.8 中,每个子解决方案是变量 X 和 Y 值的特定组合(Duerink et al.,2009)。

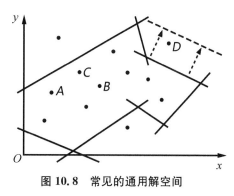

图 10.8 常见的通用解空间

UDR 系统的背景和管理观点

在过去十年中,参与城市开发项目的各方,尤其是城市规划师、建筑师、城市决策者和投资者,都面临着建筑设计和城市土地利用规划的变化,并达成与之相关的决策。城市地区综合开发决策过程中的各种发起者将这些变化与更多的结构性社会变化联系起来,这些变化与社会决策的日益复杂化以及在我们高度发达的社会中,日益增长的经济和社会的动态有关(Van Loon,1998)[1]。这些变化导致社会的可管理度降低,在城市发展过程中所涉及的各方行动者,其作用及战略行为需要进行必要的改变。他们现在更倾向于把握机会而不是管理流程,更

---

[1] 参见：泰斯曼(Teisman,1998)；维格曼(Wigmans,1998)；德·布鲁因等(De Bruijn et al.,1999)；贝克林等(Bekkering et al.,2001)；罗特曼(Rotmans,2003)。

多地面向子解决方案的组合而不是控制系统。

换言之,城市开发中传统的,通常是分层的规划和决策方法已经转变为多中心决策的舞台,多方行动者互动规划,行动者和参与组织之间相互依赖,最终结果的不确定性和不断变化的合作伙伴关系也改变了政府的指导作用。政府曾经是分层规划系统的核心,但现在必须采取合作伙伴关系的立场。规划提案在开发过程中的角色也在发生变化,变化的不仅是内容,而且是与规划有关的决策达成的方式。这种不断变化的规划和决策实践必须考虑到周围的社会动态。将社会动态纳入规划过程意味着让行动者认识到(或必须认识到)所谓的"非内容驱动"方面,例如他们需要了解彼此采取的立场,或如何监督进展或如何做出决定。规划和决策过程中所有这些互动和过程导向的方面形成了新的管理和组织领域（Wigmans et al.,2004)。发展规划、流程和转变管理方面的理论和概念形成应以此视角看待。目前研究这些主题可能为时尚早,但它们共同构成了 UDR 系统发展的背景。

上述可管理性的下降导致了引导和管理城市地区开发的任务发生改变。我们认为,这项任务不再只由土地利用规划和总体规划等单边的、等级性的文件支持。在地区开发过程的互动领域,除了这些传统的规划方法还需要其他方法:这些方法被拗口地描述为,以非中心主义、非等级制的多行动者视角,在城市子解决方案的组合中寻求最优的方法。

这些议题构成了 UDR 系统内城市管理方法的基础,该方法基于这样一种观点,即未来的地区开发问题将以综合方式处理,相关各方将相互依赖并代表不同的立场,同时享有平等的尊重。这些想法已经被系统性和技术性地转译,并且已经开展了实验。

城市决策室系统的结构

UDR 的计算结构包括多个计算机①的网络,每个计算机连接到其他计算机,以及中央计算机。数字模型位于中央计算机上,分阶段建立了一个联合解决方案(数字城市规划)。在 UDR 中,仿真会议由各方行动者提供自己的方案开始。这是寻找如何开发特定地区的联合解决方案的第一步。行动者根据他们自己的

---

① 例如,UDR 海斯哈芬(Heijsehaven)有 8 台计算机,这是一个将空置港区改造成鹿特丹市新住宅区的项目(Van Loon et al.,2008)。

观点提出与规划有关问题的子解决方案,以及这些子解决方案组合的提议,所有这些都是实现一个联合规划的一部分。一系列重复的交互式规划提案和决策最终使其有可能实现一个群组解决方案。通过在顺序仿真中一致地重复这些步骤,将创建一个结构化的决策过程。为此,UDR 可以被视为一个互动规划的舞台(见图 10.9)。

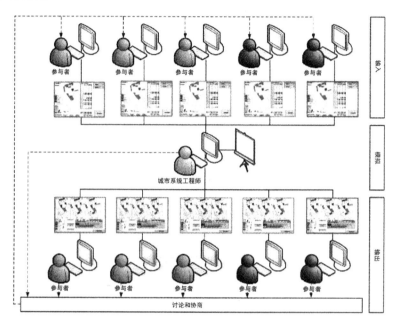

图 10.9 UDR 系统分阶段的图解表示

在此过程中,中间阶段、选项和不可行性以可视化的方式(使用中央计算机)投射到每个人都可读的屏幕上。这使行动者能够看到他们与其他各方进行交互式讨论所需的信息,并进行协商以找到解决方案。来自不同学科和代表不同利益的各方,共同通过交互式工作过程产生最佳解决方案。这使得 UDR 成为一种可操作的工具,可以根据城市规划的实质以及城市决策过程,使多元的理念和利益,以及涉及的多方权力关系在技术上可见。

UDR 系统的一个基本假设是,权力关系的可见性具有实际意义,并且在规划的磋商过程中是有效的。这些权力关系被表示为规划决策所必须依赖的变量值,与此同时,软件可以计算出替代选项。对磋商的实证研究表明,有些情况下,这种可见性是无效(Fisher et al., 1983; Mastenbroek, Van der Meij, 2007)。为了在 UDR 系统中准确地表示这种情况,可以将某些决策变量设置为可见或不可见(见图 10.10)。

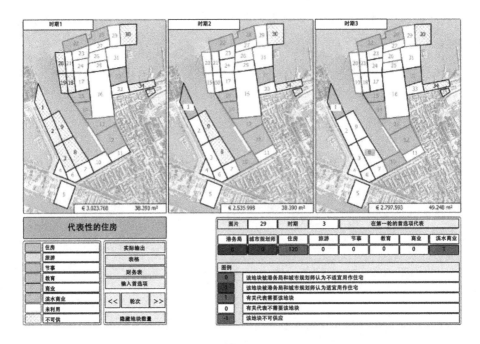

图 10.10　鹿特丹 Heijsehaven 住房的输出屏幕
(第 1 轮后的小组结果)

10.5　RICARDO

RICARDO 是"地区再开发设计优化实际投资计算"(Real Investment Calculator Area Redevelopment Design Optimisation)的首字母缩写,是地区开发的设计和计算工具。RICARDO 并未对整个地区开发进行建模,而是对各个重要方面进行建模。得益于用户界面,RICARDO 已发展成为一种工具,使用户能够在地区开发的城市规划概念形成阶段,描绘不同概念财务结果的综合图景。在 RICARDO 中,集成意味着将相互联系的概念可视化,房地产开发、土地开发和地区开发阶段相互关联。换言之,城市规划草案为土地及房地产与时间相关的成本-效益计算提供了数据。RICARDO 的优势在于设计和计算的整合(Bijleveld, Wigmans,2004)。

根据我们的经验,无论何时开发或重建城市地区,参与者通常都希望在尽可能早的阶段清楚地了解规划的财务可行性。在早期阶段进行的计算通常基于该地区应该或可能实现的用途,以及与这些用途相关的土地开发潜在成本和效益,进行非常粗略的数据假设。然而,许多关于房地产开发的假设是秘而不宣的,并且它们被计算土地和房地产开发的规则所掩盖。这种情况不利于透明度——这对社区,特别是有关利益群体至关重要,尤其在第一次探索地区发展的潜力时。此外,它涉及巨额资金——主要是公共资金。

在最初尝试估算财务可行性和相关风险时,那些计算使用的数据没有任何设计或城市愿景的基础。在我们看来,这是一个严重的缺陷,可以通过使用城市规划(或某些形式的城市规划)作为财务和经济计算的输入数据来解决。这种方法将更清晰地描绘出计算所依据的具体规划。为了得到准确的计算结果,需要对开发地区内的土地和房地产开发有清晰的认识和了解。深入了解土地与房地产开发之间的关系非常重要,特别是在结余地价技术方面,[①]这种技术通常由专业人员使用。

地区开发除了要重视城市设计愿景草案、土地开发、房地产开发的关系外,另一个关键因素是时间。开发项目可能需要十年、十五年或更长时间。这是一个很长的时间跨度,通货膨胀和利率的长期趋势以及成本和收益的上升和下降,不可避免地会对财务结果产生深远的影响。正确的解决之道是使用者能够在地区开发中区分不同流程,例如土地收购、建筑准备以及房地产的建设和销售。换言之,它必须显示在特定时间点的某些过程中。

最后,为了让那些在地区开发过程中,对城市规划或经济规划方面缺乏经验的参与者更清楚地了解实际情况,该工具应该提供三维建模。规划的三维表达可以极大地增强沟通。以这些目标为出发点,代尔夫特理工大学的房地产和住房系开发了 RICARDO。与 UDR 相同,RICARDO 服务于代尔夫特的实际研究和教育目的。

成本意识设计

RICARDO 完全符合成本意识设计的传统,这是一种在代尔夫特理工大学建筑学院开发的方法,以响应 20 世纪 80 年代中期对欧洲注册建筑师要求的修订,建筑师要求了解建筑成本和建筑经济学知识。成本意识设计最初在建筑层面运

---

① 在给定净营业收入和重建结果价值的情况下,估算土地价值的方法见第9章。

行并且集中在投资成本上,近年来已经扩大规模。它现在在地区层面运行,并已扩展到包括产出计算和设计工具。所有这些都是在RICARDO(Gerritse,2008)中建模的。

实施RICARDO

RICARDO使用电子表格程序(spreadsheet program)。鉴于对可靠的财务经济计算的需求不断增长,在地区开发设计过程的启动阶段确定项目的财务可行性似乎是合乎逻辑的选择。但通常,在项目的早期阶段,甚至没有明确定义的规划,更不用说成熟的设计了。通常计算必须基于概念或草图设计。草图设计可以使用简单的计算机设计工具制作,不需要功能强大的计算机辅助设计(Computer Aided Design,CAD)软件。另一方面,确定财务可行性的计算(部分是因为该领域的知识增加)确实需要强大的计算软件,如Microsoft Excel(微软公司的电子表格软件)。因此,满足可靠设计计算需求的工具由简单的设计工具和强大的计算工具组合而成。由于Microsoft Excel可以满足这些需求,因此它被选为RICARDO的应用平台。Microsoft Excel的另一个优点是它具有内置的编程语言,可以在一个应用程序中实现用户友好的设计和计算集成。

RICARDO的创建原则

RICARDO是在结合不同视角的基础上发展起来的。一些视角涉及内在要求,其他视角涉及技术可行性,还有一些视角涉及社会期望值。RICARDO还纳入了关于建模在决策制定过程中的作用和相关管理议题的想法。以下段落概述了开发RICARDO最重要的特征。

一个重要的前提是该工具在地区开发初始阶段的适用性。工具必须能够在设计和计算方面正确解释这一阶段。灵活性是另一个重要特征,因为地区发展的方向必然会随着深入了解而发生变化。用户必须很容易地根据不同的场景来表示和计算变化的形式。

过去,地区开发的财务结果是基于评估住宅密度、住宅类型、平面要求和绿地等关键规划要素的粗略数值计算得出,或者是基于城市规划公司或设计师的设计草案和概念。部分原因是缺乏合适的工具,适合计算机的辅助设计方法应该与城市规划师为项目进行初始设计的方式相适应,城市规划师通常不会自己计算规划。如今,这些计算是用相当复杂的模型进行。RICARDO 旨在通过与城市规划师的实践相结合来弥合这一差距。此外,设计的表达或沟通效益的可视化需要具有如此高的质量,以至于它可以作为决策的唯一基础。

在实践中,地区开发的计算通常由各方进行。因此在某种意义上,例如当各方在披露其财务计算方法和单位价格假设时,通常很难获得透明度。RICARDO 的目标(也许是理想的)是使这一过程透明和开放,从而为特定地区开发的所有利益相关者带来更令人满意的结果,不仅在财务方面,而且在空间质量方面也是如此。

RICARDO 的结构

RICARDO 的开发符合上述目标。下面简要介绍了如何将组件制作成为工具,特别强调设计组件和计算组件:

设计组件

当前版本的 RICARDO 设计组件有四个层次的细节,与城市设计的层次并行。这些级别在抽象程度上递减。在最低(第四)级别,用户绘制对象的实际形式。对象通过三维表达,显示为具有特定高度的建筑体量,平面(道路、人行道、停车位等)被绘制为具有特定长度和宽度的对象。在第三级别,用户绘制土地"细分"。每一个细分单元由一系列独立的宗地和一组固定的对象组成。固定的对象包括道路、停车区和公共(邻里)绿化,具有特定功能的建筑结构位于一个宗地之上。每个建筑结构由一个或多个对象组成,例如五层建筑,每层有四套公寓。计算细分单元(segment)的宗地,基于每个宗地有 20 套住宅或其他对象。"细分单元"一词的选择与 RICARDO 的应用技术相关联。用户可以根据所需功能使用细分单元来标记开发地区。用户还可以把所有细分单元合并一起生成三维图像,结合最低级别可以在三维中生成相当准确的城市规划设计表达。在第二级,"组团"可用于指示规划地区中特定功能的位置。这产生了组团规划,这是城市设计中的一种常见技术,用于在开发地区中相对快速地分配功能。不同的功能由不同的颜色或图案表示。在最高抽象级别,用户可以绘制一个代表多个功能的组团。这个组团中不同功能之间的定量关系以百分比表示。

计算组件

RICARDO 根据设计数据计算土地和房地产开发的成本和收益。计算组件由三部分组成：第一部分是土地开发的计算，第二部分是房地产开发的计算，第三部分是地区开发的规划。第三部分也可以描述为地区开发的阶段性；换言之，它指定了某些活动的实施时间。计算基于一些一般原则，下面将对此进行解释：

一般计算原则

所有成本和收益计算均基于动态终值法，在整个地区开发项目中，利率的影响和成本与收益的上升可以持续十年或更长时间。不同的成本和收益在项目结束时以欧元（€）表示。此最终价值也会重新转换为欧元的现值。在该方法中，可以在整个项目期间的计算中包括利率和通货膨胀的趋势（即动态），为此命名为"动态终值"。

成本和收益计算主要基于简单的公式：

$$(总面积 - 可出租面积) \times 单价$$

可出租建筑物的收入按以下公式计算：

$$H/BAR = O$$

其中 H 是第一年的租金收入，BAR 是假定总启动收入，O 是（可以达到的）收入。

H 的计算公式如下：

$$lfa(可出租面积) \times 每平方米的租金$$

这些数据仍然来自二维图纸。各种参数的值，例如项目时间表、利息、成本和收益的上涨、单位价格等必须由用户输入或验证是否涉及金额总和。

RICARDO 中的"规划"功能允许用户确定何时以及在何种程度上开展某项工作。工作程度以百分比表示，当总数达到 100％ 时工作完成。通过这种方式，可以随着时间的推移模拟地区开发。变化的形式（在这种情况下不同的地区开发场景的可能答案）也可以进行测试。最佳的时间进度安排由用户来制定，这可能是一项耗时的工作，但地区开发阶段确实对总体平衡（成本效益结果）产生了很大影响，并提高了结果的可信度。

参考文献

Bekkering, T., Glas, H., Klaassen, D. and Walter, J. (2001). *Management van processen. Succesvol realiseren van complexe initiatieven*. Utrecht: Uitgeverij Het Spectrum B.V.

Bijleveld, S.W. and Wigmans, G. (2004), "IGOMOD: rekenmodel integrale gebiedsontwikkeling," *Integrale gebiedsontwikkeling. Het stationsgebied 's Hertogenbosch*. Eds. I. Bruil, F. Hobma, G-J. Peek and G. Wigmans. Amsterdam: Uitgeverij SUN, pp. 376-390.

Binnekamp, R., Van Gunsteren, L.A. and Van Loon, P.P. (2006). *Open Design. A Stakeholder-oriented Approach in Architecture, Urban Planning and Project Management, Research in Design Series*, vol. 1. Amsterdam: IOS Press.

Chen, W., Lewis, K.E. and Schmidt, L.C. (2006). "The Open Workshop on Decision Based Design," *Decision Making in Engineering Design*. Lewis, K.E., Chen, W., Schmidt, L.C. New York: ASME Press.

De Bruijn, J.A., Ten Heuvelhof, E.F. and In 't Veld, R.J. (1999). *Procesmanagement. Over procesontwerp en besluitvorming*. Schoonhoven: Academic Service.

Duerink, S., Govaart, Y., Rust, W. and Van Loon, P.P. (2009). "Innovatie in crisistijd. De Urban Decision Room. Een multi-actor ontwerpmanagement systeem," *De Ontwerpmanager*, Spring 2009, no. 4.

Faludi, A. (1973). *Planning Theory*. Oxford: Pergamon.

Fisher, R., Ury, W., and Patton, B. (1983). *Getting to yes. Negotiating agreement without giving in*. Middelsex: Penguin.

Gerritse, C. (2008). *Controlling costs and quality in the early phases of the accommodation process*. Delft: VSSD.

Heurkens, E. (2008). *An overview of urban management instruments*. Delft: Faculty of Architecture, TU Delft.

In 't Veld, J. (2002). "Organising Operations," *Fundamentals of Business Engineering and Management*. Ed. W. ten Haaf, et al. Delft: VSSD.

Van Loon, P.P. (1998). *Interorganisational design. A new approach to team design in architecture and urban planning*. Delft: Faculty of Architecture, TU Delft.

Van Loon, P.P., Heurkens, E. and Bronkhorst, S. (2008). *The Urban Decision Room. An urban management instrument*. Delft/Amsterdam: IOS Press.

Mastenbroek, W.F.G. and Van der Meij, R. (2007). *Onderhandelen*. Utrecht: Spectrum.

Rotmans, J. (2003). *Transitiemanagement. Sleutel voor een duurzame samenleving*. Assen: Koninklijke van Gorcum.

Teisman, G.R. (1998). *Complexe besluitvorming. Een pluricentrisch perspectief op besluitvorming over ruimtelijke investeringen*. The Hague: Elsevier Bedrijfsinformatie.

Wigmans, G. (1998). *De facilitaire stad. Rotterdams grondbeleid en postmodernisering*. Delft: University Press.

Wigmans, G., Bruil, I. and Hobma, F. (2004). "Thematische evaluatie," *Integrale gebiedsontwikkeling. Het stationsgebied's Hertogenbosch*. Eds. I. Bruil, F. Hobma, G-J. Peek and G. Wigmans. Amsterdam: Uitgeverij SUN, pp. 411-427.

11 成功的城市地区开发

弗雷德·霍马（Fred Hobma）

11.1 简介

本章探讨了两个问题。首先,城市地区开发项目什么时候成功？其次,哪些因素决定了它的成功？换言之,成功因素是什么？

从我们为本书选择的治理视角来看,成功是一个关键的变量。各种形式的治理(规划、管理、协调、组织)是本书的核心。我们可以说,所有治理活动都是针对城市地区的"成功"开发。因此,关于成功构成要素的讨论使我们能够总结前几章所涉及的大部分内容。

在某个地区的开发中投入资金、时间和精力的行动者自然希望该项目取得成功。因此,许多人已经暗中或明确地尝试确定城市开发的成功因素。试图确定哪些因素决定了成功,前提是我们可以首先确定一个城市地区开发项目何时成功。然而,这并不像看起来那么简单,因为"成功"并不是一个明确的概念。这对不同的人而言意味着完全不同的事情。以下是在确定是否已取得成功时需要提出的几个问题示例：

成功的过程还是成功的产品？

我们在衡量成功时会判断哪些方面？我们是考虑过程成功(团队合作)还是产品(完成开发)方面的成功？这是两个不同的问题。该过程可能存在缺陷,但仍会产生优质产品,反之亦然。如果我们考虑过程的成功,那么成功标准可能是这样的：行动者是否设法建立了一个互动过程,从而能在场地开发工作中建立合作伙伴关系?

如果我们考虑产品的成功,那么成功标准更像是:场地开发所涉及的公共和私人目标实现了吗?

股东(shareholders)还是利益相关者(stakeholders)的成功?

我们希望基于谁的利益来考虑项目的成功呢?例如,就投资资本的回报而言,我们是否只对股东的成功感兴趣?或者我们是否也对利益相关者的成功感兴趣,例如火车站重建地区的使用者?

我们必须牢记,这些不同的行动者采取完全不同的方式判断开发的成功。研究人员在确定所取得的成功程度时,会考虑所有相关方的意见,这并不罕见。采用这种方法的一个范例是范·阿肯(Van Aken, 1997: 98)在《项目成功之路》(*De weg naar projectsucces*)的研究中,区分了三组:

- 第1组:最终用户;
- 第2组:负责人、项目经理、项目团队、流程管理、对项目有直接利益的团体;
- 第3组:负责项目实际执行的人员、间接利益团体和其他相关社会团体。

在衡量整体成功标准时,对这些群体的考虑渐次递减。因此,范·阿肯最重视最终用户的意见。

我们希望采用哪种成功标准?

我们是否使用财务标准(例如,如果产生足够的利润就意味着开发成功)?我们更喜欢文化标准,还是基于环境效益的标准?或者我们只是简单地使用"变化"的标准(如原有低居住率、失业或劣质住房的问题得到改善,项目便获得成功)?在后一种情况下,变化本身的存在是宣布项目成功的充分基础。范·博尔特等人(Van Bortel et al., 2007)证明"令人不快的旧貌发生变化"经常被用作成功的标准。然而,需要指出的是,他们并非完全同意这一标准,因为"没有人将这些项目与其他可能的措施进行比较。没有人看到机会成本。"

在荷兰乌特勒支的霍格凯瑟琳(Hoog Catharijne)案例(见专栏11.1)清楚地表明,城市地区开发项目是否成功的答案在很大程度上取决于我们正在使用的标准。

我们什么时候衡量成功？

成功概念含糊不清的另一个例子是我们试图衡量它的那一刻。最初被视为失败的项目后来可以变为成功案例。想想澳大利亚悉尼歌剧院的例子（见专栏 11.2）

专栏 11.1

Hoog Catharijne，荷兰乌特勒支

Hoog Catharijne 在此可以作为一个案例。这是一个大型开发项目，主要包括商店，但也包括办公室、会议和接待空间以及住宿。它曾经是欧洲最大的有盖购物中心。该建筑群毗邻乌特勒支的中央火车站，是荷兰铁路网络中最重要的交汇处。根据财务标准进行评估，Hoog Catharijne 取得了成功。业主、房地产投资商科里奥（Corio），在这个综合体上获得了极高的利润。然而，当评估建筑质量的文化标准时，该综合体并不成功。虽然 20 世纪 70 年代的设计师认为设计是永恒的，但它现在被认为是过时的，非常缺乏吸引力。

专栏 11.2

悉尼歌剧院，澳大利亚

几乎每个人都知道悉尼歌剧院的故事。当项目于 1973 年完工时，这是一场金融灾难。最初的估计是建造需要 5 年时间，耗资七百万澳元。最终，该项目耗时 14 年，建筑成本达到惊人的 1.02 亿澳元。从过程的角度来看，该项目也是一场灾难：在一系列纠纷之后，来自丹麦的首席建筑师约翰·伍重（Jørn Uzton）辞职了。然而，在稍后的时间点判断，该项目取得了巨大的成功。歌剧院是一个巨大的国际景点，多年来在这方面产生了巨大的利润。

当我们实现目标时，我们是否成功？

实现目标也不是一个明确的成功标准。我们的目标是什么？例如，市政当局在特定地区开发的主要目标是创建一个重要的新社区并吸引宝贵的就业机会。另一方面，投资者可能会首先瞄准利润最大化。

实现目标作为成功的标准也有一个缺点，即我们必须区分官方目标和非官方的、隐含的目标。例如，一个特定的甲方可以聘请一位国际知名的建筑师前来设计，其台面上的目标是从设计工作中获利，而他真正想要做的是在利基市场

(niche market)(译注：利基市场是指企业选定一个很小的产品或服务领域，集中力量进入并成为领先者，从当地市场到全国再到全球，同时建立各种壁垒，逐渐形成持久的竞争优势。)通过建筑师引人注目的设计赢得一个高质量发展的地位，即使以这个特定项目的损失为代价。

最后，不能忘记目标可以改变。这方面的范例是鹿特丹 Kop van Zuid 区的开发(见第3章)。最初的目标是吸引领先的 IT 公司到该地区。当开发商未能达到这一目标时，他们将注意力转向在同一地区提供其他用途，特别是住房和文化场所。

所有这些因素——不同的参与者可以有不同的目标，正式和隐含目标之间的差异以及目标可能随时间变化的事实——意味着实现目标不是"一刀切"的成功标准。

没有简单的答案

上面讨论的所有问题都清楚地表明，"成功"并非一个简单或明确的概念。没有客观标准可用于确保或衡量一个城市地区开发项目的成功。在做出关于成功或失败的判断之前，必须对所有这些要点做出选择。成功定义中的含糊不清使参与特定城市地区开发项目的公共和私人主体，在一开始就要明确成功对彼此意味着什么。

本节主要强调这一领域中两个基本问题的重要性：城市地区开发项目什么时候才能被判断为成功？哪些因素决定了这一成功——换言之，该项目的成功因素是什么？现在将更详细地讨论第二个问题。

11.2 成功和失败因素

许多作者在该领域[1]区分了成功因素和失败因素。然而值得注意的是，相同的变量在成功和失败因素中一次又一次地出现，不同之处在于，范围一端的值往往与成功相关，而另一端的值往往导致失败。以沟通为例，与直接或间接参与项目的人进行细致、精心策划的沟通可能会带来成功，而不充分、计划不周的沟

---

[1] 例如安永会计师事务所(Ernst & Young,2000) 和德·布鲁因(De Bruin,2001)。

通可能会导致失败。这两个例子中的变量是相同的——沟通；当这个变量具有"仔细且计划周密"的价值时，我们得到一个成功因素，当它具有"不充分且计划不周"的价值时，我们就会得到一个失败因素。

基于这种见解，我们可以通过仅列出成功因素来简化我们的分析——这个想法是成功因素的存在（或所讨论变量的高值）来促进成功，而缺乏这一因素（或相应变量的低值）将促进失败。在本章的其余部分，我们将遵循这一思路把讨论局限于成功因素。

这里使用"促进"而不是"原因"，这个词是经过深思熟虑的，因为成功因素的存在并不能保证成功。准确而言，成功因素的存在增加了成功的机会。换言之，成功因素本质上是概率性的而不是确定性的。这与社会现象确定性理论（如城市场地的开发）的解释力远低于概率理论的解释力有关。

11.3 成功因素的三个层次

一些作者（Ernst & Young, 2000；De Bruin, 2001）列出了数十个城市发展的成功和失败因素。这些出版物大多数未将成功因素放在不同层次中进行分类分析。然而，这种分类是有意义的，因为某些成功因素可以由城市开发项目中的强大利益相关者"驱动"，而其他因素则不然。因此，有必要区分以下三个层次的成功因素：

- 背景变量；
- 否决性标准；
- 关键的成功因素。

如上所述，差异在于主要参与者影响相关因素的能力。下面将更详细地讨论这三个层次：

背景变量

第一级成功因素是背景变量（也称为"外部因素"）。这些包括：

- 经济气候；
- 政治气候；
- 文化背景；

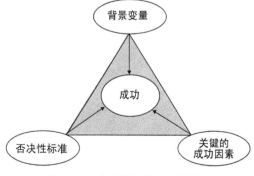

图 11.1　成功因素的三个层次

- 人口统计；
- 立法和法规的变化。

背景变量有助于确定城市地区开发项目的成功，但不受（个体）行动者的影响。

经济气候

经济气候对开发项目成功的影响可以通过一个例子来说明。如果办公地产市场健康，那将对具有大量商业成分的开发项目成功产生积极影响。整体经济，特别是房地产市场，很容易受到某一方的影响。但是，考虑到商业和住宅部分的相对贡献可能会发生变化（见第2章），可以限制市场波动的后果，例如制定一个灵活的规划。只有以这种方式起草城市地区开发规划，才能根据市场变化或其他情况相对容易地修改它们（见第4章）(De Zeeuw,2007：25)。也就是说，应该确定愿景，但实现这一愿景的方式必须是灵活的。如荷兰住房、空间规划和环境部的出版物所述[①]，愿景本身提供了凝聚力，团结了人和任务背后的团体（见第3章）(Adviescommissie Gebiedsontwikkeling,2005：17)。

在处理经济变化方面屡见成效的一项灵活措施是"延迟"。这意味着无论经济环境如何，先处理必要的事项；另外，不那么紧急的事情可以留下来，直到它在实践的发展中变得逐步清晰后再解决(Dammers et al.,2004：28)。

政治气候

借助示例也可以说明政治气候的影响。地方城市议会的政治构成可以对城市开发项目的成功产生强大影响。如果支持发展的一方长期以来一直把控政治，这将促进开发的成功。但是，如果在地方选举之后另一个持不同意见的政党上台，情况可能会发生根本性的变化。乌特勒支和鹿特丹中心站周围重建项目的命运就是很好的例子。政治气候的这种变化不会受到开发项目参与者的影响。

与经济环境相比，开发项目的主要参与者能够更好地影响（当地）政治气候。例如，他们可以确保在该城市的所有政党（包括不参与执政联盟但未来可能会这

---

① 通常以其荷兰语缩写"VROM"而命名(Ministerie VROM,2003：102)。

样做的政党)了解为发展或改善该地区所采取的措施。他们还可以试图让这些政治家相信这些举措的好处。这可以被视为一种关系管理形式——也应该扩展到当地公务员,他们在确保开发进程的连续性方面发挥着重要作用。显然,"权力经纪"的这种努力必须保持在道德可接受的范围内。

文化背景

文化背景是另一个变量,有助于确定城市地区开发项目的成功,但有关各方无法影响。在这种情况下,一种重要的文化偏好是用户倾向于生活在特定类型的住宅区。在荷兰非常受欢迎的一种住宅区是沃纳夫(woonerf),在街道通行上,行人和自行车优先于汽车,街道布局和其他措施有助于降低交通速度,旨在创造一个更加宜人的生活环境。英国相近的概念是"家庭区"。如果现在文化偏好发生变化,人们对 woonerf 失去兴趣——他们可能认为住宅区规模太小,希望更多地使用汽车而不是公共交通,并且整体视觉感受是不整洁的——这将会对该地区的成功产生影响。由于可能很难找到租客,有些房子可能长期无人居住,租金收入和房地产价格可能会下降,这些社区的生活质量也随之下降。

文化偏好发生变化的另一个例子是,公司决定在城市边缘而不是在市中心位置租用办公空间。相对应,这会对市中心的成功产生类似的影响,正如对 woonerf 的生活环境失去兴趣。

如上所述,城市地区开发项目所涉及的各方不会影响文化偏好及其变化。当然,这些团体可以而且应该做的是,在准备开发规划时考虑当前的文化偏好。

人口统计

人口统计是另一个变量,可以帮助确定城市开发项目的成功,但不会受到个体参与者的影响。与文化背景一样,人口统计是一个不会随时间快速变化的因素。这意味着,当规划新的城市地区开发时,参与者可以相当确信在项目的生命周期中人口预测不会发生任何重大变化。然而,在项目完成后感受到的人口变化可能会带来更多麻烦。因此人们可以想象,例如,荷兰林堡省人口的显著下降可能对现有的发展产生严重影响,包括住宅和商业房地产以及办公。可影响现有城市发展的其他人口变化形式包括独居家庭数量的显著增加和整体人口的老龄化。

立法和法规的变化

与此相关的立法和法规变化可能包括,例如,在开发项目过程中引入新的空气质量法规(见第5章)。这些规定会对城市开发项目的设计和开发速度产生严重影响。除了为可能的未来(欧洲)立法做好准备之外,主要参与者在这个领域几乎无能为力。

背景变量可以有不同的时间尺度。荷兰的政治气候周期为四年(选举之间的时间),而经济气候周期较长,文化和人口变化通常更为缓慢。另一方面,立法和法规的变化通常会在几年内生效。

否决性标准

第二级成功因素是"否决性标准"。这些因素是必要的,但不足以取得成功。不考虑这些标准将破坏任何目标,实际上"一票否决"整个项目。与上面讨论的背景变量不同,否决性标准可以由参与者"驱动"或修改。

下面将参考实际例子依次讨论文献中描述的城市地区开发项目的一些否决性标准。

及时收购土地

拥有土地对于城市地区开发项目的成功至关重要:除非确实拥有建筑物所在土地,无论是实际所有权还是租赁权,否则无法进行场地开发(见第5章)。比起在城市范围之外开发未利用的土地,这种情况在城市建成区更为重要。在城市建成区的土地可能已经被用于某种目的,并且整个土地开发的规划可能因土地所有权的分散而变得复杂。此外,各种城市功能在土地使用上相互竞争。在重建过程开始之前,通常需要改变土地所有权关系。许多案例研究强调了土地所有权的重要性,例如卢夫和维格曼(Louw, Wigmans, 2004:316)关于斯海尔托亨博斯('s-Hertogenbosch)中宫殿区(Paleiskwartier)的问题以及布特拉(Buitelaar)对奈梅亨(Nijmegen)的瓦尔哈耶夫(Waalhaeve)住宅区开发的分析(2007:49-57)。后者的主要结论是,土地的所有权状况对重建的进展和最终结果(包括建筑和财务方面)产生了至关重要的影响。范·罗伊(Van Rooy et al., 2006:35)也得出结论,在确定城市开发项目的可行性时,土地特别是土地所有权状态"通常是决定性的"。

项目范围

项目范围指的是项目的空间范围。开发吸引的最终用户来自越广泛的地理区域,项目表现得越好(Nijkamp et al., 2002)。因此,城市开发项目的办公部分可以将目光投向区域层面,而不是仅仅针对相关城市内的潜在用户。例如,在斯海尔托亨博斯(Bruil et al., 2004: 433)的宫殿区开发期间,这种情况已经被清楚地证明了。另一方面,必须注意不要使项目的空间范围过宽,因为这可能导致太多不确定因素和太多拥有否决权的团体,而造成过度复杂(Deloitte Real Estate Advisory, 2008: 30)。

经济可行性

这里的问题在于开发是否满足市场需求(见第4章和第8章)。只有当特定场地满足现有需求(或者如果创建了新的需求)时,那么它才能在财务和经济上成功。例如,斯海尔托亨博斯的宫殿区开发成功地解决了对内城住宅的需求(Mulder, Van der Flier, 2004)。喜欢居住在市中心的人,非常重视与文化和城市设施的接近度,并且不认为高人口密度是一个主要的缺点。他们也很欣赏引人注目的建筑。

现实的成本估算

如果项目没有进行适当的预算,那么参与者在开发项目期间会面临一些令人不快的意外,这可能会对规划过程产生影响(见第9章)。在奈梅亨的瓦尔哈耶夫项目(Buitelaar, 2007: 5)中发现了这种情况,在开发过程启动时未能准确估算成本。当不可预见的成本出现时,必须修改设计以降低成本或增加利润。

处理土壤污染的明确战略

特别是在现有的城市地区,可能存在广泛的土壤污染,必须在开发之前进行处理(见第5章)。如果想要取得成功,必须事先确定处理现有土壤污染的成本,并且与土地所有者、市政当局和其他直接有关方面就应采取的措施达成早期的财务和其他协议。这种方法使处理土壤污染的成本能够在适当的早期阶段纳入决策过程(Schutte-Postma, 2004: 313)。

独立的子项目

将城市地区开发项目拆分为独立的项目将有助于成功。其中一个优秀的案例是在安特卫普(Antwerp)前码头区小岛(Het Eilandje)的再开发,著名城市设计师伊格纳西·德·索拉·莫拉莱斯(Ignasi De Solà Morales)和安特卫普当时的城市建筑师勒内·丹尼尔斯(Ren Daniëls)制定的地区结构规划提供了一个框架。每个子项目在完成后都可以为该地区做出巨大贡献(Smits et al., 2007: 42)。

强健的金融工程

范·罗伊(Van Rooy et al., 2006: 36)提出了强健的金融工程的重要性,当然,在许多情况下,各方都为综合项目的融资做出了贡献(见第9章)。他们指出,例如需要金融工程来启动现金流,结算利息,设计金融平衡结构,区分高风险和低风险阶段以及相关的利润机会。

其他否决性标准

除了上面简要描述的那些标准之外,还有许多否决性标准。其中一些在下面提到(应该指出,这个清单并非详尽无遗):

- 尽早将私人参与者(开发者)纳入其中,以利用他们的专业知识和创造力,帮助制定财务战略、分担风险和提高组织能力(见第3章和第6章)(Adviseur Gebiedsontwikkeling, 2007: 38)。私人团体的参与也可以增强规划的现实性。
- 在政策文件的基础上明确"去或留"的决策时刻(De Bruin, 2001)。
- 分析参与者的表现,以确定各方的关注点和立场(见第1章)(Wolting, 2006: 17)。此外,适时进行审察,以确定各方在项目期间可能遇到的潜在优势和收益(Centraal Planbureau, 2001: 105)。
- 居民协会等利益团体尽早参与,分享他们的知识和观点(见第1章)。
- 确保所涉及的各类公共机构有序安排其事务,以确保他们能够采取一个联合的方法(Wolting, 2006: 71)。
- 充分识别和分配风险(Ernst & Young, 2005: 31)。
- 有关当局具体指定和保障公共利益,例如在空间质量领域(Ernst & Young, 2005: 13)。

- 确保相关机构在其公共角色(例如评估规划或提供必要的许可)和私人角色(例如作为 PPP 设置的合作伙伴)之间进行明确区分。
- 达成协议以弥补合同终止的风险并制定退出策略。
- 在公共方和相关私人开发商之间制定灵活的合同,以确保在不断变化的市场环境下运营的连续性(见第 6 章)。
- 建立一个具有充分授权和足够责任的城市项目管理局(Ernst & Young, 2000)。
- 明确的市场营销(De Bruin, 2001)。

关键的成功因素

成功因素的第三个层次是关键成功因素(也称为"进展标准")。这些包括:

- 各方之间的信任和开诚布公(见第 6 章);
- 领导力,尤其需要一个担当者(一个在公共和私人领域具有相当权威,擅长解决问题的行动者);
- 重建场地的形象(见第 3 章);
- 降低复杂性(见第 6 章);
- 积极的政策制定者;
- 采用"现代"方法完成任务的设计师(见第 2 章和第 7 章)。

关键成功因素对所讨论项目的成败有重大影响,但相对较难影响到行动者。

可以说,这些关键的成功因素需要一种流程导向的方法。下面给出了城市地区开发项目关键成功因素的例子,并再次通过具体案例进行说明。

专栏 11.3

比利时科特赖克(Kortrijk)布达岛(Buda Island)的发展

几十年来,比利时科特赖克市一直在游说佛兰芒(Flemish)政府,让流经该市的莱伊河(Leie)扩大。莱伊河是一条重要的内陆航运路线,扩大它将使河流可以通航载重量更大的船只。佛兰芒政府最终在 20 世纪 90 年代批准了一项扩大计划。

科特赖克市长抓住这个机会让城市思考未来。他感兴趣的项目之一是布达岛的改造,布达岛位于科特赖克的莱伊河中段。他认为,这种发展可以与莱伊河的扩大相结合。布达岛是一个前工业区,由于工业活动已转移到其

> 他地方,该区日渐凋敝。该岛将受益于河流扩大所涉及的基础设施工程,其中包括与该岛建立一系列新的联系。之前市中心难以到达滨水区,新堤防的建设将为城市开辟更多的滨水面。规划是让布达岛成为一个艺术区,拥有大量的创意和休闲活动,整个城市都可以从中获利。该项目目前正在进行中。
>
> (来源:Stouthuysen,2007)

信任

许多作者最近将"信任"视为合作伙伴关系成功的重要因素(Klijn, Teisman, 2002:71; Projectgroep Ontwikkelingsplanologie,2003:38)。这一结论得到了斯海尔托亨博斯(宫殿区)火车站周边地区重建的研究证实(Hobma,2004a:435)。对位于根特(比利时)的特雷非阿尔贝德(TrefilArbed)工厂重建的评估也表明了在不同伙伴间建立信任"至关重要"(Demoor et al.,2007:112)。此类评论提及个人信任和长期个人承诺。在亨格罗(Hengelo)的哈特·凡·祖伊德(Hart van Zuid)工业综合体重建期间,也出现了必须长期合作的城市开发团队以及各成员之间的信任需求(Marchand, Nieuwhuizen,2007:77)。有人强调,这种信任不仅需要在各方管理层之间建立,而且也需要在较低层次上建立信任(Deloitte Real Estate Advisory,2008:38)。

城市地区开发总会涉及公共和私营部门之间某种程度的合作伙伴关系。如果要在公共和私人各方之间建立必要的信任程度,就必须避免刻板印象。例如,公共团体经常认为私营部门只对利润感兴趣,并对所提供的发展项目挑三拣四。另一方面,私人团体可能倾向于认为市政当局没有提供足够的选择性,没有足够的现实洞察力来检测发展目标和项目成本控制(Deloitte Real Estate Advisory,2008:10)。

在这一点上应该强调的是,不能假定双方在开发项目中存在信任。信任必须建立和维护。许多作者还提醒我们,信任的获得、建立和巩固没有可靠的指南。"在每个团队合作环境中,信任之轮必须重新发明,因为玩家每次都在变化,背景也不同。"(Verhoef,2006:83)

然而,尽管许多作者认为信任在确定城市开发项目的成功时发挥重要作用,但可以想象这一因素的重要性被高估了。范·博尔特等人(Van Bortel et al.,2007)表明,项目成功因素的大多数描述来自亲身参与的人员,例如项目经理或顾问。作者指出,这些人"……深深卷入并参与了决策游戏",并且"他们的故事不可避免地会带有偏见,这种偏见会提升个人对制度的影响力。"最后,他们表示"……信任和亲密关系可能被用作一个标签,一个容器,包含了一整套复杂的因素、个人因素以及制度因素……所谓的个人因素(或信任和亲密关系)会部分替代了本应归属于(软性)制度或背景因素的解释。"换言之,与其他(更多制度性)也有助于项目成功的因素相比,一个人在建立和维持信任等问题上倾向于高估自己的角色和能力。

领导力

在开发项目中,领导力非常重要。约翰·金登(John Kingdon)创造了"政策主办人"(policy entrepreneur)一词并用其来描述在这种情况下所需的领导者——一个能够投入决策过程所需的努力、时间和精力的主要参与者。在其富有影响力的著作《议程、选项和公共政策》(Agendas, Alternatives, and Public Policies)中,他描述了政策主办人可以发挥作用的决策过程结构。据他介绍,这些过程涉及三个流——政治流、问题流和政策流——必须联系并汇集起来,以便做出有效决策并采取有效行动。这三个流相对独立地存在,并且只能在"政策窗口"打开期间联合起来。政策主办人是凭借其权威、坚持和坚韧,将这三个流汇集在一起的人(Kingdon,1995:166-202; Nelissen et al., 1996:217)。

政策主办人既可以是公共部门的人,也可以是私营部门的人。在斯海尔托亨博斯火车站周边地区的重建期间,领导者角色首先由城市议员,后来由城市规划部门负责人(Bruil et al., 2004:274-276)扮演。如专栏 11.3 所述,在科特赖克的布达岛改造期间,市长发挥了主导作用(Stouthuysen,2007:126)。在根特的特雷非阿尔贝德基地工程期间,负责经济发展的高度忠诚的市议员和市长在关键时刻设法提供必要的刺激,以确保项目成功(Demoor et al.,2007:108)。

在任何情况下,政策主办人必须具备三种素质才能获得成功(Kingdon,1995:179-181):他必须是别人准备倾听的对象,例如由于他的专业知识,他代表他人说话的能力或他在决策过程中的主导地位;他必须以其政治资源或谈判技巧而闻名;最重要的是他必须坚持不懈。

城市地区开发咨询委员会(由荷兰住房、空间规划和环境部长设立的机构,负责就发展问题提供建议)也表明需要高级管理人员或其他主要参与者,为了成功而承担项目的责任(Adviescommissie Gebiedsontwikkeling,2005:17)。"成功的项目往往由高级管理人员领导,他们勤奋、耐心、执着、善于交际,致力于项目且非常勇敢,如果情况需要,他们随时待命。"

愿景变化

愿景变化是场地转型的关键成功因素。需要创建一个新的符合预期变化的愿景,营销、品牌、图标和旗舰是这里的关键词。

需要注意到,在讨论该地区新的身份时,应该考虑过去和未来,因为地区过去的身份通常可以为期望的新愿景做出显著贡献。

专栏给出了地区成功品牌重塑的两个例子,一个来自荷兰(专栏11.4),另一个来自德国(专栏11.5)。

还可以提到其他一些例子,例如欧拉里尔(Euralille),这是法国里尔市郊区的主要开发项目。在这里,一个被遗忘的、过气的区域性工业地区已经转型为高科技服务型经济基地,聪明的营销策略也大大增强了它的形象(Ministerie van VROM,2003:102)。

斯海尔托亨博斯中的宫殿区,埃姆舍公园(Emscher Park)国际建筑展和欧拉里尔都是物质性转变的例子,他们的成功部分归功于密集的品牌重塑。

降低复杂性

城市地区开发的过程发生在一个总是充满活力的环境中,这个环境往往是忙乱的,有时甚至是敌对的。管理者寻求减少与此相关的不确定性。积极降低环境复杂性可以降低风险,从而增加城市地区成功发展的机会。

专栏 11.4

斯海尔托亨博斯的宫殿区,荷兰

斯海尔托亨博斯的宫殿区目前正在重建中,通过彻底重塑以提升其形象和市场吸引力。这个破旧的工业区被描述为"在轨道错误的一边",曾经是妓女和路边乞讨者最常出没的地方,现在正被改造成一个高档的多功能街区,包括法院和范·兰肖特银行家(Van Lanschot Bankers)总部。品牌重塑通过赋予所开发的房地产一个法式名称(如"La Cour"或"La Tour")来反映这座城市的悠久历史。现有的林荫大道从中心延伸到铁路线上的车站,创建了与市中心的空间联系。旧的街道名称被改变,例如从平凡的平行路(Parallel Road)

到裁判官道（Magistrates Lane）以及从体育大道到学院大道（College Boulevard），而该地区的新街道被命名为宫门（Palace Gate）、湖滨大街（Lake Avenue）、庭院湖（Court Lake）和镜子花园（Spiegeltuin）。霍夫维维尔（Hofvijver）的住宅区被称为巨舰（Armadas）。

（来源：Bruil et al.，2004：207）

专栏 11.5
埃姆舍公园国际建筑展（IBA Emscher Park），德国

埃姆舍公园国际建筑展（Emscher Park Internationale Bauausstellung）是一个大型项目，旨在实现德国西北部鲁尔河谷和埃姆舍河的生态、经济和城市复兴。该地区为重建工作付出了极大的努力，将地区形象从凋敝的工业景观改变为具有新的商业和住宅开发的公园式区域。

"改变当地形象对于该地区的营销非常重要，因为它必须吸引公司、游客和居民，以便他们留在该地区。愿景的变化得到了关税同盟（Zollverein）煤矿和焦化厂等重大项目的支持。该地以自 1818 年至第一次世界大战结束的德国关税同盟命名，现已成为联合国教科文组织世界遗产。巨大的工业建筑、大部分未被触及的工业风景、绝妙的艺术和文化，以及夜间灯光展示的组合使这个项目具有影响整个鲁尔河谷的标志性地位，并且拉动了整个欧洲及其他地区的游客。"

（来源：Dammers et al.，2004：115）

上面已经提到斯海尔托亨博斯的宫殿区，通过市政当局、私人开发商和投资者设立的公司（BV Ontwikkelingsmaatschappij Paleiskwartier），对环境复杂性实现了一定程度的控制，为法定实体内主要参与者的这种合作确保了连续性，从而保证了某种程度的稳定性。各方都知道他们可以期待彼此，有助于降低风险。在基于合同的"项目主导开发"中，情况有所不同，新的竞争关系会反复出现，新的团体可能随时参与其中。

积极的政策决策者

城市地区开发需要某种政策制定者。"与土地使用分配、区划和保护为主的规划实践相比，激励团队合作和设计占主导地位的规划实践需要迥然不同的思维和行动方式。决策者和利益相关方必须改变他们的思维和行动方式,从被动的、基于程序的行为转变为更主动的、面向项目的工作方式。"(Dammers et al.,2004：15)荷兰住房、空间规划和环境部的发展规划项目组也指出,城市地区开发要求政府代表具有不同的技能,如谈判、启发式方法的使用、参与各方的利益和地位评估(Projectgroep Ontwikkelingsplanologie,2003：38)。

"现代"设计师

城市地区开发需要设计师具备一种特殊的工作态度。设计师传统的角色是研究项目要求,并在此基础上向委托人展示其设计,但这与开放式的规划过程并不相符(Sijmons,2002)。设计师不再是最终结构的创造者,并且他不应该单独行动,为开放式规划草案提供创造性的、雄心勃勃的想法。城市地区开发的主要要求是富有想象力地寻求各种方式,将各参与者的利益结合起来,加快开发进程(Van Rooy et al.,2006：35)。德·泽乌(De Zeeuw,2007：62)称这样的设计师是一个"过程能干的设计师"。因此,设计师成为一名专业人员,其任务是在开发过程中把中间结果可视化(Van Rooy et al.,2006：149)。部分受市场动态的影响,设计可能需要在过程中被反复修改。

类似的,达默斯(Dammers et al.,2004：76)指出创意设计师和具有非正式领导风格的企业管理者之间的合作关系能够为开发过程注入活力。

11.4　一些方法论的说明

本节对本章中根据易受影响程度对成功因素进行分类,并再补充一些说明。首先,这里区分的三个成功因素层次可以相互作用。例如,政治机构(一个背景变量)的变化,譬如市议会中新任议员的产生,可能对他前任建立的信任程度(一个关键的成功因素)产生很大影响。其次,应该认识到,否决性标准和关键成功因素之间的界限不是泾渭分明的。因此,这两个成功因素层次之间的划分并非一成不变。第三,在此应当重申,存在某一成功因素并不能保证发展规划的成功,而只能增加成功的可能性。第四,上面给出的成功因素清单并非详尽无遗,我们只给出了每个层次成功因素的例子(这些例子是每个层次中最典型的)。这点尤其是针对成功的否决性标准:该层次实际上明显超出本章所涵盖的范围。

最后,不可能对所提及的各种成功因素的相对权重进行明确。

11.5 结论

本章讨论了两个问题。我们什么时候能说城市地区开发成功?哪些因素决定了特定开发项目的成功与否?显然,在评估成功的客观标准下,我们无法毫不含糊地回答第一个问题。只有就一系列问题做出选择后,才能评估某一城市地区开发项目成功与否。其中最重要的问题如下:

第一,我们是在评判结果的成功还是流程的成功呢?

第二,我们是仅考虑主要参与者的成功,还是其他利益相关者的成功?

第三,我们在以哪种标准衡量成功?

第四,我们在哪一时段判断成功?

为了回答第二个问题,成功因素根据它们受影响的程度分为三个不同的层次,产生"背景变量""否决性标准""关键成功因素"的类别。这种分类的目的在于更清楚地概述大量的成功因素。关键成功因素的完整列表还需要进一步研究确定,一旦完成,我们就应该寻求增加对这些关键成功因素的控制策略。

参考文献

Adviseur Gebiedsontwikkeling (2007). *Maak meer van Nederland. Eindrapport Adviseur Gebiedsontwikkeling*, Lysias Consulting Group, Amersfoort.

Adviescommissie Gebiedsontwikkeling (2005). *Ontwikkel kracht! Eindrapport van de Adviescommissie Gebiedsontwikkeling*, Lysias Consulting Group, Amersfoort.

Bruil, I., Hobma, J., Peek, G-J. and Wigmans, G., eds. (2004). *Integrale gebiedsontwikkeling. Het stationsgebied 's-Hertogenbosch*. Amsterdam: Uitgeverij SUN.

Buitelaar, E. (2007). "Waalhaeve, Nijmegen. Katalysator voor een nieuw stadsdeel?" *Stadsinnovatie. Herbruik is herwaarderen... op zoek naar succesvolle managementpraktijken*. Eds. V. Vallet, M. Marchand, P. Stouthuysen and K. Vandenberghe. Brussel: Politeia, pp.113-130.

Centraal Planbureau (2001). *PPS. Een uitdagend huwelijk. Publiek-Private Samenwerking bij Combinatieprojecten*. The Hague: Centraal Planbureau.

Dammers, E. et al. (2004). *Ontwikkelingsplanologie. Lessen uit en voor de praktijk*. Rotterdam: NAi Uitgevers.

De Bruin, H. (2001). "Het open planproces. Een open deur?" *Real Estate Magazine*, no. 14.

Deloitte Real Estate Advisory (2008). *Alleen ga je sneller, samen kom je verder. De toekomst van publiek-private samenwerking bij gebiedsontwikkeling*. Utrecht.

Demoor, J., Van Dijck, B. and Marchand, K. (2007). "De ontwikkeling van de Trefil Arbedsite te Gent, Zorgvuldig ruimtegebruik als motor voor stadsvernieuwing," *Stadsinnovatie. Herbruik is herwaarderen... op zoek naar succesvolle managementpraktijken*. Eds. V. Vallet, M. Marchand, P. Stouthuysen and K. Vandenberghe. Brussel: Politeia, pp. 89-112.

De Zeeuw, F. (2007). *De engel uit het marmer. Reflecties op gebiedsontwikkeling*. Delft: University Press.

Ernst & Young (2000). *Inventarisatie faal- en succesfactoren van lokale PPS-projecten*. Utrecht.

Ernst & Young (2005). *Publiek-private samenwerking bij de voorbeeldprojecten ontwikkelingsplanologie*. Amsterdam.

Hobma, F. (2004)a. "Het succes van 's-Hertogenbosch," *Integrale gebiedsontwikkeling. Het stationsgebied 's-Hertogenbosch*. Eds. I. Bruil, J. Hobma, G -J. Peek and G. Wigmans. Amsterdam: Uitgeverij SUN, pp. 430-436.

Hobma, F. (2004)b. "Lessen van 's-Hertogenbosch. Succesfactoren voor binnenstedelijke herontwikkeling," *Real Estate Magazine*, no. 33.

Hobma, F. (2004)c. "Integrale gebiedsontwikkeling als enkelvoudige casestudie," *Integrale gebiedsontwikkeling. Het stationsgebied 's-Hertogenbosch*. Eds. I. Bruil, J. Hobma, G -J. Peek and G. Wigmans. Amsterdam: Uitgeverij SUN, pp. 50-56.

Kingdon, John W. (1995). *Agendas, Alternatives, and Public Policies*. New York: Harper Collins College Publishers.

Klijn, E.H. and Teisman, G. (2002). *Barrières voor de totstandkoming van publieke en private samenwerking en de mogelijkheden deze te overwinnen. Een institutionele invalshoek*. Utrecht: Lemma.

Louw, E. and Wigmans, G. (2004). "Grond als voorwaarde," *Integrale gebiedsontwikkeling. Het stationsgebied 's-Hertogenbosch*. Eds. I. Bruil, J. Hobma, G -J. Peek and G. Wigmans. Amsterdam: Uitgeverij SUN, pp. 316-332.

索引*

A

收购土地 acquisition of land 196

空气质量 air quality 73,81,82,196

阿姆斯特丹一般扩张规划 Algemeen Uitbreidingsplan Amsterdam（AUP）116

分析模型 analysis model 107,108

建筑师 architects 10,11,23,75,86,91,119,120,124,126,129,139,152,159,179,183,191,192,198

B

资产负债表 balance sheet 160,161,165,166,168

宾克霍斯特，海牙，Binckhorst, The Hague 79

黑天鹅 black swan, 107

婆罗洲斯波伦堡，阿姆斯特丹 Borneo Sporenburg, Amsterdam 119,120

自下而上 bottom up 39

建成环境 built environment 90,99,117,145

C

资本要求 capital requirement 161

案例研究 case studies 146,149,196

现金流量 cash flow 156,162

中央政府 central government 8,10,35,77,117

---

* 为方便读者，译者据原书索引做了译本索引。

政府世纪 century of government 95

用户链 chains of users 118

城市营销 city marketing 7,43

委托方 commissioning party 11,64,74,95,96,97,99,100,101,103,104,112,115,116,118,129,130

通用解空间 common solution space 178,179

通信网络 communication network 26

沟通规划 communicative planning 14

概念设计 conceptual design 119

特许权合同 concession contract 122

特许权模式 concession model 75,127

联络型管理者 connecting manager 101

共识规划 consensus planning 14

建筑合同 construction contract 69

消费者固定样组 consumer panels 146,149,150

背景变量 context variables 6,193,194,196,204,205

应急方案 contingencies 158

依势转向 contingent steering 17

订约当局 contracting authority 76,77,85

价值创造 creation of value 115,116,133,137,138,141,163

文化背景 cultural background 193,195

D

人口统计 demographics 143,146,147,148,150,194,195

设计过程 design process 64,106,122,184

设计质量标准 design quality criteria 13,124,129,139

发展战略 development strategy 45,50,137,139,140,168

发展愿景 development vision 7,8,36,37,39,40,44,47,88

公共工程和水管理总局 Directorate-General for Public Worksand Water Management (Rijkswaterstaat) 10

荷兰顾问工程师协会 Dutch Association of Consulting Engineers (ONRI) 86

荷兰政府建筑局 Dutch Government Building Agency(Rijksgebouwendienst) 10

动态质量 dynamic quality 116,126,129,130

E

生态层面 ecological facet 60

经济气候 economic climate 193,194,196

经济发展 economic development 2,5,6,27,35,39,61,111,201

最终用户 end-users 11,133,135,152,163,190,197

市中心，马斯特里赫特 Entre-Deux, Maastricht 59

企业家 entrepreneur 6,31,35,37,43,44,99,108

环境影响评估 Environmental Impact Assessment(EIA) 78,79,92,158

环境法 environmental law 73,82

环境许可证 environmental permit 83,86,88,90,91,92

环境法规 environmental regulation 82

等边三角形 equilateral triangle 65,66

房地产经纪人 estate agents 146,149,150

欧盟法律 EU law 86,87

欧洲背景 European context 77,79,81,86

欧洲指令 European Directive 73,78,86

欧洲法律 European law 73

欧洲立法 European legislation 5,73,81,

欧洲政策 European policy 8

欧洲采购规则 European procurement rules 76,77

欧盟 European Union 36,73,78,79

F

层面 facets 59,60,61,62,63,64,65,69

可行性研究 feasibility study 74,75,133

金融工程 financial engineering 35,153,169,198

财务可行性 financial feasibility 138,149,153,154,155,156,160,182,183,184

金融结构 financial structure 156

灵活性 flexibility 8,20,30,39,50,68,70,75,125,133,134,167,184

灵活积累 flexible accumulation 17

FOTIQ(财务,组织,时间,信息,质量) FOTIQ (Finance, Organisation, Time, Information, Quality) 100

G

地理范围 geographic scale 78,143

全球化 globalisation 1,4,5,20,23,28,37

地下水指令 Groundwater Directive 87

地下水污染 groundwater pollution 86,87

H

住房协会 housing associations 11,88,149,154

混合网络 hybrid networks 29

I

地方身份 identity of place 7

艾瑟尔堡,阿姆斯特丹 IJburg, Amsterdam 59

艾瑟尔欧文斯,阿姆斯特丹 IJ-oevers, Amsterdam 27

起始阶段 initiation phase 74,75,78,79,80,82,83,84,86,137

综合方法 integrated approach 37,51,61,116

综合地区开发 integrated area development 11

综合发展愿景 integrated development vision 7,8,39

综合规划 integrated plan 52, 116, 129

互动规划 interactive planning 180, 181

组织间网络 inter-organisational network 98

投资成本 investment costs 159, 162, 184

投资者 investors 10,11,47,48,109,141,142,149,154,162,179,191,203

信息技术基础设施 IT infrastructure 57

K

库凡祖伊达,鹿特丹 Kop van Zuid, Rotterdam 27

L

土地征用 land acquisition 30,73

土地利用规划 land-use plan 9,32,88,89,122,124,146,179,180

招投标法 law of tenders 69,74,76,77

领导 leadership 39,41,42,47,49,50,101,173,174,199,201,202,204

法律框架 legal framework 73,87,91

线性管理 line management 97,98,99

生活环境 living environment 1,6,19,23,38,73,87,88,115,118,143,195

M

维护阶段 maintenance phase 2,68,70,104,137,141,156

管理结构 management structure 3

管理理论 management theory 35,50,52,100,109

市场需求 market demand 14,64,65,66,67,133,134,135,137,139,140,151,152,160,197

市场机会 market opportunities 144

市场质量 market quality 2,11,57,64,65,66,67,68,115

市场研究 market research 43,44,133,134,135,136,137,138,139,140,141,143,144,145,148,149,150,151,152

市场细分 market segmentation 139,140,142,147,151

总体规划 master plan 13,82,88,89,109,122,137,139,140,158,180

方法论的个人主义 methodological individualism 174

移动环境 mobility environment 26

蒙特卡洛分析 Monte Carlo analysis 166

形态设计 morphological approach 119

市议会 municipal council 71,75,88,155,194,204

N

自然保护 nature conservation 12,73,79,80,81,97

网络城市 network city 17,21,22,25

网络动态 network dynamics 17,31,32

网络管理 network management 12,97

网络社会 network society 4,5,7,8,12,17,19,20,21,26,29,30,58,61

O

目标清单 objective checklist 119,122,125,126,129

机会图表 opportunity charts 105

组织能力 organising capacity 36,40,41,42,45,49,50,51,52,53,54,115,198

翻转时刻 overturning moment 109

所有者 owners 11,12,74,83,84,142,157,162,197

P

宫殿区,斯海尔托亨博斯 Paleiskwartier, 's-Hertogenbosch 28,87,123,128,196,197,200,201, 202,203

帕克斯塔德,林堡 Parkstad, Limburg 111,112,195

合作伙伴协议 partnership agreement 74,76,105

外部条件 peripheral conditions 8,9,61,69

分阶段决策 phased decision making 173

物质层面 physical facet 60,124,138

规划阶段 planning phase 68,69,74,78,80,83,84,86,88,90,105,107,134,137,139,140,176

政策层面 policy level 36,97,104

政策制定 policy making 8,29,41,95,97,101,106,127,130,199,203

政策窗口 policy window 107,201

政治支持 political support 9,42

公关政策 PR policy 85

私人建筑法 private construction law 73,74

私法 private law 8,9,83,122

私营部门 private sector 9,10,12,35,36,37,38,46,47,48,50,68,69,88,116,122,124,155, 178,200,201

积极的政策 proactive policy 199,203

程序管理 procedure management 91,92

程序 procedures 3,74,76,79,83,85,89,90,91,92,103,105,106,111,116,134,137,178, 184,204

流程架构 process architecture 102,107

流程状态 process conditions 102,107

流程管理者 process manager 13,98,99,102,103,104,108,112,176

产品定位 product positions 136

生产过程 production process 20,155

项目开发 project development 10,36,37,43,52,74,75,76,84,86,88,89,90,91,149,154,155,156,159,178

项目层面 project level 36,50,78,97

项目管理 project management 13,63,91,95,96,97,98,99,100,101,103,112,130,159,199

以项目为导向的城市开发 project-oriented urban development 27

公法 public law 8,9,76,84,122

公共部门 public sector 8,9,12,38,47,68,69,88,116,122,128,156,201

公私合作 public-private collaboration 13,27,29,32,50,63,67,84,89,97,101,124,125,154

Q

定性方法 qualitative methods 107,145,146,149

R

实现阶段 realisation phase 105,137,140

参考分析 reference analysis 146,148

居民 residents 7,11,12,14,27,28,32,37,38,39,43,46,50,63,64,67,97,118,125,136,139,146,148,178,198,203

返回 return 63,168

再区划 rezoning 137

地区再开发设计优化实际投资计算 Real Investment Calculator Area Redevelopment Design Optimisation(RICARDO) 171,177,182

风险管理 risk management 133,138,141,154,164

风险矩阵 risk matrix 165

荷兰皇家建筑师协会(BNA)Royal Institute of Dutch Architects(BNA) 86

S

情景分析 scenario analysis 165

斯基维斯特,鹿特丹 Schieveste, Rotterdam 82

部类 sections 59,60,61,62,63,64,65,69,145,146,147,148

富有魅力的愿景 seductive vision 116,119,120

敏感性分析 sensitivity analysis 165

偏离份额分析 shift-share analysis 146,147

社会背景 social context 3,17,19,21,23,25,27,29,31,33,52,54

社会发展 social developments 2,3,4,7,61

社会层面 social facet 60,65

社会问题 social issue 2,6,46,61

社会支持 social support 42,49

社会文化 socio-cultural 2,5,6,7,17,21,31,60,61,104,118

社会文化层面 socio-cultural facet 60

社会学家 sociologist 4,5,17

土壤污染 soil pollution 70,86,87,157,197

收入来源 sources of revenue 160

流动空间 space of flows 5,17,19

场所空间 space of places 5,17,19,22,32

空间发展 spatial developments 2,6,26,77,134

空间经济条件 spatial economic conditions 50

空间框架 spatial framework 21,27

空间规划法 Spatial Planning Act (Wet ruimtelijkeordening) 7,8,73,

斯塔哈文斯,鹿特丹 Stadhavens, Rotterdam 139

启动阶段 start-up phase 68,70,104,105,109,110,112,137,138,139,184

国家资产部 State Property Department (Dienst Domeinen) 10

静态质量 static quality 126,128,129,130

操控要素 steering element 110,111,112

战略联盟 strategic alliance 5

战略环境评估 strategic environmental assessment 78,79

战略层面 strategic level 102,103,104,116

战略管理层面 strategic management level 36

压力比 stress ratio 17,19,28,32

成功因素 success factors 189,192,193,196,199,200,202,204,205

支持服务 support services 172

调查 surveys 44,74,76,80,82,105,109,141,143,146,147,148,149,150,157,158,168

SWOT 分析 SWOT 44,108,165

协同作用 synergy 134,144,151

系统飞跃 system leap 109,110

系统理论 systems theory 100,101,107

系统思考 systems thinking 52,101

T

战术层面 tactical level 103,104,116

招投标法 tendering law 69,74,76,77

自上而下 top-down 37,39,97

转型 transformation 1,17,19,20,26,28,31,45,47,50,59,68,69,109,110,124,202

交通 transport 9,10,20,22,25,26,30,32,78,81,82,158,195

U

地下基础设施 underground infrastructure 63,124,157

城市意识 urban awareness 23

城市社区 urban community 1

城市联系 Urban Connection 96

城市决策室 Urban Decision Room (UDR) 171,175,177,178,180

城市设计规划 urban design plan 13,158

城市设计师 urban designers 11,14,104,105,198

城市环境 urban environment 1,35,51,73

城市场域 urban field 21,22

城市规划 urban plan 14,17,21,23,24,30,32,35,39,40,49,64,67,73,116,118,119,121,122,
    123,125,126,128,129,138,139,140,173,174,177,178,179,180,181,182,183,184,
    185,201

城市政策 urban policy 1,7,26,28,41

城市政治 urban politics 17,22,26,27,28,35

城市社会 urban society 22,39

城市转型 urban transformation 1,17,19,68,109,110

城市化 urbanisation 22,23,26,40,96,128

V

增值税 value added tax (VAT) 157,163,164

价值链 value chain 136,137

荷兰自然保护协会 Vereniging Natuurmonumenten (Dutch association for natureconservation) 97

否决性标准 veto criteria 193,196,198,204,205

W

水框架指令 Water Framework Directive 86

加权平均资本成本 weighted average cost of capital(WACC) 162

主编和作者简介

主编

A. J. 弗兰岑(艾格尼丝)[Ir. A. J. Franzen(Agnes)]在代尔夫特理工大学学习城市规划和建筑。2014年至2018年,她一直担任城市地区发展知识基金会(Sichting Kennis Gebiedsontwikkling)主任。此前,她是代尔夫特理工大学城市地区开发方向助理教授。目前,她是荷兰代尔夫特城市地区发展知识基金会(Stichting Kennis Gebiedsontwikkeling)的战略发展顾问。

F. A. M. 霍马(弗雷德)博士[Dr F. A. M. Hobma (Fred)]在格罗宁根大学学习荷兰法律(私法和公法),是代尔夫特理工大学建筑学院房地产和住房系副教授。他的研究兴趣在于城市开发、建筑和基础设施的法律和行政方面。他教授规划和开发法律等课程,并且是两年制的城市开发人员硕士课程(MCD)讲师。

H. 德·容格教授(汉斯)[Pro. H. de Jonge (Hans)]于1991年成为代尔夫特理工大学建筑学院房地产与住房系的创始人之一。从那时起,他担任房地产与开发方向的教授。他指导各类房地产博士后项目,也是城市开发人员硕士课程(MCD)的联合创始人。德·容格教授还定期在亚洲和美国讲学。2005年,代尔夫特理工大学基金会因为他对该学科的贡献而授予他著名的莱尔梅斯特奖(Leermeester Prize)。2019年以前,德·容格教授是布林克(Brink)集团的董事会成员,该集团是一家专注于建筑、住房和房地产领域的管理、咨询和自动化的企业集团。他还担任大学教授委员会主席,并且是《建筑业和房地产杂志》(*Building Business and Real Estate Magazine*)的编委会成员。

G. 维格曼(杰拉德)博士[Dr. G. Wigmans (Gerard)]曾就读于代尔夫特理工大学建筑学院,并担任代尔夫特理工大学建筑学院房地产与住房系助理教授。他擅长城市分析和城市地区开发。退休前,他还是两年期的城市开发人员硕士课程(MCD)的讲师,自2003年到2006年共同管理该门课程。

作者

P. 巴伦德斯(彼得)[Ir. P. Barendse(Peter)]在代尔夫特理工大学学习建筑与城市规划(1985年毕业)。自1974年以来,他一直是计算机辅助建筑设计(Computer Aided Architecture Design,CAAD)领域的先驱,现任建筑学院房地产与住宅系设计与决策系统方向的助理教授。他的研究重点是为城市地区开发研发和多角色决策系统。

S. W. 比杰莱德(舍尔德)[Ir. S. W. Bijleveld(Sjoerd)]是一名建筑工程师,曾在代尔夫特理工大学建筑系学习。退休前,他是代尔夫特理工大学建筑学院房地产与住房系的助理教授,在那里他开发了成本质量比可行性研究模型。

M. A. B. 朝多伊维斯(莫妮卡)教授[Pro. M. A. B. Chao-Duivis (Monika)]1984年毕业于莱顿大学,在蒂尔堡大学工作至1997年,1996年获得博士学位,论文题目是《在合同签订期间的错误和失实陈述》。1997年,她被任命为荷兰建筑法研究所所长。2004年,她成为代尔夫特理工大学建筑学院房地产和住房系教授。她还是海牙法院的副司法官和仲裁员,她擅长建造合同和投标的法律事务以及私法的其他领域。

A. F. 德·克莱克(桑德)[Mr. Drs. A. F. de Clerck(Sander)]毕业于拉德堡德奈梅亨大学的荷兰法律和空间规划专业。他曾在Brink集团的房地产和城市地区开发业务部门担任顾问。

A. J. 弗兰岑(艾格尼丝)见主编。

F. A. M. 霍马(弗雷德)博士见主编。

R. M. 范·霍克(马尔科)［Drs. R. M. van Hoek (Marco)］在鹿特丹伊拉斯姆斯大学学习经济学。他是 INBO 城市地区开发的高级顾问和流程管理者。作为一名经济学家，他专注于复杂的空间项目，主要侧重社区重建的综合方法。他还是鹿特丹伊拉斯姆斯大学和代尔夫特理工大学的兼职助理教授。

D. J. 霍尔特(达莫)［Drs. D. J. Holt (Damo)］是雷贝咨询公司(Rebel Consultants)的合伙人兼董事，专门从事城市发展和城市投资。此前，他是易克瑞思研究和咨询公司(Ecorys Research and Consulting)合伙人。他于 1997 年以优异成绩毕业于阿姆斯特丹大学经济地理专业。

R. P. 胡梅尔斯(鲁本)［Ir. R. P. Hummels MRE (Ruben)］在埃因霍温科技大学学习建筑学。他是阿比斯诺瓦咨询公司(ABCNova consultants)的董事。他 2004 年毕业于提亚斯(Tias)商学院，2006 年到 2018 年，他担任该校房地产硕士课程城市地区开发方向的副教授。他曾担任 Brink 集团房地产咨询和城区开发业务部门的经理，此外还积极参与许多城市地区开发项目的过程、战略和财务议题。

P. P. J. 范·龙 (彼得-保罗) 博士［Dr. P. P. J. van Loon (Peter-Paul)］是代尔夫特理工大学建筑学院计算机辅助设计与规划系副教授，擅长设计与决策系统。他曾在代尔夫特理工大学学习建筑与城市规划(1976 年毕业)，并在英国伯明翰大学学习城市科学。他博士学位的研究方向是组织间设计(优等生)。在此基础上，他已经在城市决策室工作数年。城市决策室是一个仿真系统，用于多参与者决策环境中的交互式城市规划和设计。

E. T. 舒特波斯特马(洛斯)女士［Mrs. E. T. Schutte-Postma(Loes)］是一名专门从事环境法的律师。在退休之前，她是代尔夫特理工大学建筑与建成环境学院建成环境管理系的助理教授。她发表了建筑法中有关环境方面(空气质量、城市和环境、可持续建筑和水资源管理)的文章和论文。

J. 范特·维拉特(简)博士［Dr. J. van't Verlaat (Jan)］在阿姆斯特丹大学学

习社会科学,并在鹿特丹市政府担任过各种职位,最近担任鹿特丹开发公司的战略师。他在鹿特丹伊拉斯姆斯大学获得了经济科学博士学位。作为一名讲师,他参与了许多不同的课程,后来启动两年制的城市开发人员硕士课程(MCD),并从2003年开始担任主任,他将这一职位与他在鹿特丹的工作结合起来,于2010年退休。

G.维格曼(杰拉德)博士见主编。

译后记

2018—2019年,我作为访问学者有幸在代尔夫特理工大学建筑学院访学一年。当时学院图书馆的推荐书架上摆放了本书的英文版,我细读后感慨荷兰城市开发过程中多学科高效协同的模式,也萌生了翻译此书与国内更多读者分享的想法。

也许霍马(Hobma)博士和霍克(Hoek)先生会好奇我为什么对本书感兴趣。事实上,此书是建筑学院的教材,我更多是从学科发展的视角去思考和观察。在国内,城市规划专业关于管理学的内容通常设在"城市规划管理与法规"课程,但规划管理的讲授多限于公法视角的法定行政要求,例如规划的组织编制、审批和实施管理,许可证发放后就属于开发主体的建设管理环节。国内的房地产开发与管理专业则设在管理学之下,其课程框架看似与本书有一定重合,但实质内容更侧重具体建筑项目的开发管理,缺少城市(再)开发的宏观视角,尤其城市地区作为一个综合复杂的对象,在市场动态变化的背景下,其管理方法的更新转型在国内受关注甚少。

因此本书在我看来,是以城市地区开发的全生命周期运营理念,连结了城市规划管理和房地产开发管理的内容,以丰富多元的学科视角建构起城市地区开发的知识体系。也许具体内容存在国家之间的差异,但知识框架是相通的,前沿的知识点也值得我们去思考和借鉴。

当前我国正处在国土空间规划学科建构的时期,国土空间规划的提出不仅是规划对象的扩大,也包含了跨学科知识交叉融合的需求。城市地区开发管理是国土空间使用与管理的重要组成部分,对于如何跨越学科领域的藩篱、在全尺度的空间干预中进行知识融合和课程建设,本书为我们提供了一个优秀的范例。

本书的顺利出版首先要感谢代尔夫特理工大学的弗雷德·霍马（Fred Hobma）博士。启程去荷兰前，他的专著《空间规划与开发法导论——荷兰经验》中文版刚刚出版；抵荷后，我有幸结识了这位规划法规比较研究的同行。他多次与我就荷兰规划法的特点以及城市地区开发制度进行深入的交流；耐心解答翻译过程的各种疑惑；因应荷兰空间规划法的最新修订，为中文版更新了第5章的内容；译稿即将付梓之际，还邀请了他的好友INBO城市规划总监霍克先生为本书作序，对中荷城市开发的异同进行了独特的对比。本书的面世离不开霍马博士的鼎力协助和支持。感谢荷兰代尔夫特理工大学的严娟博士和华南理工大学的庞晓媚博士参与本书的翻译工作，她们的投入和努力为译稿奠定了扎实的基础。感谢研究生江雪怡对本书图表进行翻译整理。

本书可作为国土空间规划专业、城乡规划专业、房地产开发与管理专业的辅助性教材，也适用于城市管理、公共政策、房地产等领域的研究者及从业人员阅读和参考。

2022年正值中荷建交50周年，谨以此书作为献礼，希望有助于推动两国文化和学术上的交流，祝愿中荷友谊长青。

戚冬瑾
2022年7月于华南理工大学

内 容 提 要

本书从治理视角整合了与可持续城市地区开发相关的城市规划、经济、管理、法律等多学科知识，系统介绍在城市网络动态背景下荷兰城市开发的全流程管理，提供了面向城市复杂动态发展的城市地区开发治理经验。

本书可供城市政府、城乡规划管理机构、城乡规划设计机构等从业人员以及高等院校城乡规划专业、土地管理专业、房地产管理专业的师生学习和参考。

图书在版编目(CIP)数据

荷兰城市开发流程管理：治理·设计·可行性 /
（荷）艾格尼丝·弗兰岑（Agnes Franzen）等编著；戚冬瑾，严娟，庞晓媚译. —南京：东南大学出版社，2024.9

书名原文：Management of Urban Development Processes in the Netherlands Governance, Design, Feasibility

ISBN 978-7-5766-1351-3

Ⅰ.①荷… Ⅱ.①艾… ②戚… ③严… ④庞… Ⅲ.①城市建设-研究-荷兰 Ⅳ.①F299.563.1

中国国家版本馆 CIP 数据核字（2024）第 046591 号

文字编辑：李 岱　　专业编辑：秦艺帆　　责任编辑：姜 来
责任校对：咸玉芳　　封面设计：毕 真　　责任印制：周荣虎

荷兰城市开发流程管理——治理·设计·可行性

编　　著：	艾格尼丝·弗兰岑（Agnes Franzen）　弗雷德·霍马（Fred Hobma）
	汉斯·德·容格（Hans de Jonge）　杰拉德·维格曼（Gerard Wigmans）
译　　者：	戚冬瑾　严　娟　庞晓媚
出版发行：	东南大学出版社
出 版 人：	白云飞
社　　址：	南京四牌楼2号　邮编：210096　电话：025-83793330
经　　销：	全国各地新华书店
印　　刷：	广东虎彩云印刷有限公司
开　　本：	700 mm×1 000 mm　1/16
印　　张：	15
字　　数：	251 千字
版　　次：	2024 年 9 月第 1 版
印　　次：	2024 年 9 月第 1 次印刷
书　　号：	ISBN 978-7-5766-1351-3
定　　价：	68.00 元

本社图书若有印装质量问题，请直接与营销部联系。电话：025-83791830。